浙江新时代党的统一战线研究基地
宁波大学中国非公有制经济研究院研究项目成果
教育部人文社会科学研究规划基金项目（项目名称："科技冷战"下地方政府扶持高新技术企业发展的公共服务质量提升机制研究，项目编号：21YJA630028）

改进地方政府扶持高新技术企业发展的公共服务质量研究

贺 翔 唐 果 等著

中国财经出版传媒集团
中国财政经济出版社

图书在版编目（CIP）数据

改进地方政府扶持高新技术企业发展的公共服务质量研究／贺翔著. --北京：中国财政经济出版社，2023.7

ISBN 978-7-5223-2241-4

Ⅰ.①改… Ⅱ.①贺… Ⅲ.①高技术企业－企业发展－政策支持－公共服务－质量管理－研究－中国 Ⅳ.①F279.244.4

中国国家版本馆 CIP 数据核字（2023）第 098091 号

责任编辑：高文欣　　　　责任印制：史大鹏
封面设计：孙俪铭　　　　责任校对：徐艳丽

中国财政经济出版社 出版

URL：http：//www.cfeph.cn
E-mail：cfeph@cfeph.cn

（版权所有　翻印必究）

社址：北京市海淀区阜成路甲28号　邮政编码：100142
营销中心电话：010-88191522
天猫网店：中国财政经济出版社旗舰店
网址：https://zgczjjcbs.tmall.com
北京财经印刷厂印刷　　各地新华书店经销
成品尺寸：170mm×240mm　16开　18印张　289 000字
2023年8月第1版　2023年8月北京第1次印刷
定价：78.00元
ISBN 978-7-5223-2241-4
（图书出现印装问题，本社负责调换，电话：010-88190548）
本社质量投诉电话：010-88190744
打击盗版举报热线：010-88191661　QQ：2242791300

目录

第一章　绪论 ·· 1

　　第一节　相关概念内涵 ··· 1
　　第二节　国内外相关研究现状和趋势 ·· 2
　　第三节　研究思路与研究意义 ··· 4

第二章　高新技术企业发展机理 ·· 6

　　第一节　我国高新技术企业发展轨迹 ·· 6
　　第二节　高新技术企业发展的主要特点和生命周期 ··························· 9
　　第三节　高新技术企业技术创新与绩效的相关性 ···························· 12
　　第四节　人力资本集聚与高新技术企业创新绩效关系 ····················· 21
　　第五节　技术获取型跨国并购对企业创新绩效的影响 ····················· 27
　　第六节　融资约束对中小企业创新绩效的影响 ································ 65

**第三章　"科技冷战"背景下地方政府扶持高新技术企业发展的
公共服务体系构建** ··· 106

　　第一节　美对华"科技冷战"分析 ·· 106
　　第二节　美国特朗普政府强化对中国技术出口管制的经济影响 ······· 108
　　第三节　地方政府扶持高新技术企业发展的理论依据 ···················· 127
　　第四节　钻石模型视角下影响高新技术企业发展的基本要素 ········· 131
　　第五节　"科技冷战"背景下地方政府扶持高新技术企业发展的
　　　　　　公共服务优化 ··· 135

第四章 "科技冷战"背景下地方政府扶持高新技术企业发展的公共服务质量评价 … 141

第一节 地方政府扶持高新技术企业发展的公共服务质量之专业评价 … 142

第二节 地方政府扶持高新技术企业发展的公共服务满意度调查 … 148

第五章 "科技冷战"背景下地方政府扶持高新技术企业发展的公共服务质量提升途径 … 155

第一节 服务质量差距模型应用研究概述 … 155

第二节 地方政府扶持高新技术企业发展的公共服务质量改善机制设计 … 158

第三节 地方政府扶持高新技术企业发展的公共服务质量提升措施 … 172

第四节 中资大型银行投贷联动模式探索 … 180

第五节 宁波市投贷联动的推进和模式研究 … 188

第六节 国外政府促进中小企业自主创新的政策及启示 … 193

第七节 县域人才环境竞争力评价 … 198

第八节 地方政府促进基层领导干部担当有为的途径 … 211

第六章 高新技术企业纳税服务优化路径研究 … 224

第一节 研究背景与意义 … 224

第二节 G县高新技术企业现状及纳税服务现状 … 225

第三节 G县高新技术企业纳税服务存在的主要问题 … 236

第四节 G县高新技术企业纳税服务优化的具体路径 … 250

参考文献 … 256

后记 … 283

第一章 绪 论

第一节 相关概念内涵

著名哲学家维特根斯坦（Ludwig Josef Johann Wittgenstein，1921）曾经说过："概念引导我们进行探索。"① 厘清概念是问题研究的逻辑起点。地方政府是由中央政府为治理国家一部分地域或部分地域的某些社会事务而依法设置的政府单位。在当前我国政治架构下，地方政府通常存在四级形式，分别为省（自治区、直辖市）、市、县（区）、乡四级地方政府。省级地方政府一般不直接面对辖域内的居民和企业，主要通过对下级地方政府的指挥、监督、指导来实施对辖区各项事务的管理和提供公共服务。对于下级地方政府无法履行的职责，省级地方政府也会提供直接的管理和公共服务。

"公共服务"这一术语由瓦格纳（Adolf Wagner，1877）于19世纪中后期提出，20世纪初，狄骥（Leon Duguit，1912）首次对该术语内涵进行了较为系统的论述。20世纪五六十年代，政策科学运动的兴起促使公共服务逐渐成为政治学、行政学的研究主题。20世纪70年代末80年代初，西方国家掀起的新公共管理运动使得公共服务概念日益凸显。本书中公共服务是指政府及其公共部门运用公共权力，采取多种机制和方式来提供各种物质形态或非物质形态的公共物品，以不断回应社会公共需求偏好、维护公共利益的实践活动总称。公共服务通常分为保证国家机器存在和运作的维护性公共服务、促进经济发展的经济性公共服务以及社会性公共服务。公共服务质量是指公共服务满足规定或潜在要求（或需要）的特性的总和。

---

① 路德维希·约瑟夫·约翰·维特根斯坦著. 哲学研究［M］. 陈嘉映，译. 上海：上海人民出版社，2001.

2016年1月29日，科技部、财政部、国家税务总局颁布了经过修订的《高新技术企业认定管理办法》。新修订的《高新技术企业认定管理办法》指出，高新技术企业是指在电子信息、生物与新医药、航空航天、新材料、高技术服务、新能源与节能、资源与环境、先进制造与自动化等八大领域内，持续进行研究开发与技术成果转化，形成企业核心自主知识产权，并以此为基础开展经营活动，在中国境内（不包括港澳台地区）注册的居民企业。本书据此界定高新技术企业。

第二节　国内外相关研究现状和趋势

一、地方政府扶持高新技术企业发展研究

国外学者对地方政府扶持高新技术企业发展进行了一些研究。布朗（Ross Brown，2014）分析了英国扶持高新技术企业发展的情况后指出，政府要拓展扶持政策种类，实施有效的政府采购，提供企业需求驱动的公共服务以促进高新技术企业发展。小宫隆太郎（Ryutaro Komiya，1988）认为政府应根据高新技术企业的不同成长阶段制定不同扶持政策。

国内学者对地方政府扶持高新技术企业发展也进行了一些研究。丁蔷（2015）以北京为例分析了高新技术企业发展困境，从税收优惠、人才政策、融资环境、提高企业管理水平等方面提出了扶持高新技术企业发展的对策。李金华（2020）认为，高新技术企业发展需要政府帮助其加快科技成果转化，增强国际竞争力，实现地域高新产业协同发展。

二、公共服务质量提升研究

国外学者对公共服务质量提升的研究起步较早，研究焦点主要在三个方面：（1）公共服务质量该用什么标准衡量，由此形成了相互对立的民主质量观和商业质量观。博伊恩（George A. Boyne，2002）在梳理大量文献基础上归纳出投入数量、投入质量、效率、公平、产出、物有所值、顾客满意度等七条公共服务绩效标准，基本涵盖了民主质量观和商业质量观的价值维度。（2）公共服

务质量评价技术，根据评价的着眼点不同主要分为公众评价模式（公民满意度调查）和专业评价模式两类。专业评价模式是依据公共服务提供者或第三方机构制定的衡量公共服务质量标准设定指标体系和权重，根据统计年鉴数据对公共服务质量进行定量测评。由于公共服务接受者可能不具备评价公共服务质量的专业知识且难以获得准确的政府公共服务信息，或者公共服务评价标准制定者无法准确地判断影响公共服务质量的关键点，所以这两种方法在实际评价过程中可以混合使用，形成公众评价模式与专业评价模式相结合的二元评价模型。（3）公共服务质量提升方法，主要包括标杆管理、市场化管理、全面质量管理、ISO9000 质量管理、质量圈、业务流程重塑质量管理。奥斯本（David Osborne，1992）和盖布勒（Ted Gaebler，1992）提出了 12 种提升公共服务质量的管理工具。萨瓦斯（E. S. Savas，2000）认为，公私部门之间竞争能够提升公共服务质量。

国内学者对公共服务质量提升的研究相对欠缺，研究焦点主要在三个方面：（1）公共服务质量概念。虽然张成福和党秀云（2001）、吕维霞和钟敬红（2010）、张锐昕和董丽（2014）对公共服务质量的理解不一致，但是他们都认为公民对公共服务的感知和评价不可或缺。（2）公共服务质量评价。沈亚平和陈建（2017）主张遵循"核心—导向—过程"的逻辑，将公众为本、服务驱动作为公共服务质量评价的价值核心与导向，并将公共性与公平性、公开透明与多元参与、回应性与问责等原则嵌入、融合于公共服务质量评价设计、实施、反馈等过程。张钢、牛志江、贺珊（2008）认为公共服务质量评价指标体系应包括功能价值、情感价值、社会价值和感知代价。李晓园和张汉荣（2009）运用 SERVQUAL 模型调查了江西省 6 县公共服务质量。朱国玮和刘晓川（2010）分析了公共服务质量测评的模型和方法。（3）公共服务质量提升对策。陈振明和耿旭（2016）认为要树立以"公民为中心"的服务理念，王家合（2011）强调制度设计和创新的重要性，肖陆军（2008）主张加强公共服务质量管理的组织建设。

三、简要评论

上述研究成果对本书而言或是提供了理论借鉴，或是形成了逻辑起点，无疑是重要和必须的。然而，梳理相关文献后发现：（1）学者们只是从税收优惠、人才政策、科技成果转化等公共服务的某几个方面研究地方政府扶持高新技术企业发展问题，缺乏系统思维，没有构建出系统、完善的地方政府扶持高新技术企业发展的公共服务体系。另外，美对华实施"科技冷战"并不久，目前没有学者针对"科技冷战"研究地方政府扶持高新技术企业发展的公共服务。（2）国外学者研究公共服务质量主要采用解构的方式，多专注于具体行业，国内学者研究公共服务质量多着眼于建构式研究，较少专注于具体行业（林闽钢、杨钰，2016）。另外，国内学者对公共服务质量提升的研究基本处于公共服务质量评价阶段，尚未对公共服务质量提升机制进行深入、系统的探讨。（3）质量管理、公民满意和公民取向已成为国外学者研究政府绩效的焦点（陈文博，2012），而我国学者却较少整合公共管理学、工商管理学、经济学、社会学等多学科理论和方法研究政府公共服务绩效问题。

以上值得深入研究与拓展之处正是本书的切入点，也为本书提供了研究空间。

第三节　研究思路与研究意义

一、研究思路

哲学是关于世界观和方法论的理论体系。自休谟（David Hume，1737）提出"应然"与"实然"概念以来，应然研究与实然研究被广泛应用于科学研究领域。本书将对相关问题进行应然研究、实然研究、使然研究。

本书以公共管理学、工商管理学、产业经济学等相关理论为指导，在分析高新技术企业发展机理基础上，基于"科技冷战"背景，根据钻石模型构建理想的地方政府扶持高新技术企业发展的公共服务体系（应然研究），并据此设计出公共服务质量评价指标体系，对实际的地方政府扶持高新技术企业发展的公共服务质量进行评价（实然研究），以找出实际的公共服务质量与理想的公共服务质量之间的差距。最后，借鉴服务质量差距模型设计出地方政府扶持高新技术企业发展的公共服务质量提升机制，以弥合实际的公共服务质量与理想的公共服务质量之间的差距（使然研究）。

二、研究意义

（一）理论意义

本书整合公共管理学、工商管理学、经济学等多学科理论和方法研究相关公共服务质量问题，尤其是运用产业经济学的钻石模型构建地方政府扶持高新技术企业发展的公共服务体系，为公共管理学界研究企业发展、产业发展提供了新的思路和手段，增加了公共服务领域知识存量。另外，本书运用公共管理学理论研究高新技术企业发展，不仅拓展了公共管理学的研究视野，还增加了企业管理领域知识存量。

（二）实践意义

美国特朗普政府禁止被其视为国家安全威胁的公司向美国销售产品和禁止未经明确许可的美国公司向华为公司销售产品，标志着美对华开始实施"科技冷战"，目的是遏制我国高新技术产业发展。2021年2月5日，美国拜登政府发言人在阐释"拜登对华政策"时指出，中美处于战略竞争状态，竞争核心在科技。显然，美对华"科技冷战"将长期存在。"科技冷战"改变了我国高新技术企业发展环境，给高新技术企业发展带来了前所未有的挑战。《人民日报》于2020年10月29日刊文指出，美方发动"科技冷战"，滥用政府力量打压我国特定科技企业。在这种情况下，作为高新技术企业发展公共服务的主要提供者，地方政府要为高新技术企业提供高质量公共服务，用政府的"有为"来应对美国政府力量的滥用。

本书的实践意义主要有三点：第一，系统、完善的公共服务体系是地方政府高质量扶持高新技术企业发展的基础，本书针对"科技冷战"为地方政府构建出系统、完善的扶持高新技术企业发展的公共服务体系。第二，党的十九届五中全会公报提出，要"更好发挥政府作用，推动有效市场和有为政府更好结合"。本书基于中美处于战略竞争状态的现实，针对"科技冷战"为地方政府提升扶持高新技术企业发展的公共服务质量指出了具体途径，有助于政府作用的更好发挥，促进政府有为，能够推动市场和政府更好结合。第三，本书能够推动服务型地方政府建设，提升政府经济治理能力和促进高新技术企业发展。

第二章 高新技术企业发展机理

第一节 我国高新技术企业发展轨迹

我国高新技术企业的发展大致经历了五个阶段：

第一阶段是新中国成立初期至 20 世纪 70 年代末。为了打破国外技术封锁，我国政府主导制订了一系列科学发展计划，集中全国人力、物力重点发展与国防事业相关的尖端科技。这逐渐带动了中国高新技术企业的发展。

第二阶段是 20 世纪 80 年代。随着科学技术现代化目标的提出和相关配套政策的出台，我国对高新技术企业的发展有了新的认识与思考。我国发展高新技术企业的目的逐渐由单纯服务国防，以军用为主逐渐转变为军民结合，以民用为主。1985 年 5 月，经国务院批准，北京中关村成为我国第一个国家级高新技术产业开发区，由此在全国掀起了建设高新开发区的浪潮。此后高新技术产业初具规模，高新技术企业获得了飞速发展。

第三阶段是 20 世纪 90 年代。随着社会主义市场经济建设进入新时期，我国高新技术企业步入了蓬勃发展阶段，发展高新技术企业的方式由政府主导向市场导向转变。为了促进高新技术企业的快速发展，1991 年，国务院发布了《国家高新技术产业开发区高新技术企业认定条件和办法》，并制定了与之配套的财政、税收、金融、贸易等一系列优惠政策。其后根据形势的需要，1996 年我国将高新技术企业认定范围扩展到高新区外。在此阶段，高新技术成果转化速度不断加快，高新技术开发区数量大幅增加，高新技术企业的成长活力与发展潜能进一步得到激活与释放。

第四阶段是 21 世纪初。我国高新技术企业继续保持着良好、迅猛的发展势头。随着越来越多高新技术企业相继创立，国家各部委对高新技术企业资格认证和高新技术领域相关政策不断进行规范与完善。2000 年，我国再次对国家高新区的高新技术企业认定标准进行修订。为适应新的形势发展，提升我国高新技术企业的自主创新能力，科技部在总结以往高新技术企业认定管理工作的基础上，同财政部、国家税务总局共同制定了《高新技术企业认定管理办法》(国科发火〔2008〕172号)，并于2008年4月14日正式发布。它的最重要特点是以企业自主研发和创新能力为核心来认定高新技术企业，强调在国家重点支持的高新技术领域内，持续进行研究开发与技术成果转化，形成企业核心自主知识产权，并以此为基础开展生产经营活动。

第五阶段是2008年至今，随着创新型国家建设口号的提出、创新驱动发展战略规划的出台、中国制造2025战略的深入推进，高新技术企业成为了新一轮拉动经济增长、优化产业结构调整、促进制造业转型升级的关键引擎。2016年1月，科技部、财政部、国家税务总局联合修订并发布了《高新技术企业认定管理办法》(国科发火〔2016〕32号)，新办法于2016年1月1日实施。与老的《高新技术企业认定管理办法》相比，新修订的《高新技术企业认定管理办法》在认定条件和程序上有十个重大变化：

变化之一：在成立时间上的变化。在企业成立时间上，老的《高新技术企业认定管理办法》，体现在"第二条 本办法所称的高新技术企业是指：……，在中国境内（不含港、澳、台地区）注册一年以上的居民企业"。因此，实际认定时，要求企业成立一个会计年度。新的《高新技术企业认定管理办法》，从高新技术企业定义中抽出来，专门作为认定条件的一条，体现在"第十一条（一）企业申请认定时须注册成立一年以上"；明确规定企业在申请认定时需满1年以上。

变化之二：在知识产权上的五个变化，一是取消了企业通过专利独占许可获得的知识产权，强调了企业对知识产权的所有权；二是取消了近3年产生的知识产权的限制；三是将"国家新药、国家一级中药保护品种、经审定的国家级农作物品种、国防专利"纳入知识产权内容，把企业参与标准和规范制定列入加分项目；四是在高新技术企业认定中，新的《工作指引》对企业的知识产权采用分类评价方式；五是在提供知识产权证明时，不仅要提供授权证书，还要对知识产权技术的先进程度和对主要产品（服务）在技术上发挥核心支持作用的情况详细说明。

变化之三：在高新技术上的三个变化。一是扩充重点支持的高新技术领域。扩充了服务业支撑技术；增加了新技术，淘汰了落后技术；增强了内容的规范性和技术特点。二是增加了高新技术企业认定关于"技术"的分量。变过去的"产品符合"为现在的"技术符合"，能调动传统企业运用高新技术的积极性，达到用高新技术改造传统产业的目的。三是增加了企业在环境和安全、高新技术产品（服务）质量上的要求。高新技术企业认定增加了品质指标和环境、安全生产指标，有利于改变"投资、消费、出口"三驾马车为"创新、供给（品质）、网络"三大发动机，实现供给侧结构性改革。

变化之四：取消了企业大专以上科技人员占职工总数30%以上的指标。企业大专以上科技人员占职工总数30%以上的指标，限制了劳动密集型企业获得高新技术企业的资格，与国家创办实业解决就业特别是农民工就业的初衷背道而驰。

变化之五：优化了研发费占比。一是过去研发费占销售收入的比例，按销售收入5 000万元以下6%；5 000万～2亿元4%；2亿元以上3%三个档次划分标准。现在将销售收入5 000万元以下的降低为5%，其他不变，更加有利于初创期的企业申请认定高新技术企业，有利于推动"双创"工作。二是增加了企业研究开发活动的说明材料。三是促进了研发费加计扣除和高新技术企业认定的研发费归集政策的统一。

变化之六：取消了高新技术企业认定"复审"的说法。过去的复审，其程序、资料与新认定没有任何差别。因此，取消"复审"，到期后重新参加认定，这与客观实际更加相符。

变化之七：享受税收政策的变化。相比老规定，新办法取消了"复核期间暂停企业享受税收优惠"的规定，更有利于税收优惠政策的落实。

变化之八：评分体系的变化。相比2008年的评分办法，这次评分取消了系数，直接采用分数段整数评分法评分。增加了知识产权的技术先进程度、对主要产品（服务）在技术上发挥核心支持作用、获得方式的评分权重，降低了数量的评分权重。增加了加分项目。

变化之九：在认定程序方面的变化。在认定程序方面，主要包括自我评价、注册登记、准备并提交资料、社审查及认定、公示及颁发证书等步骤。

变化之十：在鉴证机构方面的变化。新的《高新技术企业认定管理办法》

实施后，按照新的《工作指引》规定，会计师事务所、税务师事务所都可以从事高新技术企业的鉴证。

第二节　高新技术企业发展的主要特点和生命周期

一、高新技术企业发展的主要特点

（一）高创新性

高创新性是高新技术企业的重要特点。新修订的《高新技术企业认定管理办法》规定，认定为高新技术企业要同时满足"企业从事研发和相关技术创新活动的科技人员占企业当年职工总数的比例不低于10%"和"企业创新能力评价应达到相应要求"。显然，高新技术企业肯定具有高创新性。另外，高新技术产品生命周期短且更新快，高新技术企业只有通过不断地自主创新才能保持或开拓产品市场。在激烈的市场竞争中，创新是高新技术企业发展的主要推动力和获得市场竞争优势的重要基础。高新技术企业要想保持竞争优势，就必须不断创新，如果高新技术企业不创新或者创新缓慢，那么其极有可能会面临落后甚至被淘汰的危险。

（二）高风险性

高新技术企业的高风险性主要来自技术的不确定性和市场的不确定性。高新技术产品研发过程的不确定性决定了高新技术企业的研发活动具有很高失败率，新技术转化为现实商品或服务的不确定性使得高新技术企业不得不面临因技术失败而造成损失的风险。高新技术企业的风险性与高新技术的复杂创新性呈正相关关系。如果技术的复杂程度越高，那么高新技术企业面临的风险也越大。新技术总是处于动态变化之中，其更新换代周期不断变短，随着技术进步和发展，新技术很快会被更新、更高的技术所替代。高新技术产品研发成功之后不仅面临着产品是否被市场认可的风险，还会因高新技术产品生命周期短、更新快而面临被市场淘汰的风险。

（三）高投入性

高新技术企业的高投入性主要体现在技术研发、产品商品化阶段的试验和推广、专用设备等方面需要投入大量资金。高新技术企业从事技术研发需要投入大量的研究资金，技术难度越大、越复杂，需要投入的资金就越多。产品正式投产前需要进行中间试验，中间试验费用在高新技术企业的研发投入中所占比例较大。高新技术企业有时需要多次进行中间试验、不断追加资金投入才能成功，有时资金投入很多却最终竹篮打水一场空。为了把产品推向市场并提高产品的市场占有率，高新技术企业需要投入巨额的广告费用和其他促销支出。另外，技术研发的关键设备和相关配套生产设备也需要高新技术企业投入大量资金。所以，日本人把高新技术企业称为"食金虫工业"。

（四）高收益性

虽然高新技术企业的创新活动需要高投入，但是其一旦创新成功，生产出了能满足市场需求的新产品，那么就会获得高额的利润回报。通过设立标准门槛、建立相关准入制度，高新技术企业可以进一步巩固其竞争优势，确保新产品高回报率和高盈利率的稳定性。另外，高收益性还来源于政府的大力扶持。通常，高新技术企业的产品和服务属于国家重点支持的高新技术领域，高新技术企业能够享受到税收减免、贷款优惠、技术援助等方面的政策。这降低了高新技术企业的营运成本，使其可以保持较高的收益。

二、高新技术企业发展的生命周期

高新技术企业的发展始于研究开发，终于市场实现，呈现出明显的生命周期性。高新技术企业发展的生命周期一般包括种子期、创业期、成长期、成熟期等阶段。

（一）种子期

在种子期，高新技术企业处于创业的初始阶段。从事新技术和新产品开发的创业者只有产品的构想和初步设计。为实现产品的实用化和商品化，高新技术企业需要进行产品、工艺流程、设备等方面的研究。通常，人们对新技术和新产品的认识、掌握和完善有一个过程，需要对新技术和新产品进行反复试验、修正、改进和再试验。所以，在此阶段高新技术企业的研发投入大，技术不成熟，科技人员缺乏经验，产品性能不稳定，市场前景不明朗，缺乏管理经验。由于高新技术企业开发新技术并将其转化为现实产品具有明显的不确定性，所以其失败率很高。

（二）创业期

在创业期，高新技术企业已经完成产品设计、样品生产，开始进行产品试销、市场导入，需要花时间和资金向顾客介绍新产品的特点和用途。在此阶段，产品的技术风险逐渐减小，不过产品质量不稳定，顾客对新产品不了解，新产品推广和被潜在顾客接受需要时间，产品的成本高，市场占有率低。

（三）成长期

在成长期，产品技术不断成熟，产品性能逐渐稳定。高新技术企业的生产、销售、服务日趋完善，不断获得顾客认可。在此阶段，由于产品创造了新需求或者替代了老产品，所以产品的市场占有率较高，高新技术企业在经营上渐入佳境。为进一步开发产品、扩大生产能力和加强营销力量，高新技术企业需要投入更多的资金。

（四）成熟期

在成熟期，高新技术企业的技术处于成熟状态，其产品、服务已被大众接受，生产规模扩大，技术、管理日趋成熟，产品销售量和利润大幅增加，高新技术企业的总体生产力达到高峰。不过，在此阶段有能力生产这种产品的企业越来越多，新的竞争者参与市场份额的角逐，分享产品生产、销售的超额利润。市场竞争的焦点转向了价格、质量、服务、品牌等方面。另外，高新技术企业开始"硬化"，阻止创新的惰性和种种障碍逐渐出现。

第三节　高新技术企业技术创新与绩效的相关性

技术创新是企业未来迎合市场需求、提升企业核心竞争力、塑造长期竞争优势及形成可持续发展能力的重要前提，决定着企业未来的成长空间。创业板上市企业主要从事高科技业务，属于技术密集型产业，是高新技术企业的代表，也是国家大力扶持的企业类型。因此，本书以创业板上市企业为研究对象，分析技术创新与企业绩效的相关性，以期找到提高高新技术企业绩效的有效途径。

一、文献综述

（一）关于技术创新与企业绩效

国内外学者一般以研发投入或专利数量作为技术创新的代理变量，研究技术创新与企业绩效的关系。创新理论认为，企业的创新能力将对企业的长期绩效产生重要影响。普夫莱德雷尔（Pfleiderer，1994）、博斯沃思（Bosworth，2001）和罗杰斯（Rogers，2001）以及国内的梁莱歆和张焕凤（2005）、王玉春（2008）和张济建（2009）等都通过实证研究发现研发投入与企业绩效正相关。但是，朱卫平（2004）发现我国上市公司的研发投入与绩效之间无显著关系。

塞尔韦尔（Seherer，1965）以及周煊等（2012）都发现专利的数量和质量都能显著提高销售收入和盈利水平。但曼斯菲尔德（Mansfield，1986）、格里利谢斯（Griliehe，1991）和阿罗拉（Arora，2008）等发现，企业专利数与业绩的相关性并不确定。李文鹅和谢刚（2006）、苑泽明等（2010）认为专利数与绩效缺乏明显的相关关系；而张波涛等（2008）则认为专利数与主营业务收入是倒"U"形的关系。

（二）关于全要素生产率

古兹曼（Guzman，2008）和雷韦特（Reverte，2008）研究发现TFP与股票年收益率是正相关关系。库玛（Kumar，2009）和查尔斯（Charles，2009）

则发现 TFP 与企业的市场增加值正相关。国内学者从微观层面对全要素生产率进行研究的文献相对较少。袁堂军（2009）发现我国技术密集型制造业的 TFP 有显著的提高，而劳动密集型产业的 TFP 则增长停滞甚至降低。同时他还发现上市公司资产收益率（ROA）与全要素生产率（TFP）之间存在显著的正相关关系，而且在非国有企业中更加明显。

由于国内外学者对于技术创新与企业绩效的关系研究并不是很多，且所使用的方法也不尽一致，故没有得出较一致的实证研究结论。因此，本书在前人的基础上，利用全要素生产率来反映企业的技术创新，研究我国创业板上市企业的技术创新与绩效的关系。

二、理论分析及研究假设

根据古典企业理论，企业在特定技术水平下追逐利润最大化的投入转化为产出的过程可以用生产函数来表示。在企业持续经营的会计假设前提下，从长期的角度来看待企业的投入与产出，可以将企业的生产函数表示为：

$Q = A(t) f(L, K)$

其中 $A(t)$ 是指随着时间的变化，技术进步对产出的影响，而 $f(L, K)$ 则为劳动投入和资本投入的函数。

技术创新是驱动企业生产率提高的因素之一，其重要性随着经济的发展而越发凸显。企业技术创新必然促进企业技术进步，提高技术效率。技术进步和技术效率的提高能有效改善生产环节的资源配置效率，进一步影响产品竞争力。资源配置效率的改善将影响企业资产的运作能力，提高资产的周转率，降低成本，进而影响企业的当期及未来的盈利能力，改善企业的当期和未来的财务绩效。因此，本书提出假设 H_{1a}：上市企业技术创新与企业当期的财务绩效正相关；假设 H_{1b}：上市企业技术创新与企业未来的财务绩效正相关。

对企业绩效的评价有财务指标也有市场指标。关于市场指标，有市场占有率、客户满意度等一些基于产品市场表现的绩效指标，也有从资本市场的角度来评价企业绩效的指标，比如 Tobin's Q，以及年度股票投资收益率（Stock Investment Return，SIR）等。考虑到数据的可获取性，一般采用基于资本市场的绩效指标。

由于技术创新提升了产品的竞争力,提高了产品市场占有率和客户满意度等市场表现,以及财务绩效的改善,必然会反馈到资本市场上,影响股票价格,从而提高企业股票投资收益率。因此,采用 SIR 作为评价企业绩效的市场指标,并提出假设 H_{2a}:上市企业技术创新与企业当期的市场绩效正相关;假设 H_{2b}:上市企业技术创新与企业未来的市场绩效正相关。

三、技术创新与企业绩效相关性实证分析

(一)研究设计

1. 样本和数据

本书以创业板上市企业作为研究对象。为了指标计算的需要,筛选拥有4年(2010~2013年)财务数据且主业比较突出(主营业务收入占营业总收入80%以上)的企业;剔除一部分特殊的亏损企业,例如,2012~2013年我国光伏产业受欧美"双反"政策影响造成行业全面亏损,从而无法正确反映全要素生产率增长。最终选取 131 家创业板上市企业作为样本,所采用的数据来源于 CSMAR 中国上市企业财务报表数据库以及巨潮资讯网。

2. 变量定义及模型设计

选取全要素生产率(TFP)作为技术创新的代理变量,以总资产报酬率(ROA)和股票收益率(SIR)分别作为财务绩效和市场绩效的代理变量,建立以下两个模型。

财务绩效模型:

$$ROA_{nt} = \alpha_0 + \alpha_1 TFP_{n(t-k)} + \alpha_2 DAR_{nt} + \alpha_3 \ln SCALE_{nt} + \varepsilon_{nt}$$

其中,被解释变量 ROA_{nt} 为企业 n 第 t 年财务绩效资产收益率。而解释变量 $TFP_{n(t-k)}$ 为企业 n 第 t-k(k=0,1)年的全要素生产率,分别代表其当年或者前一年的企业 TFP;由于资本结构以及企业规模对上市企业业绩可能产生重要的影响,因此需要对这两个因素进行控制。公式中 DAR_{nt} 为企业 n 第 t 年的资产负债率,作为企业资本结构的代理变量;$\ln SCALE_{nt}$ 是对企业 n 第 t 年的总资产取自然对数的结果,作为企业规模的代理变量。

参照古兹曼(Guzman,2008)和雷韦特(Reverte,2008)的研究,同时

考虑到企业财务绩效会直接影响到企业股票的表现，市场绩效模型建立如下：

$$SIR_{nt} = \beta_0 + \beta_1 TFP_{n(t-k)} + \beta_2 ROA_{nt} + \delta_{nt}$$

其中，被解释变量 SIR_{nt} 为企业 n 第 t 年的股票收益率，$TFP_{n(t-k)}$ 与 ROA_{nt} 同上。这一模型的经济学释义是在控制财务绩效指标 ROA 的基础上分析本年与前一年全要素生产率与市场绩效的相关性，并验证假设 H_2。

（二）企业全要素生产率（TFP）的计算

根据 DEA – Malmquist 方法计算企业全要素生产率（TFP），最终测算所得的 TFP 是一个相对数值。参照章祥荪和贵斌威（2008）的计算模型与特点并以柯布 – 道格拉斯生产函数为基础，选取营业收入总额和净利润作为产出变量，资产总额、营业成本总额以及现金流量表中的"支付给职工以及为职工支付的现金"作为投入变量。计算过程通过 DEAP2.1 软件实现。

全要素生产率（TFP）可分解为技术效率（effch）和技术进步（techch）两大部分，技术效率又可以视为纯技术效率（peck）和规模效率（sech）的乘积。其中 effch 作为企业前后两个时期的技术效率的比值，其本身并不包含技术进步的因素，仅表示从 T 时期到 T+1 时期企业技术效率的变动情况。若该指标大于1，则表示技术效率提高；若该指标小于1，则反之；若等于1，则无变化。同理，techch 代表着企业两个时期内技术进步水平的比值，从 T 时期到 T+1 时期若该比值大于1，则说明该决策单元发生了技术进步；若该比值小于1，则技术退步；若等于1，则说明技术水平无变化。

表 2-1 的数据显示，各样本企业技术创新方面呈现出良好的进步态势。大多数企业的技术进步指标 techch 都大于1，甚至有多家企业高于2。相应地，TFP 也都有较好的表现。这一方面说明国家近年来大力扶持高科技创新类企业、鼓励科技创新的政策产生了良好的效果；另一方面也说明作为中小企业中的优秀代表，对科技创新的重视程度较高。

表 2-1　　2010~2013 年我国创业板上市企业 TFP 及其分解

firm	effch	techch	pech	sech	tfp
1	1.117	1.04	1	1.117	1.162
2	1.406	2.069	1.187	1.185	2.909

续表

firm	effch	techch	pech	sech	tfp
3	1	0.970	1	1	0.970
4	1.271	1.324	0.982	1.294	1.682
5	0.945	1.104	1	0.945	1.043
6	0.681	1.187	0.678	1.005	0.808
7	1.148	1.165	1.661	0.691	1.337
8	0.177	0.93	0.289	0.613	0.165
9	0.847	1.409	0.800	1.059	1.194
10	0.809	1.205	1.152	0.702	0.975
11	0.894	1.156	0.689	1.298	1.034
12	0.894	1.233	0.665	1.344	1.102
…	…	…	…	…	…
129	1.479	1.089	1.651	0.896	1.612
130	1.41	1.1	1.351	1.044	1.552
131	1.116	1.143	1.064	1.049	1.276
mean	0.865	1.266	0.847	1.020	1.094

将技术效率部分进行分解以后可以发现，规模效率的增长同样也是企业全要素生产率增长的因素之一，意味着以创业板上市企业为代表的高新技术中小企业通过扩大规模来提高其全要素生产率是有效的。此外，创业板上市企业的资产负债率相对较低，平均只有20.4%，因此，高新技术中小企业在控制好现金流状况的前提下可以通过适当增加负债的方式来提升其规模，在获得杠杆利益的同时，还能充分实现规模效率带来的收益。

用筛选出的全要素生产率最高和最低的各10家创业板上市企业进行对比，结果见表2-2。全要素生产率最高的10家创业板上市企业中有6家的年度平均股票投资收益率超过30%，并且有8家超过同期全部样本企业的年度平均股票投资收益率（13.1%）。而全要素生产率最低的10家上市企业中，则只有3家企业获得超越或者刚好等于全部样本企业的年度平均股票投资收益率，其余的企业股票都不同程度地落后于同期平均股票投资收益率。从表2-2可以发现，整体而言，全要素生产率与企业的股价表现即市场绩效是存在正相关性的。

表 2-2　　　TFP 最高和最低的 10 家创业板上市企业对比

	firm	effch	techch	pech	sech	tfp	SIR
TFP 最高的 10 家企业	2	1.406	2.069	1.187	1.185	2.909	8.50%
	15	1.531	1.596	1.540	0.994	2.444	70.58%
	30	1.951	1.383	1.555	1.255	2.698	17.32%
	52	1.571	1.409	1.776	0.884	2.213	33.88%
	58	1.328	1.706	1.173	1.132	2.265	37.02%
	62	1.413	2.855	1.310	1.079	4.034	35.56%
	64	1.388	1.600	1.352	1.027	2.222	-0.04%
	83	1.683	1.601	0.972	1.731	2.693	37.85%
	87	1.438	1.735	1.245	1.155	2.494	1.55%
	105	1.557	1.544	1.555	1.001	2.403	12.80%
TFP 最低的 10 家企业	8	0.177	0.930	0.289	0.613	0.165	13.11%
	31	0.248	1.990	0.374	0.662	0.493	8.91%
	49	0.413	1.177	0.449	0.918	0.486	18.15%
	54	0.404	1.247	0.432	0.934	0.503	7.12%
	67	0.529	0.975	0.425	1.245	0.516	4.32%
	73	0.514	0.935	0.566	0.908	0.481	-5.84%
	97	0.387	1.330	0.400	0.968	0.515	38.71%
	104	0.344	1.387	0.47	0.731	0.477	17.25%
	120	0.296	1.559	0.488	0.607	0.462	8.50%
	126	0.334	1.166	0.354	0.942	0.389	70.58%

（三）实证检验及其后果

在用 DEA-Malmquist 方法计算出样本企业的 TFP 指标后，为了排除异常值对研究结果产生影响，对所有的变量做了 1% 的 Winsorize 缩尾处理，样本数据的描述性统计及变量间的 Pearson 相关系数分别见表 2-3、表 2-4。

表 2-3　　　　　　　　研究变量的描述性统计

变量	均值	中值	标准差	极大值	极小值
ROA	0.077	0.071	0.045	0.248	-0.187
TFP	1.173	1.097	0.759	1.795	0.389

续表

变量	均值	中值	标准差	极大值	极小值
DAR	0.204	0.173	0.14	0.815	0.056
ln SCALE	20.954	20.865	0.559	23.685	19.781
SIR	0.131	-0.053	0.66	4.027	-0.783

表 2-4　　　　　各变量间的 Pearson 相关系数

变量	ROA	SIR	TFP	lnSCALE	DAR
ROA	1				
SIR	0.158***	1			
TFP	0.112***	0.046**	1		
ln SCALE	0.327***	0.018	-0.059	1	
DAR	-0.367***	-0.028	0.089	0.136***	1

注：* 表示 $p<0.10$，** 表示 $p<0.05$，*** 表示 $p<0.01$。

通过描述性统计分析，可以得到这样的基本结论：全要素生产率（TFP）与财务绩效（ROA）以及市场绩效（SIR）的 Pearson 相关系数均为正，且都通过显著性检验；各相关变量之间的系数均属正常，不会造成回归方程的多重共线性问题。

1. 技术创新对财务绩效影响的回归分析

根据财务绩效模型来分析技术创新对于企业财务绩效的影响。通过 F 检验和 Hausman 检验，确定采用个体固定、时间随机效应面板模型。

通过回归发现，模型的拟合优度较大，数据的 T 检验和 F 检验都在正常的范围内。异方差的 white 检验在 0.05 显著性水平上未显示有异方差性。由于存在创业板上市企业年份较短和数据筛选不够完善等问题，拟合度未能达到预期的目标，但目前的效果尚可。下面具体分析 TFP 对当期及未来财务绩效（ROA）的影响。

TFP 对创业板上市企业当期财务绩效（ROA）的影响。从表 2-5 可知 TFP 对资产收益率的影响较为明显，通过了 5% 的显著性检验，其系数为 0.071，说明 TFP 对企业当期的财务绩效有着一定的促进作用。假设 H_{1a} 得到验证。

表2-5　　　　　　　　　　回归估计结果

变量	ROA	SIR
C	-0.501*** (-4.916)	0.341** (1.231)
TFP	0.071** (4.136)	0.670** (2.513)
DAR	-0.145** (-6.262)	
ROA		2.437*** (4.263)
ln SCALE	0.027** (-3.940)	
TFP_{t-1}	0.042* (3.251)	0.278 (0.756)
调整后 R^2	0.630	0.608

注：* 表示 $p<0.10$，** 表示 $p<0.05$，*** 表示 $p<0.01$；括号中的数字表示 t 统计量。

TFP 对创业板上市企业未来财务绩效（ROA）的影响。从财务绩效与滞后期的 TFP 指标回归结果来看，其弹性系数为 0.042，其 P 值通过 10% 的显著性统计检验，因此判断企业财务绩效与滞后一期的 TFP 之间存在一定的正相关关系，这说明 TFP 对财务绩效促进作用较为持久，可以促进企业未来一年的财务绩效（ROA）的提升。因此，假设 H_{1b} 也得以证明。

上述的回归结果反映了 TFP 对企业当期和未来一年的财务绩效具有明显的正效应，而 TFP 反映了技术进步与技术效率，是企业技术创新的结果。由此说明，技术创新与企业当期及未来一期的财务绩效（ROA）存在正向关系。

2. 技术创新对市场绩效影响的回归分析

根据市场绩效模型分析全要素生产率对企业市场绩效的影响作用。同理，先用 F 检验，再进行 Hausman 检验，用来确定使用随机效应变截距模型还是固定效应变截距模型。

TFP 对创业板上市企业当期市场绩效影响。从表 2-5 可知 TFP 系数通过了 5% 的显著性统计检验，所得弹性系数为 0.670，说明企业的技术创新能被市场捕捉到并引起股价的上升，技术创新与当期的市场绩效显著正相关。假设

H_{2a}得到验证,也与前述国外学者古兹曼(Guzman,2008)和雷韦特(Reverte,2008)、库玛(Kumar,2009)和查尔斯(Charles,2009)的研究相吻合。

TFP对创业板企业未来市场绩效的影响。市场绩效(SIR)与滞后期的TFP的回归结果显示,TFP_{t-1}未能通过10%显著性水平上的统计检验,故无法拒绝TFP_{t-1}系数为0的原假设,说明创业板上市企业市场绩效与滞后期的TFP指标之间不具有明显的相关关系,因而假设H_{2b}未能得到验证。产生这种结果的可能原因是:一方面可能由于我国资本市场尤其是创业板市场的时效性较强,历史年份的技术创新及TFP对企业市场绩效将不再具有解释力。这与人们的固有认知较为接近,即创业板企业经营风险较大,企业业绩稳定性也相对较差,因而企业股价表现也起伏不定。另一方面因为创业板成立时间较短,可选用的样本企业数据时间范围有限,无法做一个较长时期内的面板分析,且短期之内偶然因素较多,实证结果或许无法真实反映创业板企业的真实属性。

四、研究结论与建议

(一)研究结论

从全要素生产率计算的相关结果来看,大多数创业板上市企业的技术进步指标都大于1,说明在总体上技术水平稳步增长,反映了我国创业板上市企业普遍比较重视技术创新。

技术进步以及规模效率的增长是TFP增长的重要原因,意味着以创业板上市企业为代表的高技术中小企业通过技术进步及扩大规模来提高其全要素生产率是有效的。然而从技术效率整体而言,尤其是纯技术效率指标来看,创业板上市企业的技术效率在所研究的时间区间内都没能获得提升,反映了创业板企业TFP的增长对技术进步的依赖程度较高,而技术效率的降低则成为企业进一步发展的阻碍。说明创业板企业的发展是以技术投入来驱动的,并不是以产出能力以及资源配置效率等能力的提高来实现的。

技术创新能对企业的财务绩效产生积极的持续的影响。同时,企业的技术创新能被资本市场发现并接受,在当年的股价中得以体现,提高企业的股票投资收益率。但是,技术创新对未来一年的企业股票投资收益率没有显著影响。

(二)建议

中小企业应注重技术效率、规模效率与技术进步的同步提高。规模效率、纯技术效率与技术进步是TFP增长的三大源泉,技术进步可通过加大研发投入或者外购技术等方式取得,但技术效率的提升则需要企业经营管理能力和技术人员应用能力的提升。同时可适当增加债务融资规模,充分利用财务杠杆来提高股东回报率,将企业做大做强并实现规模效率的提高。通过这三方面的同步提高,才可以充分发挥技术创新的效应,有效地促进TFP的提升。

鉴于技术创新对企业财务绩效和市场绩效的显著持续的影响,中小企业应积极进行技术创新,加快转型升级,提高自身的竞争能力和盈利能力。

政府部门应通过政策引导、政府补贴、税收优惠等手段,引导资金投向高新技术产业,鼓励中小企业提高技术研发投入,推进中小企业积极参与高校和科研院所的技术成果转化,从而促进中小企业的技术创新。

第四节 人力资本集聚与高新技术企业创新绩效关系

一、引言

作为生产要素之一,人力资本影响着高新技术企业发展。本节基于宁波高新技术企业的调研分析人力资本集聚与高新技术企业创新绩效的关系,以深入了解人力资本对高新技术企业发展的作用。

为了进一步提升竞争优势,构建长三角南翼区域性人才高地,宁波市政府从1999年开始陆续出台了一系列人才政策,比如《宁波市引进培养高素质人才的若干意见》《关于大力引进人才和智力实施办法》《关于贯彻落实〈关于大力引进人才和智力实施办法〉的补充意见的通知》《关于大力引进高层次海外留学人员的若干规定》《关于加快创新型领军和拔尖人才引进培养的若干意见》《宁波市千名海外留学人才集聚工程实施意见》《关于实施海外高层次人才引进"3315 计划"的意见》《宁波市引进高端创业创新团队"3315 计划"实施意见》等，并从 1999 年开始，连续举办了二十余届高层次人才和智力引进洽谈会，加快实现了人才高地的构建以及人力资本的集聚。据浙江省委人才办发布的 2019 年上半年《全省人才集聚情况分析报告》，宁波中高端人才的引入位居全国第二。

二、理论基础和研究假设

国内外学者从市场竞争水平、市场化程度、企业规模、对外开放程度、所有权结构、创新投入、环境规制和利率市场化等角度研究了企业创新能力和创新绩效的影响因素，但工业化进程中的重要因素——人力资本——对企业创新的影响问题，却没有引起学术界足够的关注。

内生增长理论认为，社会和企业技术进步的关键性影响因素之一就是人力资本。人力资本水平不仅能直接影响自主创新效率，还与专利产出数量显著正向相关（冒佩华等，2011）能有效促进其创新绩效。在知识经济时代，企业需要建立人力资本提升战略，实现人力资本集聚并充分发挥其正外部性效应，才能获得或保持竞争优势。首先，人力资本聚集能促进企业人才之间的沟通交流，显著降低企业中各类人才的知识技能获取成本。通过集聚，拥有较高人力资本的人向拥有较低人力资本的人传输知识和技能，前者并不会削弱其自身能力，反而使后者的能力大幅提升，进而提高企业整体的生产效率科学。其次，人力资本的集聚，增加了各类人才的思想碰撞和交叉合作机会，有利于创意的产生，提升企业的研发和创新效率，并为企业带来新的发展机会。最后，人力资本聚集也会加剧人才之间的竞争，激发各类人才能加努力和上进，从而提升企业的绩效。人力资本集聚产生的正外部性效应，将会产生更多的人才向已经集聚了很高人力资本的地区和企业聚集的马太效应。

人力资本是企业的创新源泉，当企业中实现了人力资本集聚，将会显著提升企业创新能力，企业相应地就会将更多的资源投入研发和创新活动中。虽然研发具有风险性，结果具有不确定性，但是随着研发投入的持续加大，获得研发成果的概率也必然会增大，企业中新产品的开发速度、每年的新产品数、年申请专利数和新产品产值率等都会相应地提升，从而产生创新绩效。综上所述，笔者提出如下待验证研究假设：

H：人力资本集聚将促进企业创新绩效的提升。

三、数据来源、变量设计以及模型构建

（一）数据来源

截至 2018 年底，宁波市高新技术企业数已达 1 739 家。根据宁波市高新技术企业认定管理工作领导小组公布的 2016 年、2017 年和 2018 年三个年度认定的高新技术企业名单，本书选取了其中 800 家高新技术企业展开问卷调查。该问卷涉及有关企业人力资本聚集和创新的各个方面，主要内容包括：企业注册地、规模和财务状况等基本信息；人力资本的集聚规模、集聚水平和集聚效率三个维度的信息；企业每年研发投入信息，以及企业专利申请获批情况、新产品利润贡献等反映企业创新绩效方面的内容。所涉时间跨度为 2016～2018 年，共回收 554 份问卷，经过对回收的问卷逐份整理，剔除其中存在敷衍回答或者答题不全的部分，最终获得有效问卷 493 份，调查问卷的有效回收率为 89%。

（二）变量设计

1. 因变量

因变量为企业创新绩效（Per）。企业的创新绩效包括开发新产品的效率、年新产品投产数量和产值和年专利申请数等（支燕、自雪洁，2012）。高新技术企业认定指标包括"专利""研发组织管理水平"和"企业成长性"等三个方面，其中"专利"占了 60% 的权重，而且通过认定的高新技术企业，其资格自颁发证书之日起有效期为三年，到期需重新认定。高新技术企业都非常重视研发和专利的申请。专利包括发明、实用新型和外观设计三类，专利申请和获批数量能客观地反映企业的创新绩效，很多文献以专利作为创新指标。这里，笔者以每年申请专利并获批的数量为创新绩效的衡量指标。但是，由于专利的申请和获批，具有滞后性，一般周期为一年左右，所以采用滞后一期的专利申请和获批数。

2. 自变量

人力资本聚集有集聚规模、集聚水平和集聚效率三个维度，每个维度又有多个评价指标。企业的项目研发涉及内部多个部门，首先，需要对项目研发的必要性、财务的盈利性、经济上的合理性、技术上的先进性和适应性以及研发条件的可能性和可行性进行论证，这需要多个部门的人员共同参与论证。其次，部门之间的沟通协调是控制研发周期、研发成本投入的一个重要因素。因此，人力资本不仅仅指研发人员。人力资本集聚规模主要指数量，包括管理人员数量、研发人员数量、生产人员数量、销售人员数量、外聘专家顾问的数量。人力资本集聚水平主要指员工的知识和技能水平。为了方便衡量，在问卷设计时以员工的平均学历水平代替，包括管理人员平均学历、研发人员平均学历、生产人员平均学历、销售人员平均学历和外聘专家顾问的平均学历等。人力资本集聚效率主要指能否顺利招到所需的员工、招聘所需的时间、招聘人员的水平高低、公司有无完善的人才招聘计划等。

由于人力资本集聚各个维度都有多个且相互之间有关联性的评价指标，故通过主成分分析法进行降维处理。通过标准化处理将数据转化为相同量纲指标，对三个维度的人力资本集聚变量分别作 Bartlett 的球形检验和 KMO 检验，结果显示人力资本集聚的三个维度均适合做主成分分析。经过共同度分析和因子提取后得到综合因子得分函数，最终得到的人力资本集聚规模指数（HS）、人力资本集聚水平指数（HL）和人力资本集聚效率（HE）指数，作为接下来回归模型的自变量。

3. 控制变量

为了减少其他可能影响因变量的因素对回归结果的影响，对这些变量进行控制，包括企业的研发投入、企业存续时间、规模和注册地等。企业研发投入的多少体现了企业管理当局对创新的重视程度。企业的存续时间对其创新能力有积极和消极两方面的影响，一方面，存续时间越长的企业，其越可能趋于稳定，满足于现状，从而丧失对创新的积极性；另一方面，存续时间越久的企业，其前期在人才、技术和资金等方面积累越多，越有可能产生新的创新。相应地，规模越大的企业，其实力相对更雄厚，抵抗研发失败的风险能力越强，产生创新成果的机会也越多。而注册地不同的企业，获得的政策扶持和优惠会不一样。此外，股权集中度、企业受融资约束的程度以及企业自由现金流的多少等也会影响企业的研发投入，进而影响企业的创新绩效。

因变量、自变量、控制变量具体如表 2-6 所示。

表 2-6　　　　　　　　　变量定义

类别	变量名	符号	含义
因变量	创新绩效	Per	滞后一期的专利申请和获批数
自变量	人力资本集聚规模	HS	
	人力资本集聚水平	HL	
	人力资本集聚效率	HE	
控制变量	研发投入	Inno	当年的 R&D 投入
	存续时间	Age	取存续月数的对数
	股权集中度	Stcon	取企业前三名股东的持股比例
	融资约束程度	Lev	资产负债率
	自由现金流量	Fef	取自由现金流量的对数

（三）模型构建

因变量创新绩效采用滞后一期的专利申请和获批数，专利数为非负的计数型随机变量。高新技术企业每三年重新认定一次，认定时专利是非常重要的一个指标，但是有些行业或者企业的研发周期相对较长，并不是每年都会有专利申请。因此，在问卷调查期间，有部分受访样本企业没有专利申请数，使得因变量出现了零值，而且方差大于均值，不服从纯粹的泊松分布，而是二元分布与泊松分布的混合。基于此，选取零膨胀负二项回归的方法。

四、研究结果和分析

在控制其他变量的基础上，笔者运用零膨胀负二项模型对人力资本集聚与创新绩效之间的关系进行了回归。回归结果如表 2-7 所示。

表 2-7 零膨胀负二项模型回归结果

类型	变量	模型 1	模型 2	模型 3	模型 4	模型 5
点模型	常数 1	1.209***	1.531***	1.257*	1.553***	1.374**
	HS		2.095***			1.374**
	HL			0.833*		2.452***
	HE				1.451*	1.334***
	Inno	0.025***	0.024***	0.025***	0.023***	1.882**
	Age	0.228***	0.179***	0.232***	0.153*	0.022***
	Size	0.298***	0.417***	0.284***	0.403***	0.185*
	Reg	0.981*	0.765	1.048*	0.848	0.338**
	Stcon	1.639	2.285*	1.107	1.600	0.898
	Lev	0.051	0.034	0.073	0.096	1.644
	Fcf	0.280	0.176	0.401	0.341	0.051
零膨胀模型	常数 2	1.875***	1.808***	6.809***	1.789**	3.057***
	HS	3.685***	2.836***	3.664***	2.705	3.209**
	HL	7.020***	6.784***	2.427***	6.441*	5.655**
	HE	0.079*	0.080*	0.078*	0.078*	0.065*
	Inno	0.566***	0.560***	0.562***	0.553***	0.547**
	x^2	279.693***	320.633***	284.743***	336.644***	314.696***
	Vuong 检验 Zvalu	6.323***	6.384***	4.003***	4.123***	4.892***

注：* 表示 $p<0.05$，** 表示 $P<0.01$，*** 表示 $p<0.001$。

在表 2-7 的模型 1 中，仅仅包括控制变量，显示出创新能力、企业存续时间、规模及注册地对创新绩效有显著影响。创新能力（研发投入）大、存续时间久、规模大以及注册在高新区的企业相对有更多的资金、资源和能力支撑其创新，从而获得更高的创新绩效。零膨胀模型的回归结果显示，创新能力、人力资本集聚的规模、水平和效率均能显著提高企业创新绩效，说明这些高新技术企业中拥有越多的人力资本集聚优势、研发投入越多的企业，越能产生良性循环，提升创新能力和产生更大的创新绩效。

模型 2 至模型 5 中，逐步将自变量中反映人力资本集聚不同维度的三个变量引入回归方程，反映人力资本集聚规模、水平和效率的三个变量分别与创新绩效显著正相关。把三个变量都纳入回归过程的模型 5 中，三个变量同样与创新绩效显著正相关，验证了待验证研究假设，说明人力资本集聚能显著提高企业的创新绩效。模型 2 至模型 5 的四个回归结果与模型 1 的回归结果一致，进一步验证了本书的研究假设。

五、研究结论

本书基于宁波市高新技术企业的问卷调查数据，以企业的专利申请和获批数作为企业创新绩效的代理变量，分析和检验了人力资本集聚对高新技术企业创新绩效的影响。实证结果验证了不管是人力资本集聚的规模还是水平和效率，均能显著促进和提高高新技术企业创新绩效。宁波市高新技术企业应在宁波市政府的各种人才政策支持下，重视人力资本建设、加快人力资本的集聚，在企业内部创造良好的创新氛围，努力提高创新能力，提高企业的创新绩效，以此获取长远的发展和竞争优势。

第五节　技术获取型跨国并购对企业创新绩效的影响

一、研究背景

创新是高新技术企业的重要特点，高新技术企业创新绩效决定着其发展与否。对于高新技术企业而言，创新是企业维持竞争优势的关键。公司的创新能力集中体现在技术创新上，也就是在企业存量知识基础上发展新知识，更新新技术，提升创新能力。知识基础理论认为，知识是企业的一项战略资源，企业如果能在原有的知识基础上不断吸收外界的先进知识，不断扩充自身的知识基础，那么在技术创新上就有更广阔的空间，在未来的市场竞争上就能把握先机。总之，创新是企业保持持续竞争力的重要源泉。

我国企业相较于发达国家来讲自主创新能力相对不足，大多数企业缺乏核心技术以及对核心技术的研发能力，由此加快了国内企业积极寻求获取核心技术方式的脚步。从现有情况来看存在两种获取核心技术的方式，一种是在已有知识存量的基础上进行内源式技术提升，主要包括自主研发和创新。但就目前我国企业的研发水平来说，这种方法会使企业面临周期长、风险高和投入大等问题，导致企业陷入研发时间不确定性、市场不确定性和产品不确定性等困境。另一种方式是外援式技术提升，主要依靠并购实现技术转移，该方法可以快速获取核心技术，以达到缩短研发时间和成本的目的，是当前企业更加倾向的知识获取方式。

作为一种高效获取知识资源的方式，并购备受世界各国瞩目。在近十年各国纷纷开启了并购浪潮，2015年更是堪称"并购年"，全年并购涉及金额58 710.17亿美元，达到了历史并购最高点。2017年并购交易总额为47 409.69亿美元，虽然相比2015年并购金额有所下降，但热情依旧不减。对于国内而言，并购开始于改革开放以后，在1997年得到了快速发展。进入21世纪以后，随着我国经济的发展，全球化的意识不断增强，对外投资和全球资源配置的条件越来越成熟，加快了我国企业跨国并购的步伐。尤其在2015年，随着我国"一带一路"倡议的全面推进，企业并购达到了高潮，涉及的金额为28 395亿元，同比上年增长54.3%。随后，越来越多的企业加入资本输出的行列，为中国企业进一步获取外部知识资源，加强技术创新奠定了基础。

近年来，不少高新技术企业通过技术获取型跨国并购来提升自身创新水平，如华为经过一系列的并购实现业绩的持续增长；吉利以18亿美元收购欧洲汽车厂商沃尔沃，不断整合品牌资源，加强自我创新能力等。但技术并购的结果却不一定是理想的，如联想收购IBM个人电脑业务后发生亏损。技术并购结果的大相径庭引发了我们对技术并购能否真正提高企业创新绩效的思考以及是否有某些因素在技术并购产出创新绩效的过程中扮演着十分重要的中间角色。

二、研究意义

（一）理论意义

在过去的几十年里，学者们对跨国并购和创新绩效之间的关系有了一定的研究成果。国外学者的研究主要集中在并购动因和并购市场两个方向，最近几年才从并购后的创新产出或影响创新产出的内外部因素着手。而国内对跨国并购和创新绩效之间的关系研究起步较迟，近几年才开始兴起对以技术资源获取为目的的并购行为的研究，目前呈现以下两个特点：第一，国内学者在该领域通过自身的研究设计去总结归纳出关于技术并购的理论较少，大多数还是研究和评述国外的理论成果。但国内外的并购环境存在较大差异，全部用国外的理论成果作为理论基础是很难研究国内企业跨国并购对创新绩效影响的。第二，虽然技术获取是并购的重要动因之一，但其对创新绩效的作用机理有待进一步挖掘和研究。而企业双元能力的平衡和结合与外部技术获取后的内化和进一步创新紧密相关，基于此，本书认为将企业自身双元能力结构作为中间因素去探究技术获取型跨国并购对创新绩效的作用机制是具有十分重要的理论意义的。

（二）实践意义

本书选取技术获取型跨国并购的企业为研究对象，系统分析了以往技术获取型跨国并购对企业创新产出可能造成的影响，有助于企业更有依据的决定自身是否需要通过并购来获取外部技术知识，而且本书从双元能力结构的角度研究并购对企业创新绩效的影响，进一步挖掘了企业在获取外界先进技术知识后是如何进行内化和创新的，这对企业在并购前后对于资源的调配、组织结构的调整以及能力的培养有着积极的指导意义，对政府相关政策的制定也具有实践意义。

三、相关文献综述

（一）技术获取型跨国并购文献综述

1. 技术获取型跨国并购概念界定

并购（Merger and Acquisition，M&A）是企业法人在自愿平等，等价有偿基础上，以一定的经济方式取得其他法人产权的行为（庄佳林，2010），主要分为兼并（Merger）和收购（Acquisition）。兼并的本质是改变了被兼并企业的法人实体地位或使其法人资格丧失，其手段往往是通过产权的有偿转让，如发行新股的方式，把被兼并企业并入本企业中，获得对被兼并企业的实际控制权。而收购区别于兼并是在于收购的目标企业的法人主体资格并不因收购这个行为而必然消亡，收购的手段往往是通过有价证券或者现金的形式以获得目标企业部分或全部资产的控制权。收购同时又分为资产和股权收购,两者对承担目标企业债权债务的要求不同。

跨国并购(Transnational M&A)是跨国兼并和跨国收购的总称。即一国企业为了到达部分或全部控制国外目标企业的目的,通过一定的渠道和支付手段来兼并或收购国外目标企业的部分或全部资产的经济行为。由于跨国并购往往涉及的国家为两个及以上,存在各种不可控制的因素以及不可预测的风险,因此,在跨国并购前需要充分了解目标企业的政治经济环境和法律环境。

技术获取型跨国并购可以先从狭义和广义两方面对技术进行阐述。狭义指的是在研发、生产和管理中所包含的专业知识,更强调专门性和生产性,广义的技术则更强调综合性和系统性,具体指将科学知识、技术能力和物质手段等要素结合在一起形成的可以改造自然的有效动态系统(王立东,2010)。

国内学者杜群阳(2004)首先提出 TSFDI(technology sourcing foreign direct investment),即技术获取型对外直接投资这个概念,它是通过兼并或收购的手段获取东道国企业先进技术资源来提升企业技术水平和竞争力的投资行为。随后,刘开勇(2004)对技术并购又开展了比较系统的研究,他指出技术并购发生于大企业和小企业之间,大企业作为行为主体,其技术并购的动因在于自身技术需求。谢伟(2011)在刘开勇的研究基础上对技术并购的范围进行了拓展,并进一步分析了技术获取型跨国并购主要目的就是为了获得先进技术或能力,因此大中小企业都能成为技术并购的行为主体,不仅仅局限于大企业。孙超(2013)和杜锐(2017)观点基本一致,认为技术获取型跨国并购即通过兼并海外企业,获取目标企业的技术知识、管理方式等资源,从而提高自身创新水平和国际竞争力。

国外最早由美国经济学家奥利弗在其所著书中系统提出技术并购概念,同时也将创新理论研究分为发明 - 开发 - 供给三个阶段,奠定了未来技术并购研究的理论基础。随后,格兰斯特兰德(Granstrand,1997)和查特吉(Chatterji,1997)分别提出"创新收购"和"全面并购",其实质均与技术获取型跨国并购类似,认为这种并购行为是大企业获取小企业独特技术并迅速进入市场,形成竞争优势的有效手段。本书基于国内外学者研究和总结认为,所谓技术获取型跨国并购即指的是主并方通过收购或兼并的手段,来获取东道国企业先进技术知识以提升主并方技术水平和全球竞争力的并购类型。

2. 技术获取型跨国并购相关研究

从国内外的文献回顾来看，目前技术获取型跨国并购的研究主要围绕前置因素、事后效应和边界条件等领域展开和讨论。

从前置因素来看，国内外研究都表明技术获取型跨国并购的动因在于获取东道国企业的技术和资源，从而提高自身的创新能力和市场竞争力。国外学者对并购动因的研究起步较早，有丰富的研究沉淀，如伊瓦森（Inge Ivarsson，2003）和琼森（Thommy Jonsson，2003）对瑞典的外资公司进行调查发现主并方通过收购东道国企业的技术以及获取东道国企业的客户资源来适应和拓展东道国市场。哈基宁（Hakkinen，2005）选取芬兰连续三年的制造业跨国并购样本进行实证研究发现主并方对从东道国企业获取的技术知识和资源消化吸收后产生了协同效应，对其研发和经营活动产生了积极效应。国内学者对并购动因的研究虽开始较晚，但发展很快，也有了一定的成果。如李蕊（2003）以制造业和电子行业为例，通过大量的数据分析和案例研究后发现技术获取型跨国并购的重要动因在于获取有竞争力的技术知识，提高技术效益和竞争优势，实现技术端静态和动态的协同效应。除了实现技术协同效应之外，王天一、汤石章（2007）通过对制造业技术获取型跨国并购的现状分析发现，企业技术并购在提升自身技术水平的同时，更加重要的动因是为了避免自身研发所投入的人力、物力的浪费。因此，从国内外对技术获取型跨国并购动因的研究来看，自我创新能力弱或效率不高的企业更加偏向于从海外获取技术资源来提升自身的创新水平和市场竞争力。此外，在技术获取型跨国并购的其他前置因素，如企业规模、组织结构等方面国内的研究涉及较少，与国外相比该领域研究还有很多空白。

从事后效应来看，国内外研究均表明技术获取型跨国并购对并购绩效有显著影响。但国外学者对于影响是积极作用还是消极作用方面持有不同意见，如阿胡贾（Ahuja，2001）和卡提拉（Katila，2001）认为并购双方技术相关程度与创新绩效呈倒"U"形的关系，东道国企业的知识基础绝对规模与并购后主并方的创新绩效正相关而相对知识规模与并购后创新绩效负相关；并且发生技术并购的主并方在短时间内不会对绩效有显著的影响，而是随着研发努力程度的加深，才会对绩效产生一个明显的促进作用。与国外"技术并购效应悖论"

不同的是国内学者几乎都认为技术获取型跨国并购对创新绩效有显著促进作用，如孙忠娟、谢伟（2012）对跨国并购前后企业创新绩效的对比发现，并购后企业创新绩效在连续两年中均有显著提高，技术获取型跨国并购对创新绩效有显著促进作用。

从边界条件来看，国内外学者主要聚焦的边界条件有学习能力、整合能力、动态能力等企业自身的能力以及知识相关性和知识规模等知识特征上，并形成了高度统一的意见，认为企业自身能力与知识特征均对技术获取型跨国并购绩效有重大影响。国外学者鲍尔（Bauer，2014）和梅茨勒（Matzler，2014）通过整合能力对跨国并购绩效的研究发现整合能力越强，协同效应越强，越有利于降低成本，提高效率和绩效。在此基础上，国内学者郭一丹（2018）对130个高技术上市企业技术并购事件研究后得出吸收能力对并购后的创新绩效具有正向促进作用。在知识特征方面，国外学者克洛特（Cloodt，2006）和哈哥多（Hagedoom，2006）认为并购方知识基础的绝对规模在并购后对并购企业的创新绩效呈正向影响；国内学者张峥（2016）和李沐纯（2010）在实证研究的基础上同样得出了和克洛特、哈哥多一样的结论。虽然在边界条件的研究上国内外学者有一致的看法，但深入边界条件如何影响并购绩效的层面，国内研究还远远落后于国外研究。

（二）双元能力及其结构文献综述

1. 双元能力及其结构概念界定

双元理论兴起于企业学习理论，最早由马奇（March，1991）提出，并将其分为"探索"和"利用"两种学习行为，探索是以"搜寻、变化、实验、发现"等为特征的学习行为，而利用以"提炼、效率、选择和实施"等为特征的学习行为。他们的本质区别在于两种学习行为所需分配的资源和时间不同，所适用的战略和组织结构也不同。

随后不同学者从不同视角拓展了"探索"和"利用"这一组概念。比如何建洪等（2013）从战略管理视角认为探索型战略是以未知市场为导向，关注新产品的生产、新技术的获取和新知识的创造，而利用型战略是以现有顾客为导向，关注对现有产品和工艺的精炼、更新和整合。鸿羲吉马（Atuahene-

Gima，2005）从产品创新角度解读"探索"和"利用"，探索被描述为获取新产品，对新知识、新技能、新工艺首次探索的过程；利用则是为实现产品的再创新，对原有的知识、技能和生产流程进行进一步改进的过程。李剑力（2009）进一步指出探索性创新无一不与开发新市场，开发新顾客，开发新渠道相联系，强调脱离和首次创新，而利用性创新与现有流程、现有能力、现有市场和顾客相联系，强调巩固和提升。本纳（Benner，2003）基于动态能力理论，将双元理论研究延伸到能力视角，认为双元能力属于动态能力范畴，与动态能力具有同一性，在企业资源配置和整合方面具有一致性，其本质是企业面对动态环境时所具有的一种特殊动态能力。焦豪（2011）在本纳的基础上补充到探索和利用能力其实是动态能力的不同层次，其所对应的创新活动不同，所需的组织结构和资源也不同，但两者的互动有助于提升企业的创新能力。

　　早期的研究认为组织要同时实现有效的探索和利用是不可能的，而现有研究开始关注双元能力之间的结构关系，将双元能力结构关系分为平衡和结合两种关系，认为探索和利用的同时实现是可行的并围绕双元能力的平衡和结合两大主题展开研究。双元能力的平衡认为探索和利用是同一创新连续体的两个极端，两者会争夺企业有限的资源。当企业将资源过度的投入其中一方时，会导致企业陷入"能力"和"失败"两类陷阱：其中能力陷阱指的是企业为了追求短期绩效，将大量的资源集中在利用活动上，而这种行为会直接导致企业核心能力刚性化，对外部环境风险的识别和应对能力下降，进一步阻碍企业的自主创新能力。失败陷阱则指的是企业为了追求长期绩效，在探索活动上投入过多资源，但探索本身的高风险，不确定性会增加企业的试验成本和管理风险，当探索的收益低于预期时，企业容易陷入"重新探索－变革－再失败"的死循环中。因此，当企业资源有限时只有将探索和利用平衡好才能有效发展；而双元能力的结合则认为利用和探索并非是绝对分割的，而是一个相互依存，相互强化，密不可分的整体，是同时追求高水平探索和利用的过程。正如卡提拉（Katila，2002）和阿胡贾（Ahuja，2002）认为探索行为关注的是新技术或知识的广度，而利用行为则更多关注新技术或知识的深度，两者不会争夺企业有限的资源，相反可以在不同的创新维度实现结合和互补。古普塔（Gupta，2006）认为探索和利用的结合和互补还可以体现在不同的职能环节，比如企业在产品研发职能上侧重探索能力，而在同一产品的生产、销售和服务职能上更侧重利用能力，做到能力的互补。

总的来说，尽管探索-利用被应用于各个领域，不可避免地会在与相关领域融合的过程中留下痕迹，显现出新的特征，但是探索的研究始终围绕着"新技术、新市场、新顾客"，而利用也尚未脱离"精炼、效率、优化"等范畴。基于能力视角，本书使用马奇（March，1991）对两种能力的定义作为研究的理论基础，即利用能力是以"提炼、筛选、生产、效率、实施、执行"等关键词为特征的能力，探索能力则是"搜寻、变异、冒险、试验、尝试、应变、发现、创新"等关键词为特征的能力。本书进一步将双元能力结构中的平衡理解为企业在探索和利用活动之间进行合理的资源分配，保证组织内部的协调性，以实现企业短期和长期绩效的平衡。双元能力结构中的结合则理解为企业的探索和利用能力处于较高水平时，不局限于资源的竞争，更多地呈现能力之间的结合和互补，在企业的长期发展中形成协同效应。

2. 双元能力及其结构相关研究

探索和利用是双元理论研究过程中必不可少的环节，其在相关研究中的不同位置担任不同角色，以其作为前因、结果、中介及调节变量的研究不胜枚举。

（1）前因变量。

探索和利用行为作为前因变量，通常研究两种行为对企业财务、创新及联盟绩效的作用。罗彪等（2014）在对探索战略和利用战略行为的研究中，提出两种行为对绩效影响存在结构上的差异，而这种差异为企业战略选择指明方向。吴亮等（2016）从资源拼凑角度入手，认为拼凑资源能够提升两种创新行为效率，使企业受益。其中，动态能力为中介和网络惯例为调节变量的引入，使得前因变量向绩效转化的途径更加明晰。李剑力（2011）在探索—利用式创新与企业绩效的关系研究中引入组织机构特性作为调节变量，发现探索式创新和利用式创新的平衡可以提升企业绩效。同时，焦豪（2011）在双元性组织优势构建的研究中也发现双元平衡关系可以在一定程度上增强企业的竞争优势。从现有研究来看，学者们渐渐对组织绩效的前因变量研究由双元能力向双元能力的平衡和结合转换。

（2）结果变量。

将探索和利用能力放在结果变量的位置，只是假设检验中的一个重要分支,其目的在于为深入研究做铺垫。肖丁丁、朱桂龙（2016）在研究组织跨界搜寻行为时,提出市场驱动和技术驱动对探索、利用能力的不同作用机制。朱朝晖、陈劲等（2009）探究了内外部资源、组织文化、知识整合等对探索和利用能力选择的影响,构建了完整框架下引发探索利用能力的基础前因。当前研究领域,单纯以探索利用能力作为结果变量的研究甚少。一方面,相关研究已经相当成熟,整个体系构建及研究过程也已正规化,创新意义不大;另一方面,单纯以探索利用能力为结果变量,除非前因体系非常具有代表意义,否则就会使文章略显单薄,而双元性的发展也已经将探索利用能力推向平衡和结合的方向。在研究体系中引入调节和中介,也是众多研究者深入探索的一种方式。总之,探索利用能力的研究不再是单纯的研究两两之间关系,已经向着更加多元化的方向在发展。

（3）中介和调节变量。

除了将探索和利用能力作为前因和结果变量外,李桦（2012）、张玉利和李乾文（2009）,林琳和陈万明（2016）等将探索和利用能力作为体系中的中介变量,探究前因变量通过两种能力向绩效转化的有效路径。吕铀、孙婧等（2016）实证证实探索和利用创新是组织吸收冗余资源向绩效转化的中间纽带。蒋春燕、赵曙明（2006）通过对新兴企业的调查研究,指出探索利用的学习行为在社会资本、企业家精神和组织绩效间起至关重要的作用,是企业突破瓶颈期最应当关注的方面。张玉利、李乾文（2009）证实在转型经济背景下,双元能力在企业创业导向对绩效影响的研究中起到部分中介作用。此外,侯旻、顾春梅（2016）还将探索和利用能力应用于调节变量领域,通过问卷调查的形式得出探索和利用之间的平衡和联合在企业外部网络资源对企业绩效影响中起到明显的调节作用。探索和利用能力在中介和调节变量领域的运用不但丰富了双元能力的理论体系,同时也使得"前因-结果"的研究体系更加由表入里,前因对结果的作用机制更加深入清晰。

（三）创新绩效文献综述

1. 创新绩效概念界定

绩效是衡量企业发展的最为重要的指标之一,是企业采取一系列战略、活动和决策所要实现的经营成果。目前对于绩效的研究主要聚焦于两个层面，一个是将其作为静态指标去衡量企业的产出，是结果指标；一个是将其作为动态指标去衡量企业的行为，是过程指标。学者们对于是过程绩效还是结果绩效更能够反映企业发展未达成一致意见。

1912年政治经济学家熊彼特首次提出"创新"概念以及创新的五种情况包括新产品、新技术、新供应来源、新市场、新组织。在随后的研究中，学者们对于创新的研究各有侧重点，对于创新绩效的理解也不尽相同。国外学者哈哥多（Hagedoom，2003）和克洛特（Cloodt，2003）认为创新绩效本身作为企业创新效率效果的评价指标，可以从广义和狭义层面去理解，广义上讲创新绩效即是从技术研究、技术开发到产品产出的过程，而狭义理解为将技术引入市场的程度。国内学者崔运开（2008）同样认为从狭义上来讲创新绩效主要指技术创新绩效，而广义上讲除技术创新外，还应包含管理创新和知识创新。结合国内外学者的观点，本书更侧重于对创新的狭义理解，认为创新即通过内部研发和外部获取两种途径在一定时间内对企业技术有一个质的提升。创新绩效则是对创新产出测量的一种量化。

2. 创新绩效相关研究

在熊彼特提出"创新"概念后，国内外学者就对导致创新的原因以及影响因素产生了浓厚的兴趣并围绕创新绩效的前置变量和衡量指标展开研究。

涉及创新绩效的前置变量包括创新投入、企业规模、产权结构和跨国并购等一系列因素。对于创新投入对创新绩效影响研究方面，胡义东等（2011）仅以电子信息、新材料和新能源3个行业的高新技术企业为研究对象，研究结果表明3个行业的样本企业研发经费投入力度对创新绩效产出有促进作用，庄观音（2018）在胡义东的基础上将3个行业扩展到18个行业，研究得出创新投入中研发投入对技术创新绩效有促进作用，非研发投入对技术创新绩效的关系无法确定。恩斯特（Ernst，1998）在研究企业规模对创新绩效影响的过程中，发现小企业由于其灵活性和反应及时的特性，相对于大企业，更能在新技术的开发和新产品的生产方面取得成绩。聂辉华等（2008）与恩斯特观点不同，他认为企业创新绩效与企业规模呈倒"U"形的关系，只有在企业规模大小适中的情况下，对于企业创新活动的开展才是最有利的。陈程等（2012）

以高新技术产业为研究样本,将创新活动分为技术开发和成果转化两个研究阶段,研究发现在技术开发阶段,企业的规模和产权结构会显著影响新技术开发的成功率,进而影响到企业的创新绩效。传统意义上,跨国并购在于获取东道国先进的技术资源、市场资源,避开贸易壁垒。从获取技术层面讲,研究跨国并购对创新绩效的影响具有一定的意义。哈金(Harzing,2002)指出不同的国际技术外溢的渠道对创新行为产生的影响不同,对于高新技术企业来说,跨国并购更能激发企业的学习精神和创新意识。在对高科技上市公司的研究中,王华宾(2012)发现技术并购对创新绩效的促进作用并不会在并购当年立即体现出来,而是有一两年的时间滞后性。

通过对以往研究成果的学习可以知道学者们对创新绩效指标衡量的研究围绕三个问题展开。第一,创新绩效衡量指标个数问题。学者们对于创新绩效衡量指标个数问题讨论激烈,其中哈哥多(Hagedoom,2003)和克洛特(Cloodt,2003)考虑到创新绩效衡量指标的重叠性,如R&D投入和专利的申请是有因果关系的,因此选择其中之一来衡量创新绩效即可。也有学者认为创新体现在多方面,应该采用多维度指标衡量较为适宜。第二,创新绩效衡量指标数据来源问题。国外学者主要从公开的数据库中获取。而我国由于公开的数据库并不多,因此国内的研究人员大多是通过发放调查问卷来获得数据进行创新绩效的衡量。第三,创新绩效衡量指标选取依据问题。国内外学者对创新绩效指标选取的依据主要来自创新投入和产出两个方面,投入指标有研发人员在全体员工中的占比和研发金额等,产出指标有主要有发明专利申请数和新产品的销售额等。

3. 技术获取型跨国并购与创新绩效相关研究

目前,国内外学者对技术获取型跨国并购是否对创新绩效有显著影响以及如何影响存在激烈的讨论。但大部分学者赞成技术获取型跨国并购能为提升企业创新绩效提供很大的帮助,毕竟技术获取型跨国并购能够获取东道国的核心技术资源,对于主并方的研究和开发都能提供技术支持,有利于企业创新活动的进行。如哈哥多(Hagedoom,2002)和戴思特斯(Duysters,2002)对美国信息制造业研究后得出企业跨国并购能提高企业创新绩效。瓦伦丁(Valentine,2012)同样以美国制造业为研究背景,提出并购事件能有效提高主并方专利申请数。任欢欢（2015）在对 185 个高新技术企业为样本的研究中发现，并购后，企业的创新绩效呈上升态势，并具有一定的持续性。但有小部分学者持有不同的意见，希特（Hitt，1991）认为发生技术获取型跨国并购的企业由于能够获取现成的技术资源，导致企业忽视自身的研发，进而使自身创新能力下降。奥尔纳吉（Carmine Ornaghi，2009）研究表明制药企业的技术获取型跨国并购即使在并购双方存在技术相关性的情况下对创新绩效促进作用也并不明显。

随着对创新绩效相关研究的深入，学者们不再停留在技术并购对创新绩效是否有显著影响的表层研究上，更多的是由表入里，探索进一步影响机制。首先在知识基础层面，阿胡贾（Ahuja，2001）和李沐纯（2010）通过研究均发现东道国企业知识基础的相对知识规模对并购后创新绩效有抑制作用。其次在技术相似性层面，卡西曼（Cassiman，2005）研究发现并购双方的技术相关程度与互补程度对主并方的创新绩效存在显著影响。阿拉哈穆（Al－Laham，2009）通过对生物科技行业的研究认为企业通过对技术相似性的企业的并购可以增加企业专利数量的申请。最后在企业动态能力层面，郭一丹（2018）从吸收能力的视角分析技术并购对创新绩效的影响发现吸收能力对并购后主并方的创新绩效有正向促进作用。姚伟坤等（2006）指出动态整合能力在企业获取海外技术转化为自身创新成果过程中起着重要作用，可以帮助企业获得协同效应。

（四）技术获取型跨国并购、双元能力结构与创新绩效相关研究

由于通过文献梳理已知技术获取型跨国并购与企业创新绩效存在一定相关关系，故对具体探索过程及结论就不再赘述。

双元能力结构研究的是探索能力和利用能力之间的关系，具体划分为双元能力的平衡和结合。从实证情况来看，大多数学者认为双元能力的平衡有助于企业建立持续的竞争优势，在很长一段时间内可以提升企业创新绩效。如利文索尔（Levinthal，1993）认为企业要有效平衡好利用能力和探索能力的关系，防止短视和僵化，才能在长时间内建立竞争优势并获得短期财务收益。双元能力的结合是企业在具备充足资源和柔性组织结构的情况下，对能力结构的高层次追求，过分偏重于二者之一将无法达到最优能力结构。郑晓

明（2012）以海底捞为研究对象发现，双元能力的结合和互动能够促进企业学习和创新能力正向和逆向的流动，将知识不断从隐性转化为显性，有效提升服务敏捷性。

对于双元能力结构在技术获取型跨国并购和创新绩效两者关系中的中介效应，很少有相关研究涉及，因此，对技术获取型跨国并购与双元能力结构之间关系的阐述将是重点。肖勤福（1997）根据并购目的的不同将并购分为扩充实力型、争夺市场型、获取技术型等八种类型。大多数学者认为获取技术型并购的目的是通过兼并海外企业，获取东道国的技术知识、管理方式等资源，从而提高自身创新水平和国际竞争力。也有学者从资源基础观的视角提出技术获取型跨国并购要提升企业自身创新水平和持续竞争力的前提假设是获得独占性资源，只有稀缺的、难以模仿的异质资源才是获取超额利润的根本来源。而知识资源正好符合上述稀缺、难以模仿的特点。因此，知识基础的差异能够帮助企业建立和维持区别于其他企业的持续竞争力。具体而言，知识基础理论认为技术创新本身是在原有的技术知识的基础上提取新的知识，那么技术获取型跨国并购则是在现存的技术知识的基础上，不断吸收和运用外部知识，从而提高企业自身创新水平的过程。资源基础观和知识基础观都告诉我们企业要增强自身的竞争力，需要整合内外部先进的技术知识，却未告诉我们如何有效利用好这些先进的技术知识并将其转化为创新绩效。事实上，今天的跨国企业，尤其是高新技术企业创新绩效的提升不仅仅取决于如何通过并购获取优质技术资源，更取决于如何深度挖掘机会、创造机会，在内化的基础上进行优化、创新和再造（李自杰，2017）。因此，高新技术企业在并购过程中，可以通过培育双元能力来不断提高企业创新绩效，这种能力培育过程即是为应对动态环境时能力的构建和演进过程。

胥朝阳（2009）将技术获取型跨国并购进一步分成了技术进入型并购、技术升级型并购和技术互补型并购，而不同类型的技术获取型并购由于获取东道国知识技术类型不一样对企业双元能力培育的侧重点不一样。技术进入型并购即企业重心从原领域向新领域的发展跨越，根据社会网络理论，新领域和旧领域往往会存在客户、市场和渠道的网络异质性，从而并购给企业带来的是一些非冗余、异质技术。对于一项隐含了新知识的新型技术，企业需要侧重培育和提升自身的探索能力，才能将新技术转化成激进式创新成果，提升企业创新绩。技术升级型并购即并购在同类产品生产上有核心技术突破的企业，社会网络理论认为同领域的企业合并往往提供的是冗余、非异质技术，这些技术是在原有技术的水平上的改进和提升，内化这些技术知识需要有重点的利用企业已有知识和经验，通过增强已有的技能、过程和结构来提升利用能力，完成渐进式的创新成果，提升企业绩效。技术互补型并购即对市场上与本企业同时拥有互补性关键技术的企业的并购，以冰箱生产为例，电冰箱企业的核心技术主要是制冷技术和微电子控制技术，技术互补型并购即拥有制冷技术的企业并购拥有微电子控制技术的企业，到达技术互补的效果。由此可见，企业需要在获取的异质资源上加大研发投入，实现技术的创新和质变，即需要培养探索能力；企业在获取相似技术知识的基础上需要加快吸收和转移，对现有技术进行重构和升级，即培育利用能力。而我国上市企业的技术获取型跨国并购在技术的吸收和创新过程中呈现多元化和复杂化的特征，并不是单单侧重培养某一能力就能提升企业创新绩效的，甚至在创新过程的不同职能阶段需要探索和利用能力的配合和互补，由此，在企业技术获取型跨国并购后，平衡和结合企业的探索、利用能力显得尤为重要。

根据现有文献，很少有学者在讨论跨国并购与创新绩效之间关系时引入中介或调节变量，而用双元能力结构作为中介变量去解释跨国并购如何影响创新绩效的研究就更少之又少。大多数学者将前置变量的注意力放在组织冗余、资源拼凑和战略柔性、跨界搜寻以及创业资源整合上，以双元能力结构为中介去探讨对创新绩效或企业绩效的影响。西蒙（Sirmon，2007）等研究发现新兴企业通过资源拼凑的方式可以获得一些战略性的隐性知识，帮助企业建立竞争优势同时也能培养利用能力。资源拼凑还可以帮助企业建立新的资源组合，使其具备创新的能力，不断满足探索式创新与利用式创新的要求（郝魁轩，2018）。肖丁丁（2013）以案例研究为基础，基于结构视角构建了跨界搜寻对双元能力结构、企业绩效的影响机制，发现双元能力平衡和互动关系在跨界搜寻与企业绩效之间起到了显著的中介作用。技术获取型跨国并购本质上与技术的跨界搜寻有相似之处，是一种资源拼凑和整合的过程，因而上述研究也间接证明了双元能力结构在跨国并购影响创新绩效的过程中起到了一定的作用。

通过对众多文献的梳理以及相关内容的深入剖析，不难发现技术获取型跨国并购与双元能力结构之间关系密切，同时，相关学者从理论分析及实践检验两方面间接佐证了"技术型跨国并购—双元能力结构—创新绩效"演化路径存在一定合理性，因此本书将双元能力结构纳入"跨国并购—创新绩效"的研究系统中，重点探究双元能力结构在二者转化过程中的作用机制，旨在丰富"跨国并购-创新绩效"理论体系，拓展中介和调节变量研究领域。

四、理论基础与研究假设

（一）相关理论基础

1. 垄断优势理论

垄断优势理论又称垄断优势的国际直接投资理论，最早由著名经济学家斯蒂芬在20世纪60年代提出，该理论认为市场的竞争是不完全的，企业在不完全竞争的条件下，获得各种垄断优势，如技术优势，规模优势和管理优势等。技术获取型跨国并购作为直接对外投资的一种形式，通过获取东道国企业专利技术和专有知识，在东道国形成垄断优势，获取超额收益。垄断优势理论很好地解释了跨国公司进行TSFDI的根本原因，即发挥垄断优势和维护垄断地位。

2. 知识基础理论

知识基础理论是资源基础理论的扩展和延伸，是将静态的资源基础理论放在企业动态的过程中，借助企业的动态能力，将内部研发或外部获取的技术资源不断开拓和提升，形成自己的核心竞争力，以应对外部变化的环境。

知识基础理论将企业的知识资源分为显性知识和隐性知识，二者的区别是，显性知识易于传播，容易被模仿，而隐性知识以其难以模仿的特性成为企业核心竞争优势的重要来源之一；在一定条件下，二者又可以相互转化。该理论同时认为，企业要保持创新活力，不仅要利用好现有的存量知识，更要挖掘和吸收外部的增量知识，这是企业保持持久竞争力的核心所在。现在，企业对于技术知识的获取有两种渠道，一种是企业内部自主研发，另一种是通过跨国并购等方式获取技术资源。内部研发是企业创新的基础，企业通过加大R&D的投入力度，提升企业的创新能力，开发出大量难以模仿的存量知识，为企业进一步拓展市场份额，占据行业前沿地位提供技术支持。但在竞争日益严峻，技术知识日新月异的今天，内部研发由于其耗资巨大，技术开发收效缓慢等问题已经不能满足企业快速发展的要求。在这种情况下，企业需要寻求其他渠道去获取外部的增量知识。跨国并购是人力物力雄厚的大企业往往采取的获得外部技术资源的方式，该种方式不仅可以获取中小企业稳定的技术知识，而且大企业可以结合自身的存量知识，在吸收的同时挖掘和提升，形成知识的协同作用，降低企业成本，创造持续的竞争力。

3. 动态能力理论

随着企业之间竞争加剧，学者们对企业持续竞争优势的探讨已不仅仅局限于资源基础观和核心能力观，为了弥补理论上的不足，动态能力理论应运而生。所谓动态能力就是企业为应对外部快速变化的环境而构建、整合或重构内外部胜任力的能力。从定义来看动态能力可以分为"动态"和"能力"来解读，"动态"指的是企业必须与外部变化的环境保持动态一致；"能力"指的是对企业存量和增量的知识、技术资源进行构建、整合或重构形成足以应对多变环境的能力。动态能力实质上具有开拓性和创新性，其在注意企业特有的组织惯例外，将更多的焦点放在克服能力惯性的创新和开拓上，强调在企业原有的知识基础上进行突破，把内部和外部资源进行整合和拓展，以更合理的资源配置来面对不断改变的环境。

（二）论证逻辑和相关假设

1. 技术获取型跨国并购与创新绩效关系

垄断优势理论认为技术获取型跨国并购作为直接对外投资的一种形式，通过获取东道国企业专利技术和专有知识，在东道国形成垄断优势，获取超额收益，这种超额收益通过多种渠道体现在主并方的创新绩效上，具体表现如下：首先，基于知识基础理论的视角，企业可以通过跨国并购获取新的增量知识以扩展母国公司的知识基础，进而得以满足技术创新的知识需求。其次，基于效率理论的视角，效率理论的代表人物格罗斯曼（Grossman）和哈特（Hart）曾提出企业跨国并购可以为企业带来规模经济和范围经济，减少知识创新活动的重复行为，将节约的资金用于研发投入，提升企业自身的创新水平，同时企业跨国并购后可以将东道国的创新设施和平台与自身创新资源相结合，发挥协同效应和联合研发的优势。最后，跨国并购还可以通过知识学习效应、人员流动效应和市场竞争效应影响企业的创新绩效。知识学习效应：主并方通过对东道国企业具有潜力的技术和知识的吸收整合，在扩展主并方的知识基础的同时也可以提升研发人员对新知识的学习和再创新能力；人员流动效应：跨国并购除了知识技术的交流外，必要时还存在人员的交流，如主并方为了扩大规模和占领海外市场，可以聘用当地的管理人员和研发人员，因地制宜地研发和销售适合当地的产品，丰富母国的产品线，完善产业结构，增强自身在产品市场上的创新水平；市场竞争效应：企业跨国并购必然会减少竞争对手，市场竞争的减少使企业有更多的资源和精力去研究如何降低产品成本和提升产品质量，对创新激励产生积极影响。

根据上述论证逻辑可知跨国并购在一定程度上有助于实现主并方创新效益的提升。但也有实证研究持有相反观点，如史密斯（Smith，1990）等发现技术获取型跨国并购并未对企业的创新绩效产生明显的促进作用。当然该研究对象聚集在发达国家的层面，对于后发国家企业的研究中，吴先明和苏志文（2014）对国外并购案例进行研究，表明后发国家的企业以技术获取型跨国并购为杠杆来构建追赶模型，进一步提升了创新水平，同时实现技术追赶。布兰施泰特（Branstetter，2006）发现，日本经济黄金时期企业的海外投资，促进了企业专利申请数的显著增加。因此基于理论和实证的相关研究，提出以下假设：

假设1：技术获取型跨国并购在并购当年对企业创新绩效有正向促进作用。

此外，由于我国技术获取型跨国并购企业本身创新能力比较弱，因此在技术并购后，对于东道国企业先进的技术知识和管理经验的吸收和整合需要一个过程，跨国并购对于企业创新提升的影响也会随着时间的推移发生变化，具有滞后效应。孙江明（2019）通过对中国上市公司的实证研究发现中国企业在并购后对企业创新绩效有显著提升的作用，并且这种提升作用随着时间的推移更加明显。贺晓宇（2018）通过对中国制造业跨国并购的分析发现，并购发生后的第一年对企业创新绩效的提升大于并购当年和并购后第二年的提升效果，究其原因发现我国制造业创新水平不高，大多数并购的结果多是直接拿东道国的技术经验用于生产研发，但技术经验的吸收和利用在并购当年未能充分完成，并购后一年东道国技术成果才被消化完全，加之技术具有时效性，因此在跨国并购后一年对创新绩效的促进作用最为显著。并且创新绩效的衡量指标往往是发明专利的申请数，而专利的申请过程并不是一蹴而就的，同样具有时间的滞后性。基于上述论述，提出以下假设：

假设2：技术获取型跨国并购在并购后1年对企业创新绩效有正向促进作用。

假设3：技术获取型跨国并购在并购后2年对企业创新绩效有正向促进作用。

2. 双元能力结构与创新绩效关系

基于动态能力理论，将双元理论拓展到能力视角，分为探索能力和利用能力。探索能力是以"搜寻、变异、冒险、试验、尝试、应变、发现、创新"等关键词为特征的能力，能够在激烈的市场竞争中获得新技术、新客户和新市场。其本质是企业通过跨国并购、资源整合或跨界搜寻获得异质化知识后，通过企业的探索能力将新知识学习和转化，创新成企业所需的新知识和技能，大大缩短产品的生产周期，满足消费者日新月异的需求变化，同时可以有效应对外部环境的动态变化，进一步扩大市场份额。显而易见，探索能力在提升企业创新水平，提高企业长期创新绩效方面扮演着重要角色。利用能力是以"提炼、筛选、生产、效率、实施、执行"等关键词为特征的能力，能够在企业现有技术轨道、知识积累的基础上，根据现有客户的需求，改进和提高创造价值的能力，以适应外部环境。其本质在于企业通过跨国并购、资源整合或跨界搜寻获得同质化知识后，通过企业的利用能力，结合企业的存量知识，对现有生产、销售和服务流程进行适度改善，从而提高了企业短期绩效。

虽然探索和利用能力在某种情况下均可以提升企业创新绩效，但企业资源匮乏时，探索和利用难免产生资源竞争的冲突，平衡好两者关系才是兼顾长期和短期绩效的良药；当企业资源充裕时，企业更应考虑在创新进程的不同阶段，追求较高层次的能力结构，将探索和利用结合起来，形成协同效应，建立长期竞争优势。

基于以上分析，提出以下假设：

假设4：双元能力的结合在并购当年对企业创新绩效有正向促进作用。

假设 5：双元能力的结合在并购后 1 年对企业创新绩效有正向促进作用。

假设 6：双元能力的结合在并购后 2 年对企业创新绩效有正向促进作用。

假设 7：双元能力的平衡在并购当年对企业创新绩效有正向促进作用。

假设 8：双元能力的平衡在并购后 1 年对企业创新绩效有正向促进作用。

假设 9：双元能力的平衡在并购后 2 年对企业创新绩效有正向促进作用。

3. 双元能力结构在技术获取型跨国并购和创新绩效之间的作用

知识基础理论认为企业通过技术获取型跨国并购获得大量外部技术资源后应该利用自身的存量知识，在吸收的同时进行挖掘和升级，形成知识的协同作用，进一步提升自身的创新水平，降低成本。基于知识基础理论的视角可以分析出技术获取型跨国并购对企业创新绩效的影响还需要某种中间因素的参与。结合动态能力理论进一步分析，可知企业存在某种能力可以在企业原有的知识基础上进行突破，把内部和外部资源进行整合和开拓，以更合理的资源配置来面对不断改变的环境。双元能力分为探索能力和利用能力，与动态能力具有同一性，在企业资源配置和整合方面具有一致性，其本质是企业面对动态环境时所具有的一种特殊动态能力。卡提拉（Katila，2002）从现有知识理论体系的角度定义两种能力，认为利用是对现有知识概念的提纯和升华，从而构建新的知识体系和网络边界的能力；探索是指通过寻找新机会、研发新技术、试验新方案等去突破现有知识体系，跨越当前领域，最终向现有知识库引入异质性资源的能力。可见双元能力同时具有改造升级和研发创新的特性，在技术获取型跨国并购获得外部技术知识后可以有效地将知识进行提纯和创新，在企业技术获取型跨国并购与创新绩效之间可以扮演重要角色。

同时需要考虑的问题是企业在技术获取型跨国并购后可能会面临资源匮乏如财务资金短缺等问题。在资源受限情况下，企业无法兼顾探索和利用能力的同步培养，一旦集中资源侧重于某一能力的单独培养，则会使企业陷入"失败"或"能力"陷阱，企业长期或短期绩效之一必然受损。企业只有平衡好两种能力的培养，才能建立起长效发展机制，在较长时间内建立起竞争优势。除了资源匮乏问题外，企业在技术获取型跨国并购时获取的技术可能是同质化或异质化或两者并存。因此，企业在资源充沛且具备相应的柔性组织结构的情况下，应更多考虑如何使企业技术能力结构最优化。当企业在技术的广度和深度均有追求时，可以将探索和利用置于正交独立的二维空间中，使不同结构能力之间可以互补和协同，而不是将两者置于绝对割裂的境地。总的来说，双元能力结构作为中间因素去研究技术获取型跨国并购与创新绩效的相关关系更为恰当。

综上所述，双元能力结构在技术获取型跨国并购与企业创新绩效之间举足轻重，因此提出以下研究假设：

假设10：双元能力的结合在跨国并购当年在技术获取型跨国并购与企业创新绩效之间有中介作用。

假设11：双元能力的结合在跨国并购后1年在技术获取型跨国并购与企业创新绩效之间有中介作用。

假设12：双元能力的结合在跨国并购后2年在技术获取型跨国并购与企业创新绩效之间有中介作用。

假设13：双元能力的平衡在跨国并购当年在技术获取型跨国并购与企业创新绩效之间有中介作用。

假设14：双元能力的平衡在跨国并购后1年在技术获取型跨国并购与企业创新绩效之间有中介作用。

假设15：双元能力的平衡在跨国并购后2年在技术获取型跨国并购与企业创新绩效之间有中介作用。

五、研究设计

（一）数据来源与样本选择

1. 数据来源

笔者以2013~2016年沪深上市企业技术获取型跨国并购事件为研究对象，样本取自清科私募通数据库中沪深证券交易所上市公司公告披露的并购交易，最终是经过手工整理与筛选获得的。另外，企业专利数据来源于国家知识产权局的专利查询系统，同时以国泰安CSMAR数据库的专利信息作为参考；财务相关数据来自国泰安CSMAR数据库；其他数据主要来自公司官网和巨潮资讯网等。

2. 样本选择

所有研究样本，全部按照以下原则进行筛选处理：

第一，本书研究的跨国并购类型是技术获取型跨国并购，首先选择与高技术相关的行业。根据2001年证券业行业分类标准选择行业代码以 C5、C7、C8、G8 为开头的被并购企业，同时要求主并方已取得被并购企业不低于50%的股权或不足50%但已获得被并购企业控制权，被并购企业必须为国外企业。

第二，对于"技术获取型"样本的判定主要依据主并方上市公司在并购公告中是否强调本次并购旨在获取被并购企业技术知识或与"技术"相关的其他关键词。同时考虑到样本的数量，将被并购企业在并购前五年内获得过专利的样本也纳入技术获取型并购的范围。

第三，剔除各类避税天堂的并购事件，剔除主并方为 ST 类公司以及数据严重缺失的样本。

第四，按照上述筛选标准对 2013～2016 年的跨国并购事件进行选择后，最终获得技术获取型跨国并购样本 65 个。

（二）模型研究与变量设计

1. 模型研究

参考蒋冠宏和蒋殿春（2014）、贺晓宇（2018）和彭薇（2018）的研究，采用倾向得分匹配法和倍差法（PSM-DID）来研究假设问题。根据倍差法的要求，将发生技术获取型跨国并购的企业设为处理组，将从未发生过技术获取型跨国并购的企业设为对照组，设定模型比较处理组和对照组在技术获取型跨国并购前后创新绩效的变化，检验模型如下：

$$Patent_{it} = \alpha_0 + \alpha_1 \cdot du + \alpha_2 \cdot dt + \beta \cdot (du \times dt) + \sum \delta_n \cdot Controls_{itn} + \varepsilon_{it} \tag{2-1}$$

其中，i 和 t 分别表示企业和时间。du 表示企业是否进行技术获取型跨国并购，若企业存在技术获取型跨国并购行为，则 du = 1，如果企业从未进行过技术获取型跨国并购，则 du = 0。dt 表示时间虚拟变量，企业技术获取型跨国并购前的时期设定为 dt = 0，企业技术获取型跨国并购后的时期设定为 dt = 1。Patent 和 ε 分别表示企业的创新绩效和随机干扰项。du × dt 的系数 β 表示企业技术获取型跨国并购后对其创新绩效变化的影响，若 $\beta>0$，表示技术获取型企业跨国并购后处理组企业的创新绩效提升大于对照组，说明跨国并购促进了企业创新能力的提升，反之则 $\beta<0$。基于回归稳健性的考虑，式（2-1）中还加入了控制变量 Controls 和其他固定效应。

2. 变量设计

（1）被解释变量

企业创新绩效是被解释变量，对于创新绩效衡量指标选择，不同的学者有不同的看法。从目前国内外研究现状来看，学者们主要从新产品情况、财务情况和专利情况三个维度来考量企业的创新产出。新产品情况主要关注的指标是新产品销售额、销售额占主营业务收入比重；财务情况主要关注营业净利率，净资产收益率等；专利情况主要关注专利的申请数量、存量等。其中，新产品情况作为衡量指标来说还存在两点不足：第一，新产品本身的界定比较困难，与传统产品没有明显的界限。第二，新产品只能体现创新的结果，无法反映过程创新。财务情况在衡量创新绩效时也存在自身缺点，如财务报表数据、会计利润等存在人为操作空间，具有造假风险。与新产品情况和财务情况相比，专利情况更具客观性。主要原因在于专利具有独创性、独占性和排他性的特点，又将科研成果实用化、商业化，因此成为衡量创新绩效最为常用的维度，也是反映创新能力最为直观的指标。此外，对于多指标是否比单一指标更合适衡量创新绩效的问题，国外学者哈格多恩（Hagedoorn，2003）通过实证证明申请专利数量、引用专利数量和新产品发布数量这几个指标之间存在重复性，因此他建议选择单一指标衡量企业创新绩效。

综合以上对创新绩效衡量指标的分析，本书将以发明专利申请数与总资产的自然对数的比值（Patent）作为被解释变量，来衡量企业并购后的创新绩效指标。此外，由于发明专利的申请需要一个过程，具有滞后性和时间跨度长的特点，故将并购当年、并购后1年、并购后2年的发明专利申请数与总资产的自然对数的比值分别作为被解释变量进行回归。

（2）解释变量

企业并购行为、跨国并购时期以及两者的乘积为解释变量，其中企业的并购行为用二值虚拟变量 du 表示，du=1 表示存在跨国并购行为，du=0 表示企业不存在跨国并购行为。用二值虚拟变量 dt 表示跨国并购时期，dt = 1 表示跨国并购后时期，dt = 0 表示跨国并购前时期。用 du × dt 表示企业并购行为与跨国并购时期的乘积，du × dt = 1 表示存在跨国并购且为跨国并购后时期；除此之外，du × dt = 0。

（3）中介变量

企业双元能力分为探索能力和利用能力，探索是对新技术、新产品、新市场的开发，组织中最能体现探索能力的是研发费用强度（R&D intensity），即研发费用相对于营业收入的比值。利用对现有技术、产品、市场的改善和升级，其最直观的效果是降低了运营成本，提高了效率。因此使用营业成本率（CSI），即营业成本相对于营业收入的比值来代理利用，利用越多，营业成本率越低（张钢，2014）。由于所研究的中介变量为双元能力结构，即双元能力的平衡和结合，因此采用焦豪（2011）等研究的双元能力结构分类与数据处理流程。首先将利用能力的测量值进行一个倒数处理作为新的测量值，新的测量值越大表示利用能力越强，方便后续的数据处理。其次为了解决多重共线性问题将探索能力和利用能力的测量值进行标准化处理，然后计算标准化后的探索能力和利用能力测量值差值的绝对值，将绝对值由大到小排列，筛选出最大的绝对值依次减去每一个差值的绝对值，用来表征各个研究样本的双元能力平衡情况，数值越高企业内部探索与利用能力的平衡越好；再计算标准化后的探索能力和利用能力测量值的乘积数值来表征双元能力的结合情况，数值越高表示企业内部探索与利用能力的结合越好。

（4）控制变量

借鉴已有文献（朱珂，2015；李欠强，2018）的变量设定，选定的控制变量包括：公司规模（Size），用总资产的自然对数表示；资产负债率（Rasset），用总负债与总资产的比值表示；净资产收益率（Roe），用净利润与股东权益的比值表示；公司上市年限（Age），企业上市以来的年份数取自然对数表示；研发能力（R&D），用企业的研发投入金额的自然对数来表示研发能力。其中，本书根据已有文献选择公司规模（Size）、资产负债率（Rasset）、净资产收益率（Roa）、公司上市年限（Age）作为倾向得分匹配法的匹配变量。见表 2 - 8。

表 2-8　　　　　　　　　变量及其衡量方法汇总

变量类型	变量名称	变量符号	衡量方法
被解释变量	创新绩效	Patent	发明专利申请数与总资产的自然对数的比值
解释变量	跨国并购行为	du	du = 1 表示存在跨国并购行为，du = 0 表示企业不存在跨国并购行为
	跨国并购时期	dt	dt = 1 表示跨国并购后时期，dt = 0 表示跨国并购前时期
	跨国并购行为 × 跨国并购时期	du × dt	du × dt = 1 表示存在跨国并购且为跨国并购后时期；除此之外，du × dt = 0
中介成分	探索能力	R&D intensity	研发费用相对于营业收入的比值
	利用能力	CSI	营业成本相对于营业收入的比值
中介变量	双元能力结合	Ma	探索能力和利用能力的乘积
	双元能力平衡	Ba	探索能力和利用能力差值的绝对值
控制变量	公司规模	Size	用总资产的自然对数表示
	资产负债率	Rasset	用总负债与总资产的比值表示
	净资产收益率	Roe	用净利润与股东权益的比值表示
	公司上市年限	Age	企业上市以来的年份数取自然对数表示
	研发能力	R&D	用企业的研发投入金额的自然对数来表示研发能力

六、实证结果与分析

（一）描述性统计

对企业跨国并购前后的创新绩效进行描述性统计分析的结果如表 2-9 所示。从表 2-9 可以看出，跨国并购前各企业发明专利申请数与总资产的自然对数的比值平均为 0.31，而在跨国并购后各企业发明专利申请数与总资产的自然对数的比值平均为 0.48，可以看出跨国并购后企业创新绩效明显高于跨国并购前的创新绩效。然后对样本主要变量进行描述性统计分析，结果如表 2-10 所示。从表 2-10 可以发现，观察期内处理组的各企业发明专利申请数与总资产的自然对数的比值平均为 0.49，与对照组的 0.52 相比差距不大。其次，处理组的资产负债率平均为 0.40，相比对照组的 0.37，跨国并购企业负债情况明显高于未跨国并购企业。而比较处理组和对照组的资产规模、企业年龄、盈利能力、研发投入和双元能力结构方面,差别并不明显。

表2-9　　　　　跨国并购前后企业创新绩效的描述性统计

变量	均值	标准差	最小值	最大值
跨国并购前企业创新绩效	0.306	0.500	0	4.609
跨国并购后企业创新绩效	0.476	1.399	0	22.787

表2-10　　　　　　　主要变量描述性统计

变量	实验组				对照组			
	均值	标准差	最小值	最大值	均值	标准差	最小值	最大值
Patent	0.4889	1.386	0.00	22.787	0.521	1.565	0.00	22.787
Size	22.462	1.234	20.188	26.465	22.305	1.216	20.189	26.465
Rasset	0.400	0.185	0.185	0.916	0.374	0.179	0.034	0.868
Roe	0.064	0.105	-0.960	0.473	0.067	0.095	-0.678	0.473
Age	2.753	0.314	1.609	3.526	2.7382	0.320	1.609	3.526
R&D	18.191	2.561	0.00	25.025	18.095	2.255	0.00	25.025
Ma	-0.454	1.728	-13.007	1.222	-0.490	2.068	-24.694	2.279
Ba	11.582	1.143	5.392	12.564	11.446	1.298	0.00	12.717

(二) 配对 T 检验

1. 倾向得分匹配

笔者采用倾向得分匹配法进行匹配。在借鉴前人研究的基础上,选择企业如下指标作为匹配变量,分别为公司规模(Size)、资产负债率(Rasset)、净资产收益率(Roe)、公司上市年限(Age)。为了使匹配结果更为合理可靠,采取并购前一期的企业特征变量分年度进行匹配,匹配结果如表2-11所示。在进行倾向得分匹配前,实验组与对照组的发明专利申请数与总资产的自然对数的比值的均值相差较大且T值在5%的水平上显著;而在匹配后,实验组与对照组的发明专利申请数与总资产的自然对数的比值的均值差距明显减小且T值也不再显著。由此可见,通过倾向得分匹配法找到的对照组是客观合理的。同时可以看出我国企业创新能力较弱时更愿意通过跨国并购的方式提升创新绩效。

表 2-11　　　　　　　　　　匹配结果

年份	匹配前 patent			匹配后 patent			实验组	匹配前对照组	匹配后对照组
	实验组	对照组	T值	实验组	对照组	T值			
2012	0.199	2.122	-1.98**	0.199	0.231	-0.27	13	233	41
2013	0.184	6.314	-2.00**	0.184	0.436	-0.80	15	196	50
2014	0.191	0.323	-2.02**	0.191	0.253	-1.05	20	156	46
2015	0.239	1.304	-2.01**	0.239	0.261	-0.31	17	322	44

注：***、**和*分别表示1%、5%和10%的显著性水平。

2. 平衡性检验

表 2-12 显示，匹配后大多数变量的标准化偏差（% bias）小于10%，只是公司上市年限（Age）偏差为-14.9%，似乎可以接受；而且大多数 t 检验的结果证实了匹配后实验组和对照组无系统性差异。对比匹配前的结果，大多数变量的标准化偏差均大幅缩小，说明匹配结果较好，证实选择的匹配变量及匹配方法合适，匹配的估计结果有效。

表 2-12　　　　　　　　　　平衡性检验结果

变量	样本	标准化偏差（%）	偏差减少（%）	t	P>|t|
Size	匹配前	93.0		8.98	0.000
	匹配后	-0.5	99.5	-0.02	0.982
Rasset	匹配前	76.4		7.41	0.000
	匹配后	-1.6	97.9	-0.08	0.934
Roe	匹配前	42.5		3.62	0.000
	匹配后	8.9	78.9	0.47	0.637
Age	匹配前	18.9		1.53	0.127
	匹配后	-14.9	21.2	-0.83	0.410

（三）多元回归分析

1. 全样本回归及滞后效应检验

表 2-13 所示结果为式（2-1）的全样本的初始检验。从 M1 和 M2 的结果看，无论是否加入控制变量，核心解释变量的 du × dt 的系数均在1%水平上显著为正，说明企业技术获取型跨国并购对于并购当年的创新绩效起到一

定的促进作用,假设 1 成立。从 M3 和 M4 的结果看,无论是否加入控制变量,$du \times dt$ 的系数均在 1% 的水平上显著为正,说明企业技术获取型跨国并购对于并购后 1 年的创新绩效起到了促进作用,假设 2 成立。从 M5 和 M6 的结果看,无论是否加入控制变量,$du \times dt$ 的系数均在 1% 的水平上显著为负,说明企业技术获取型跨国并购对于企业创新绩效的提升只有短暂的持续性,假设 3 不成立。对比跨国并购对并购当年至并购后 2 年内企业创新绩效的影响,可以发现:在并购后 1 年促进效果最佳;并购当年促进作用较弱;并购 2 年反而出现抑制效果。究其原因,主要是由于我国高新技术企业与发达国家相比,整体上创新能力还比较弱,跨国并购后需要更多的时间对取得的知识资源进行整合吸收。并购当年由于整合时间不够,故对创新绩效产生的正向促进作用不大;在并购后的第 2 年,被并购企业的研发成果渐渐被充分消化,同时由于企业并购花费大量资金,导致企业在 R&D 方面的支出不足,最终使得并购企业自身的研发受到阻碍,并表现在并购后的第 2 年自身创新绩效水平受阻上。并购后的第 1 年则是我国企业创新能力提升的"黄金期",我国企业应该在黄金期到来之前将自身的能力结构和组织结构调整到最佳,尽早将跨国并购带来的红利转化到创新水平的提升上。

表 2-13　　跨国并购对企业创新绩效的影响:全样本回归

变量	并购当年 M1	并购当年 M2	并购后 1 年 M3	并购后 1 年 M4	并购后 2 年 M5	并购后 2 年 M6
$du \times dt$	0.008*** (0.000)	0.016*** (0.001)	0.036*** (0.000)	0.042*** (0.001)	-0.187*** (0.000)	-0.135*** (0.000)
dt	-0.017*** (0.000)	-0.010*** (0.000)	-0.049*** (0.000)	-0.027*** (0.000)	0.611*** (0.000)	0.684*** (0.001)
du	-0.125*** (0.001)	-0.118*** (0.002)	-0.125*** (0.000)	-0.123*** (0.000)	-0.125*** (0.000)	-0.103*** (0.000)
Size		-0.062*** (0.001)		-0.053*** (0.001)		-0.249*** (0.000)
Rasset		0.160*** (0.008)		0.229*** (0.001)		0.671*** (0.001)
Roe		-0.176*** (0.004)		0.190*** (0.005)		0.909*** (0.001)

续表

变量	并购当年 M1	并购当年 M2	并购后1年 M3	并购后1年 M4	并购后2年 M5	并购后2年 M6
Age		-0.024*** (0.003)		-0.060*** (0.001)		0.154*** (0.000)
R&D		0.002* (0.001)		0.001 (0.001)		0.012*** (0.000)
Constant	0.340*** (0.000)	1.692*** (0.023)	0.340*** (0.000)	1.556*** (0.005)	0.340*** (0.000)	4.877*** (0.000)
N	492	492	492	492	492	492
Wald chi2	1.06e+07	43 792.34	3.86e+07	1.26e+06	1.37e+10	3.83e+09
Prob > chi2	0.000	0.000	0.000	0.000	0.000	0.000

注：***、**和*分别表示1%、5%和10%的显著性水平；括号内为稳健标准误。

2. 双元能力结构的中介效应检验

借鉴国内学者王旺志（2016）对中介作用检验的方法对双元能力的平衡和结合的中介作用进行检验，具体步骤如下：第一步，对自变量X与因变量Y作回归分析，若自变量X的系数c不为0且显著则进行下一步，否则终止检验；第二步，对自变量X与中介变量Me作回归分析，若自变量X系数a不为0且显著，则进行下一步；第三步，对自变量X、中介变量Me和因变量Y进行回归分析，若中介变量Me的回归系数b不为0且显著，自变量X的回归系数c'不显著则证明存在完全中介作用，若c'显著，且自变量对因变量的影响明显减弱，则证明存在部分中介作用。

由表2-14的回归结果看，M2中du×dt的系数为0.016且在1%水平上显著为正，说明技术获取型跨国并购对企业创新绩效有正向促进作用；M8中Ma的系数为0.008且在1%水平上显著为正，说明双元能力的结合在并购当年对企业创新绩效有正向促进作用，假设4成立；M8中du×dt的系数为0.014且在1%水平上显著为正，说明技术获取型跨国并购对企业创新绩效有正向促进作用，且主效应的影响有所降低，说明并购当年，双元能力的结合在技术获取型跨国并购和企业创新绩效之间起到部分中介作用，假设10成立。

表 2-14　　双元能力的结合在并购当年的中介作用检验

变量	并购当年		
	Patent	Ma	Patent
	M2	M7	M8
du × dt	0.016*** (0.001)	0.117*** (0.014)	0.014*** (0.001)
dt	-0.010*** (0.000)	-0.014*** (0.002)	-0.010*** (0.000)
du	-0.118*** (0.002)	0.021*** (0.004)	-0.118*** (0.001)
Size	-0.062*** (0.001)	-0.080*** (0.001)	-0.062*** (0.001)
Rasset	0.160*** (0.008)	-0.765*** (0.014)	0.167*** (0.008)
Roe	-0.176*** (0.004)	0.716*** (0.038)	-0.182*** (0.003)
Age	-0.024*** (0.003)	0.977*** (0.012)	-0.033*** (0.004)
R&D	0.002* (0.001)	0.012*** (0.001)	0.002*** (0.001)
Ma			0.008*** (0.001)
Constant	1.692*** (0.023)	-4.806*** (0.059)	1.729*** (0.016)
N	492	492	492
Wald chi2	43 792.34	150 749.45	197 086.42
Prob > chi2	0.000	0.000	0.000

注：***、**和*分别表示1%、5%和10%的显著性水平；括号内为稳健标准误。

由表2-15的回归结果看，M4中du×dt的系数为0.042且在1%水平上显著为正，说明技术获取型跨国并购对企业创新绩效有正向促进作用；M10中Ma的系数为0.007且在1%水平上显著为正，说明双元能力的结合在并购后1年对企业创新绩效有正向促进作用，假设5成立；M10中du×dt的系数为0.040且在1%水平上显著为正，说明技术获取型跨国并购对企业创新绩效有正向促进作用，且主效应的影响有所下降，说明并购后 1 年，双元能力的结合在技术获取型跨国并购和企业创新绩效之间起到部分中介作用，假设 11 成立。

表 2–15　　双元能力的结合在并购后 1 年的中介作用检验

变量	并购后 1 年		
	Patent	Ma	Patent
	M4	M9	M10
du × dt	0.042 *** (0.001)	0.149 *** (0.003)	0.040 *** (0.001)
dt	-0.027 *** (0.000)	-0.070 *** (0.003)	-0.027 *** (0.000)
du	-0.123 *** (0.000)	0.020 *** (0.004)	-0.123 *** (0.000)
Size	-0.053 *** (0.001)	0.049 *** (0.001)	-0.053 *** (0.001)
Rasset	0.229 *** (0.001)	-0.425 *** (0.006)	0.233 *** (0.001)
Roe	0.190 *** (0.005)	0.606 ** (0.028)	0.184 *** (0.005)
Age	-0.060 *** (0.001)	0.881 *** (0.015)	-0.068 *** (0.001)
R&D	0.001 (0.001)	0.005 *** (0.001)	0.001 *** (0.001)
Ma			0.007 *** (0.000)
Constant	1.556 *** (0.005)	-3.836 *** (0.043)	1.590 *** (0.004)
N	490	490	490
Wald chi2	1.26e+06	217 371.10	8 004 908
Prob > chi2	0.000	0.000	0.000

注：*** 、** 和 * 分别表示 1%、5% 和 10% 的显著性水平；括号内为稳健标准误。

由表 2–16 的回归结果看，M6 中 du × dt 的系数为 -0.135 且在 1% 水平上显著为负，说明技术获取型跨国并购对企业创新绩效有负向抑制作用；M12 中

Ma 的系数为 0.010 且在 1% 水平上显著为正,说明双元能力的结合在并购后 2 年对企业创新绩效有正向促进作用,假设 6 成立;M12 中 du×dt 的系数为 -0.136 且在 1% 水平上显著为正,说明技术获取型跨国并购对企业创新绩效有负向抑制作用,但主效应的影响不降反升,说明并购后 2 年,双元能力的结合在技术获取型跨国并购和企业创新绩效之间并没有起到中介作用,假设 12 不成立。

表 2-16　　双元能力的结合在并购后 2 年的中介作用检验

变量	并购后 2 年		
	Patent	Ma	Patent
	M6	M11	M12
du×dt	-0.135*** (0.000)	0.148*** (0.003)	-0.136*** (0.000)
dt	0.684*** (0.001)	-0.208*** (0.002)	0.686*** (0.000)
du	-0.103*** (0.000)	-0.002*** (0.002)	-0.103*** (0.000)
Size	-0.249*** (0.000)	0.055*** (0.001)	-0.249*** (0.000)
Rasset	0.671*** (0.001)	-0.158*** (0.002)	0.672*** (0.000)
Roe	0.909*** (0.001)	0.454*** (0.008)	0.905*** (0.001)
Age	0.154*** (0.000)	0.885*** (0.008)	0.144*** (0.000)
R&D	0.012*** (0.000)	0.012*** (0.000)	0.012*** (0.000)
Ma			0.010*** (0.000)
Constant	4.877*** (0.000)	-4.182*** (0.008)	4.921** (0.000)
N	492	492	492
Wald chi2	3.83e+09	2 370 905	1.36e+10
Prob > chi2	0.000	0.000	0.000

注:***、**和*分别表示 1%、5%和 10%的显著性水平;括号内为稳健标准误。

由表 2-17 的回归结果看,M2 中 du×dt 的系数为 0.016 且在 1% 水平上显著为正,说明技术获取型跨国并购对企业创新绩效有正向促进作用;M14 中 Ba 的系数为 0.008 且在 1% 水平上显著为正,说明双元能力的平衡在并购当年对企业创新绩效有正向促进作用,假设 7 成立;M14 中 du×dt 的系数为 0.015 且在 1% 水平上显著为正,说明技术获取型跨国并购对企业创新绩效有正向促进作用,且主效应的影响有所下降,说明并购当年,双元能力的平衡在技术获取型跨国并购和企业创新绩效之间起到部分中介作用,假设 13 成立。

表 2-17 双元能力的平衡在并购当年的中介作用检验

变量	并购当年		
	Patent	Ba	Patent
	M2	M13	M14
du×dt	0.016***	0.029***	0.015***
	(0.001)	(0.004)	(0.002)
dt	-0.010***	-0.012***	-0.010***
	(0.000)	(0.001)	(0.000)
du	-0.118***	-0.133***	-0.119***
	(0.002)	(0.002)	(0.001)
Size	-0.062***	0.011***	-0.061***
	(0.001)	(0.001)	(0.001)
Rasset	0.160***	-0.394***	0.167***
	(0.008)	(0.005)	(0.011)
Roe	-0.176***	0.568***	-0.182***
	(0.004)	(0.008)	(0.006)
Age	-0.024***	0.607***	-0.030***
	(0.003)	(0.005)	(0.003)
R&D	0.002*	0.039***	0.001
	(0.001)	(0.001)	(0.001)
Ba			0.008***
			(0.001)
Constant	1.692***	9.044***	1.615***
	(0.023)	(0.019)	(0.031)
N	492	492	492
Wald chi2	43 792.34	3.38e+07	117 712.32
Prob > chi2	0.000	0.000	0.000

注:***、**和*分别表示 1%、5% 和 10% 的显著性水平;括号内为稳健标准误。

由表 2-18 的回归结果看，M4 中 du×dt 的系数为 0.042 且在 1% 水平上显著为正，说明技术获取型跨国并购对企业创新绩效有正向促进作用；M16 中 Ba 的系数为 0.007 且在 1% 水平上显著为正，说明双元能力的平衡在并购后 1 年对企业创新绩效有正向促进作用，假设 8 成立；M16 中 du×dt 的系数为 0.041 且在 1% 水平上显著为正，说明技术获取型跨国并购对企业创新绩效有正向促进作用，且主效应的影响有所下降，说明并购后 1 年，双元能力的平衡在技术获取型跨国并购和企业创新绩效之间起到部分中介作用，假设 14 成立。

表 2-18　双元能力的平衡在并购后 1 年的中介作用检验

变量	并购后 1 年		
	Patent	Ba	Patent
	M4	M15	M16
du×dt	0.042***	0.019***	0.041***
	(0.001)	(0.019)	(0.000)
dt	-0.027***	-0.075***	-0.027***
	(0.000)	(0.000)	(0.000)
du	-0.123***	0.126***	-0.124***
	(0.000)	(0.001)	(0.000)
Size	-0.053***	-0.004***	-0.053***
	(0.001)	(0.000)	(0.001)
Rasset	0.229***	-0.168***	0.231***
	(0.001)	(0.002)	(0.001)
Roe	0.190***	0.414***	0.187***
	(0.005)	(0.004)	(0.005)
Age	-0.060***	0.591***	-0.063***
	(0.001)	(0.000)	(0.001)
R&D	0.001	0.035***	-0.001*
	(0.001)	(0.000)	(0.001)
Ba			0.007***
			(0.000)
Constant	1.556***	9.041***	1.494***
	(0.005)	(0.003)	(0.006)
N	490	490	490
Wald chi2	1.26e+06	4 151 448	1.49e+09
Prob > chi2	0.000	0.000	0.000

注：***、**和*分别表示 1%、5% 和 10% 的显著性水平；括号内为稳健标准误。

由表 2-19 的回归结果看，M6 中 $du \times dt$ 的系数为 -0.135 且在 1% 水平上显著为正，说明技术获取型跨国并购对企业创新绩效有负向抑制作用；M18 中 Ba 的系数为 -0.285 且在 1% 水平上显著为负，说明双元能力的平衡在并购后 2 年对企业创新绩效有负向抑制作用，假设 9 不成立；M18 中 $du \times dt$ 的系数为 -0.135 且在 1% 水平上显著为正，说明技术获取型跨国并购对企业创新绩效有负向抑制作用，且主效应的影响不变，说明并购后 2 年，双元能力的平衡在技术获取型跨国并购和企业创新绩效之间未起到中介作用，假设 15 不成立。

表 2-19　　双元能力的平衡在并购后 2 年的中介作用检验

变量	并购后 2 年		
	Patent	Ba	Patent
	M6	M17	M18
$du \times dt$	-0.135*** (0.000)	-0.017*** (0.000)	-0.135*** (0.000)
dt	0.684*** (0.001)	-0.084*** (0.000)	0.684*** (0.000)
du	-0.103*** (0.000)	0.121*** (0.000)	-0.104*** (0.000)
Size	-0.249*** (0.000)	-0.017*** (0.000)	-0.248*** (0.000)
Rasset	0.671*** (0.001)	-0.118*** (0.002)	0.671*** (0.000)
Roe	0.909*** (0.001)	0.327*** (0.004)	0.906*** (0.001)
Age	0.154*** (0.000)	0.533*** (0.001)	0.149*** (0.000)
R&D	0.012*** (0.000)	0.045*** (0.000)	0.012*** (0.000)
Ba			-0.285*** (0.000)
Constant	4.877*** (0.000)	9.436*** (0.007)	4.784*** (0.001)
N	492	492	492
Wald chi2	3.83e+09	3.41e+07	5.87e+08
Prob > chi2	0.000	0.000	0.000

注：***、**和*分别表示 1%、5% 和 10% 的显著性水平；括号内为稳健标准误。

综合来看，企业双元能力在平衡和结合状态产生的效应在我国高新技术企业技术获取型跨国并购当年和并购后 1 年均对企业创新绩效有正向促进作用，且在企业技术获取型跨国并购与企业创新绩效之间起到部分中介作用。但在并购后 2 年，促进作用和中介作用出现消退现象。

对于双元能力结构对创新绩效的促进作用，本书认为有以下两方面原因：一方面，当企业双元能力越平衡时，反映了企业在资源的分配和组织结构的匹配上越合理，避免了由于双元能力的不平衡导致企业陷入"能力"和"失败"陷阱，同时也可以使企业灵活安排不同层次的研发活动，使能力结构保持最优。另一方面，当双元能力越结合的时候，企业战略长期和短期的适配性越高。利用是对现有技术和知识的广泛拓展，探索是对新技术和知识的深度研究，二者平衡是组织内部不同阶级能力相互协同的重要体现，在此基础上的双元结合更能发挥出互补互动的协同效应。此外，不管从资源视角还是能力视角来看，双元能力的平衡和结合有利于提高资源配置效率，完善能力结构，提升创新水平。

现有研究大多数集中在双元能力结构对企业绩效的影响层面上，对于双元能力结构的中介效应也仅停留在理论层面。因此本书基于郭一丹（2018）、赵云娜（2017）、肖丁丁（2013）等的研究成果，探索性的将双元能力结构纳入"技术获取型跨国并购－创新绩效"的研究体系中，发现并购当年和并购后 1 年有以下作用路径：（1）技术获取型跨国并购－双元能力平衡－创新绩效；（2）技术获取型跨国并购－双元能力结合－创新绩效。具体原因分析如下：企业通过技术获取型跨国并购的方式获取外部异质或同质化技术知识，由研发部门进行吸收整合成适合本企业发展的技术成果后，投入生产销售中，在设计、生产、销售和财务部门的共同配合和努力的情况下，以最低的成本获得最高的效益，该创新流程体现的是企业内部技术能力与外部环境的匹配过程，企业通过协调探索与利用能力实现对外部资源与自身运营惯例的重构，促使企业技术能力结构从稳定状态过渡到动态协调状态，在获得稳定的创新绩效的同时构建长期竞争力（肖丁丁，2013）。但当跨国并购后第 2 年，技术获取型跨国并购对企业创新绩效呈现抑制作用时可以看出，因并购获得的技术优势的红利期已过，知识资源处于大量短缺状态，且由于并购需要大量的资金支持使得企业难以在短时间内有更多的 R&D 投入，企业后续的技术研发处于断层期，一味追求双元能力的平衡和结合反而制约了企业创新绩效的增长,此时应根据企业已构建起来的某一知识结构和组织结构有重点的倚重某一能力,重新激发起企业的创新活力。

七、研究结论与建议

(一) 研究结论

本书基于我国情景,以 2013~2016 年沪深上市企业的技术获取型跨国并购事件为研究对象对中国企业技术获取型跨国并购与创新绩效的相关关系进行多样本实证研究,在基于相关理论的基础上提出 15 大假设,通过倾向得分匹配法和倍差法相结合的方法来设定模型,运用 stata 软件对所测数据进行描述性统计、配对 T 检验和多元回归分析,从总体上考察技术获取型跨国并购前后对创新绩效的影响以及由于专利申请的时间滞后性带来的影响。最后又考察了双元能力结构对创新绩效的影响以及在技术获取型跨国并购与创新绩效之间的中介效应。最终假设检验的结果如表 2-20 所示。

表 2-20　　　　　　　　　假设检验结果

假设	检验结果
假设 1:技术获取型跨国并购在并购当年对企业创新绩效有正向促进作用	成立
假设 2:技术获取型跨国并购在并购后 1 年对企业创新绩效有正向促进作用	成立
假设 3:技术获取型跨国并购在并购后 2 年对企业创新绩效有正向促进作用	未成立
假设 4:双元能力的结合在并购当年对企业创新绩效有正向促进作用	成立
假设 5:双元能力的结合在并购后 1 年对企业创新绩效有正向促进作用	成立
假设 6:双元能力的结合在并购后 2 年对企业创新绩效有正向促进作用	成立
假设 7:双元能力的平衡在并购当年对企业创新绩效有正向促进作用	成立
假设 8:双元能力的平衡在并购后 1 年对企业创新绩效有正向促进作用	成立
假设 9:双元能力的平衡在并购后 2 年对企业创新绩效有正向促进作用	未成立
假设 10:双元能力的结合在跨国并购当年在技术获取型跨国并购与企业创新绩效之间有中介作用	成立
假设 11:双元能力的结合在跨国并购后 1 年在技术获取型跨国并购与企业创新绩效之间有中介作用	成立

续表

假设	检验结果
假设12：双元能力的结合在跨国并购后2年在技术获取型跨国并购与企业创新绩效之间有中介作用	未成立
假设13：双元能力的平衡在跨国并购当年在技术获取型跨国并购与企业创新绩效之间有中介作用	成立
假设14：双元能力的平衡在跨国并购后1年在技术获取型跨国并购与企业创新绩效之间有中介作用	成立
假设15：双元能力的平衡在跨国并购后2年在技术获取型跨国并购与企业创新绩效之间有中介作用	未成立

（1）从总体上看，技术获取型跨国并购对企业创新绩效的提升有正向促进作用，且具有时间的滞后性。从并购当年、并购后1年和并购后2年看，并购对创新绩效的提升作用呈现倒"U"形，即在并购后1年技术获取型跨国并购对企业创新绩效的提升效果最为显著，主要原因在于企业在并购当年对从外界获取的异质或同质化知识的吸收和转化的时间不充分，相适应的技术能力结构和组织架构并未调整到最佳。并且中国高校企业的整体创新水平较低，专利的申请还需要时间和过程，整体促成了并购后1年才是企业创新绩效提升的黄金期。并购后2年，技术获取型跨国并购对企业创新绩效反而出现抑制作用，说明跨国并购对所研究企业创新能力提升的促进作用只有短暂的持续性。因此，企业一定要抓住跨国并购后对创新绩效提升的最佳时间，充分利用、整合被并购企业的创新资源和先进技术，实现创新能力的大幅提升。

（2）双元能力结构与企业创新绩效的关系也是国内外学者争论的热点，与曹（Cao，2006）、李剑力（2009）等实证结论相一致，本书验证了双元能力平衡和结合对企业创新绩效的促进作用，且双元能力结构与企业创新绩效的促进作用也具有时间的滞后性，在并购当年和并购后1年促进作用显著，并购后2年促进作用减弱甚至变成了抑制作用。此外，本书进一步探索了双元能力结构在技术获取型跨国并购与企业创新绩效之间的中介效应与作用路径，发现双元能力的平衡在并购当年和并购后1年的技术获取型跨国并购与企业创新绩效之间起到部分中介作用，作用路径为技术获取型跨国并购－双元能力平衡－

创新绩效；双元能力的结合在并购当年和并购后 1 年的技术获取型跨国并购与企业创新绩效之间起到部分中介作用，作用路径为技术获取型跨国并购 – 双元能力结合 – 创新绩效。

（二）对策建议

我国正处于经济转型的关键时期，以技术获取为并购目的的跨国并购在这关键时期中扮演至关重要的角色。要将技术获取型跨国并购所带来的技术资源优势转化到企业历年的创新绩效上，最为关键的一步是构建企业的技术能力。因此本书针对我国企业如何通过改善技术能力结构来提升跨国并购带来的创新绩效进行了系统研究，相关研究结论不仅丰富了跨国并购、双元能力等领域的理论与实证研究，还为我国企业创新管理以及政府科学制定政策提供了有针对性的建议。

1. 企业层面的建议

（1）在创新绩效提升的黄金期，充分发挥并购带来的优势。对于后发国家而言，依靠跨国并购可以快速获取核心技术，减少研发时间和成本，是构建核心竞争力的必由路径。因此我国高新技术企业应根据自身现有的发展水平和定位，加强吸收和转化外部知识的技术能力，特别注重将异质化或同质化的目标知识的与双元能力匹配起来。依据研究结论，技术获取型跨国并购在并购后 1 年是提升创新绩效的黄金期，因此，企业应在黄金期到来之前将自身的能力结构和组织结构调整到最佳，尽早将跨国并购带来的红利转化到创新水平的提升上。

（2）加强对企业双元能力结构的关注，发挥其在提升创新绩效中的作用。本书除了研究了技术获取型跨国并购与创新绩效关系外，另加了企业双元能力结构作为中介变量进行进一步分析。根据分析结论，企业在技术获取型跨国并购当年和后 1 年，应针对自身情况对企业双元能力结构做一个快速调整。当企业在并购后资源存在匮乏的状态下，应该尽量平衡资源在利用能力和探索能力上的分配，避免使企业陷入"能力陷阱"和"失败陷阱"。当并购后企业资源充沛，则更多考虑如何优化能力结构，在不同的职能环节有效地将利用能力和探索能力结合起来，发挥出协同效应。

（3）并购红利期过后，有重点培养适合企业现阶段发展的能力。在并购后2年，并购带来的红利期过后，企业应该迅速转变创新思维，在企业创新水平的提升不再能依靠外部知识的时候应该有重点地培养适合企业现阶段发展的能力。企业可以重新加大对R&D的投入力度，在已构建的知识体系和组织机构的基础上加强自身的研发能力，用自主创新带动创新绩效的增长，也可以在现有的知识水平，产品结构的基础上做改进和提升，将并购带来的余热发挥到极致。

2. 政府层面的建议

我国高新技术企业技术获取型跨国并购不仅能够提升自身的创新水平，同时也提升了我国经济实力，是综合国力和国际地位提升的体现。但我国企业的并购经验远远落后于发达国家，因此需要政府大力扶持，为企业创造良好的技术并购环境。主要有以下几点建议：

（1）制定相关的法律法规，规范并购市场，为我国企业的并购和发展提供良好的法律环境。

（2）加强对专利等知识产权的保护力度，规范并完善专利的申请过程，避免由于专利申请的复杂性和滞后性对企业的创新过程造成不利影响。

（3）鼓励和指导技术并购企业如何通过外部技术知识提升企业自身的创新能力，并给与相应的优惠政策，如提供税收、融资渠道和外交上的优惠和支持。

（4）为企业的走出去做好更多的基础设施，如建立跨国技术并购的信息服务平台和咨询中心，为可能进行跨国并购的企业提供东道国法律、市场、文化和政策等相关信息，使得在信息对等的情况下降低并购风险。

第六节　融资约束对中小企业创新绩效的影响

中小企业融资难是全世界普遍存在的现象。高新技术企业的高投入性导致中小高新技术企业的资金需求大，但高新技术企业的高风险性和中小企业的特征决定了中小高新技术企业融资更难。为了使地方政府更好地扶持中小高新技术企业发展，需要厘清融资约束对中小高新技术企业创新绩效的影响。本书研究融资约束对中小企业创新绩效的影响，研究成果无疑有助于地方政府了解融资约束对中小高新技术企业创新绩效的影响。

一、研究背景与意义

（一）研究背景

目前，我国经济总量居世界第二位，城市化率在不断提高，各项大型工程建设正在有序进行，人民生活质量迈入了新时代。取得这些举世瞩目的成就离不开我国中小企业的贡献，中小企业是我国经济发展的基石，涉及各行各业。在经济"新常态"下，中小企业的注册数量不断上升，为国民经济的发展作出了重要贡献。根据国家统计局的数据，截至2018年底我国中小企业有369 337家，占企业总体的97.6%，为我国提供了95%以上的就业岗位，为国家提供5 556.3亿元的税收，占总税收的56%以上。从以上的统计数据可以看出，中小企业的规模十分庞大，为我国的就业和税收作出了杰出的贡献，是经济稳定向前发展的压舱石。

虽然中小企业的数量庞大，但是中小企业的发展和大型企业相比，融资难问题比较严重。与大型企业相比，中小企业融资渠道单一，主要是通过自有资金和银行贷款支持企业发展。根据中国人民银行的统计数据，截至2018年底，中小企业的实际贷款余额为30.74万亿元，大型企业的贷款余额为50.27万亿元。从银行贷款的余额可以看出，与大型企业相比，中小企业获得贷款较少，不足以支持中小企业的发展。在企业上市方面，能够在A股上市的企业基本上是发展得比较好的大中型企业，中小企业基本上不符合A股上市条件。国家为了支持中小企业融资，开通了新三板。新三板专注于服务创新型、创业型和发展型的中小企业。根据全国中小企业股权转让系统统计的数据，截至2019年，在新三板上市的中小企业已达8 374家，总股本为5 507.97亿股，成交额2.67万亿元。但是，根据深圳交易所统计的数据，在A股上市的企业一共有3 000多家，市值为56.2万亿元，日均成交额5 000多亿元。以上数据说明，不论是债务融资还是股权融资，中小企业相比大型企业而言，都受到严重的融资约束。

根据国家统计局的数据，中小企业创新积极性非常高。在2018年这一年，我国中小企业研发投入经费为3 851.61万亿元,参与研发的人员已达99.35万人次,获得专利申请量38.03万件,中小企业的获得这些成果源于中小企业乐于创新、勇于创新。但是,中小企业的融资资金与创新成果相比却不相匹配,数量如此庞大的中小企业获得的融资资金明显少于大型企业,而其获得的创新成果的数量却比大型企业多。由此可见,若减少中小企业的融资约束,加大对中小企业的资金支持,将会获得更多创新成果。因此,通过减少融资约束来提高中小企业的创新绩效,激发中小企业的创新活力,释放中小企业的生产力,对我国经济持续健康发展具有十分重要的现实意义。

(二)研究意义

人类社会进入21世纪以来,高新技术迅猛发展,企业不断创新。随着经济社会发展,资本市场也在不断发展,各种形式的融资方式层出不穷,帮助、成就了一大批大型跨国企业。熊彼特认为,创新是将生产要素进行不同的安排使其能够达到降低成本,提高生产效率的方式和方法,最终目的是提升企业的效益和获得创新的价值,这样才能够使企业在市场中存活下去。中小企业创新的需要足够的资金支持,融资是解决中小企业研发投入的最好方式,也是企业发展的必然选择之一。早期研究企业融资的学者米勒在MM模型中,假设资本市场中是完全出清的,不存在信息不对称因素,企业的发展是不受融资约束限制。但是,其他学者在对融资约束的研究中发现,资本市场是不出清的,存在信息不对因素,导致企业在融资中受到极大约束。目前,我国资本市场还不是完全有效的市场,存在严重的信息不对称因素,我国的中小企业在研发投入中很难得到持续性融资,无法满足中小企业的创新发展需要。

1. 理论意义

第一,在现代融资结构论的基础上,即基于信息不对称理论、资源基础理论、优序融资理论,分析中小企业融资约束的原因以及中小企业的融资行为和融资顺序。第二,构建中小企业融资约束指数,通过实证模型分析中小企业融资约束对创新绩效的影响。第三,对中小企业创新绩效的衡量分为创新数量和创新质量两个维度,衡量企业的创新价值的大小有利于企业创新绩效的衡量,为未来分析提供一个研究方向。

2. 现实意义

在当前复杂多变的国内外环境下，我国经济发展形势已经开始转变。依赖出口带动经济发展的模式已经不足以支持国民经济发展。在内需方面，企业供给的产品品质不能充分满足消费者的需求，导致靠内需拉动经济增长的呈现疲态。在此背景下，中央政府提出了创新发展战略，转变发展模式，提升企业发展质量。本节通过中小企业融资约束指数衡量中小企业融资约束程度，以研发投入为调节变量，实证研究融资约束对企业创新绩效的影响，并针对实证结论提出建议。研究结论将有助于政府制定更合理、更有效的中小企业融资支持政策，帮助中小企业提升创新能力。同时有助于企业在创新过程中确定合理的融资方式，减少融资约束影响。

二、相关文献综述

（一）内外融资与研发投入

企业研发投入的资金来源主要有两种，即企业的内部和企业的外部。内部资金主要是靠企业在日常经营中所留存的自有资金，外部融资是企业通过向债权人或投资者获取的资金。在现有研究中，大部分学者把企业研发资金来源分为内源性融资和外源性融资两个方面，王今朝（2009）在对中小企业的创新发展研究中认为我国的中小企业的融资方式有限，融资渠道狭窄。仲为国等（2017）认为我国企业的创新力度强劲，但是需要加大对企业的资金支持，开拓多渠道融资方式。故此，本书把研发资金来源分为内部融资和外部融资。

1. 内部融资与研发投入

内部融资是指企业通过自有资金，大部分是企业的留存收益，为企业提供某项目的融资。中小企业研发投入的资金大部分来自企业自有资金。故内部融资与中小企业的研发投入紧密相关。国外学者卡明（Kamien, 1978）和施瓦特（Schwart, 1978）对企业的新产品研发进行了研究，发现企业研发投入的资金来自企业自身利润的留存和企业内部资金的积累。卢恩特（Lewent, 1990）和卡尼（Kearney, 1990）认为企业的研发活动在向外进行融资时，由于存在信息不对称，造成外部投资者不能够确定企业研发项目能够为其带来收益。为了弥补投资者未来潜在损失，相比内部融资而言，企业不得不付出更高代价，从而导致企业研发活动受到外部融资的抑制，而内部现金流却与企业的研发投资呈现出正相关关系，说明内部融资有利于企业研发活动。博夫吉斯（Spiros Bougheas，2004）通过对美国和英国的中小企业内部现金流与研发投入的实证研究发现，由于自身所处行业和规模以及研发项目收益的不确定性等因素，中小企业的研发投入资金基本上来源于企业内部，很难从外部获得资金。

国内学者王彦超（2009）认为企业持有现金是为了缓解融资约束影响，为企业的项目融资做准备。扈文秀等（2009）在对新项目投资决策研究中发现企业因受到外部融资约束影响，企业的项目融资主要来源内部融资。顾群和翟淑萍（2012）通过研究高新技术企业的研发资金与企业成长性，发现企业加强研发资金投入有利于企业的成长，并且内部资金支持着企业的研发投入。刘伟等（2014）以企业的制度环境为视角，认为企业的留存收益对新创企业具有影响。杨兴全和曾义（2014）认为企业的现金持有量能够平滑企业的研发投入，并且企业持有现金的目的是为了防止融资约束影响。邓可斌和曾海舰（2014）在对我国企业的融资约束存在性检验过程中发现，企业的内部现金流与企业的研发投入呈正相关关系。

2. 外部融资与研发投入

国外学者卡尔（Cull，2003）通过分析企业的经营业绩，认为经营业绩良好的企业可以为企业带来稳定的现金流，得到银行的贷款就相对容易。因此，一个经营业绩良好的企业受到融资约束相对较低。迪蒙蒂埃（Paseal Dumontier，2001）通过对企业研发投入与财务关系的分析，认为研发投入强度与企业的负债率之间呈现出显著负相关关系，说明企业通过向外界借款的方式为企业研发活动提供资金的意愿不强。内斯里汉（Neslihan，2002）通过选择美国制造业1978～1987年的数据，实证研究了融资约束与研发投入之间的关系，认为企业的研发投入与企业内部现金流之间呈现正相关关系，债务融资与研发投入呈现出负相关关系。伊丽莎白（Elisabeth，2007）在研究企业融资行为中发现，科技型企业尤其是技术密集型企业在进行研发活动的过程中十分青睐权益性融资，因为对这些企业而言权益融资不需要承担研发失败的风险。

国内学者魏锋和刘星（2004）在对公司投资行为的研究中发现在受到外

部融资约束下企业的投入行为变得很谨慎。黄莲琴和杨伟滨（2010）通过融资约束对企业成长性的研究发现外部融资渠道较少，企业的外部融资约束抑制了企业成长。邓建平和曾勇（2011）认为金融关联能够缓解民营企业的融资约束，因为民营企业在向外融资时企业受到外部融资约束的条件较多。顾群和翟淑萍（2012）采用高效技术企业的数据，实证研究了融资约束对企业创新效率的影响，认为拓宽企业外部融资渠道有利于提升企业的创新效率。张劲帆等（2017）以专利申请的数量来代表企业的创新绩效，认为上市可以帮助企业获得大量资金以支持期创新活动，提升创新绩效。

（二）融资约束与研发投入

国外学者法扎里（Fazzari，1988）构建了 FHP 模型即投资 – 现金流敏感性模型，核心思想是企业的融资约束程度与投资现金流敏感性正相关，投资现金流敏感性越强那么企业的融资约束就越大。霍尔（Hall，1992）对美国制造业的数据进行了实证研究，检验了法扎里提出的投资 – 现金流敏感性模型，认为企业的研发投入受到外部融资约束。皮特森（Petersen，1994）通过对美国小型高科技企业进行调查研究发现，科技型小企业融资状况因企业研发投入项目的不确定性受到较多融资约束。德克（Czarnitzki Dirk，2006）通过研究德国东西部企业的融资约束情况发现，东部企业受到外部融资约束的程度比西部企业要弱。他在 2011 年实证研究了融资约束对研发投入的影响，发现融资约束与企业的研发投入呈现出负相关关系。丹尼斯（Rajakumar J. Dennis，2008）调查印度公司后发现，企业研发投入的资金来源首先是企业内部资金，当内部资金不足时才向外部进行融资。这说明企业受到外部融资约束的影响。法扎里（Brown J. R，Fazzari，2009）对民营小型企业和劳动密集型企业进行研究后发现，该类型企业在进行创新活动过程中研发投入受到更加强劲的融资约束限制，研发投入的资金基本上是靠企业自有资金。

国内学者连玉君、苏治和丁志国（2008）基于现金 – 现金流模型，通过融资约束的存在性检验发现企业的内部现金流与融资约束呈现负相关关系。连玉君、彭方平和苏治（2010）认为企业出于谨慎性动机会持有大量现金或者现金等价物，在资金管理方面高融资约束的企业比低融资约束的企业更加谨慎。邓可斌和曾海舰（2014）通过上市公司的数据构建了 WW 融资约束指数，认为高融资约束的企业为了企业发展会不断加强管理，提升企业绩效。钟田丽、马娜和胡彦斌（2014）运用创业板的数据检验了融资结构与创新投入要素的关系，发现创新投入要素与融资结构呈负相关关系。袁卫秋（2014）运用沪深872家企业的数据实证研究了融资约束企业与非融资约束企业之间企业价值的差异，认为融资约束类企业持有的现金具有更高价值，中小企业的投资效益高于国有企业。叶志伟（2016）整理分析了融资约束研究的三个阶段，即融资约束模型建立、融资约束因素以及分散化研究。欧阳志刚和薛龙（2016）认为融资约束的存在降低了中小企业的投资效率。史小坤、雪慧和李振飞（2017）根据SA融资约束指数对2009~2014年创业板数据进行实证研究发现，高融资约束企业比低融资约束企业的研发投入强度更高，并且更加倾向于内部融资和股权融资。李晓龙、冉光和和郑威（2017）采用动态面板和GMM方法对1999~2000年省级面板数据进行了实证研究，考察了融资约束对于企业创新投资的关系，认为高融资约束企业的创新投资受到抑制。

（三）研发投入与创新绩效

国外学者雷温斯克雷夫（Ravenscraft，1982）认为企业的研发投入有利于企业利润增长，提升企业价值，并且研发投入对于企业利润增长和价值提升表现出一阶滞后的效应。豪斯曼（Hausman J，1984）对美国制造业研究后发现，企业的研发投入对于企业的财务绩效具有显著影响，并且利用8年的制造业数据实证分析了企业研发投入资金和人员与企业创新产出之间的关系，认为加大企业研发投入有利于提高企业创新产出。穆勒（Mueller D，2006）对6个行业的企业数据进行实证研究发现，企业的专利申请数量与企业研发投入的资金和人员存在着显著正相关关系。

国内学者张方华（2006）运用神经网络模型研究了企业的资源获取与创新绩效的关系，认为当企业内部资金不足以支撑企业研发投入时，企业会向外部进行融资，外部资金的获取与创新绩效之间存在显著关系。丁学东（2007）认为我国研发投入的强度与发达国家相比还有一定差距，创新绩效比发达国家低。张艳辉、李宗伟和陈林（2012）分析了自有资金、政府扶持资金和金融机构贷款对企业创新绩效的影响，发现自有资金与创新绩效显著相关，政府资金与创新绩效不相关。陈丽霖和冯星昱（2015）认为加强企业研发投入有利于企业绩效的提升。周海涛和张振刚（2015）认为当企业研发资金不足时政府的扶持资金能够帮助企业进行创新活动，能够提升企业的创新绩效。仲为国等（2016）认为我国企业的创新活动十分活跃，政府应该加大对企业创新的扶持。黄珊珊和邵颖红（2017）认为企业高管的创新意识会影响到企业的研发活动，具备创新意识的高管会加大企业研发投入，并且当自有资金不足时高管会通过外部融资的方式支撑企业的创新活动，企业的创新绩效受高管创新意识的影响。

（四）融资约束与创新绩效

国外学者福格特（Vogt，S. T，1994）通过对大量企业持有现金的目的进行研究后发现，企业持有大量现金是为了防止外部融资约束给企业带来不利影响，缓解突发性融资约束情况，并且有助于企业绩效的提高。戈罗德尼琴科（Gorodnichenko Y，2013）认为企业在面临融资约束条件下会减少企业创新投入，创新成果的产出量会降低。怀特德（Whited T M，2008）从金融市场发展水平的角度出发，认为企业的创新绩效受到金融市场的影响，发达的金融市场比不发达的金融市场更有利于企业创新，并且实证研究了融资约束、研发投入与创新绩效之间的关系，认为融资约束会使企业的研发投入减少，最终会对创新绩效产生负效应。

国内学者张仲英、胡实秋和宋化民（2000）在对企业创新绩效指标的评价研究中，采用企业的专利申请量、新产品占有率等指标表示企业的创新绩效。薛永基、潘焕学和李健（2010）对股权融资、债权融资与企业的创新绩效之间关系进行了研究，发现股权融资与创新绩效之间呈现负相关，债权融资与创新绩效正相关，说明企业的负债有助于企业提升创新绩效。王彦蕊（2011）用新产品在三年里取得的营业收入与总营业收入的比值表示企业的创新效率。陆国庆（2011）在对中小企业创新绩效的研究中用主营业务利润表示企业创新绩效的综合指标，专利产出数表示创新绩效的产出量。陈前前和张玉明（2011）利用2004~2013年中小企业的数据实证研究发现，融资约束对中小企业的研发投入具有抑制性，但是研发投入的增加有利于中小企业成长，说明融资约束对中小企业的成长具有抑制性。周海涛、张振刚（2015）从政府对企业扶持的角度出发，研究发现政府的直接资助有利于初创期企业创新绩效的提升，间接资助有利于大型企业创新绩效的提升。张巍巍（2016）认为融资约束对公司绩效具有抑制作用。娄昌龙、冉茂盛（2016）通过对2009~2013年的上市企业数据进行实证研究发现，低外部融资约束下的企业更有利于企业技术创新，与内部融资约束相比低内部融资约束的企业更能够促进企业技术创新。李冲、钟昌标和徐旭（2016）对融资结构与技术创新关系的研究中发现，债务融资不利于企业技术创新，融资结构与技术创新绩效呈现出倒"U"形结构。许敏、朱伶俐和方祯（2017）通过Logistic构建融资约束指数、再分析融资约束、研发投入和中小企业企业绩效之间的关系，通过中小板企业上市的数据实证研究发现，中小企业普遍存在融资约束问题，融资约束与研发投入之间呈现出负相关关系，研发投入与企业绩效之间是正相关关系，融资约束与企业绩效之间是负相关关系，说明融资约束对中小企业绩效具有抑制性。柴玉珂（2017）通过分析融资结构与创新绩效之间关系，认为研发投入对企业创新绩效具有促进作用，债务水平越高的企业研发投入越低，最终会降低企业的创新绩效。

企业的创新活动与研发投入息息相关，影响研发投入最重要的是资金。企业研发投入的资金来源可以分为内部融资和外部融资。内部融资主要是企业在日常经营活动中留存的经营利润和获得内部投资者的投融资，外部融资主要是企业通过股权融资和债务融资获得的资金。但是，对于企业而言外部融资由于存在各种融资条件的限制而受到外部融资约束。在目前的研究中，很多学者深入研究了中小企业的融资问题，中小企业想获得外部融资相比大型企业困难。在融资约束与研发投入关系的研究中，研发投入的资金与内部融资呈正相关关系，但是受到外部融资约束的影响，学者们从融资渠道方面剖析了造成企业研发投入受到融资约束的原因。

通过文献梳理发现，在企业创新绩效研究方面，有的学者研究研发投入与创新绩效的关系，没有再深入去研究研发投入受到的制约因素，有的学者在技术创新条件下研究研发投入与创新绩效的关系，有的学者在融资约束条件下研究研发投入与企业绩效的关系。根据目前研究可以发现，学术界对于融资约束对中小企业创新绩效的研究比较欠缺。本书基于现有研究，认为融资约束对于中小企业创新绩效的影响是一个值得深入研究的问题。

三、理论基础

(一) 相关概念界定

1. 融资约束

不同的学者在不同时期对融资约束作出了不同定义。米勒（miller，1958）认为在完美的资本市场中内部融资和外部融资的成本是相同的，不存在融资约束，融资需求只与企业的投资需求相关。但是在现实中，不存在完美的资本市场，由于信息不对称和企业的委托代理致使企业的外部融资成本高于内部融资成本。格林沃尔德（Greenwald，1984）、梅耶斯（Myers，1984）把信息不对称理论应用到资本市场研究中，认为企业的内部融资和外部融资存在差异，导致企业受到融资约束限制，融资约束的强度和信息不对称呈正相关关系。法扎里（Fazzari，1988）认为，由于资本市场的不完美性、信息不对称，内外融资成本有差异，内部融资成本低于外部融资成本条件下企业融资与企业的股利支付率相关。股利支付率越大的企业，企业的留存收益相对较高，所以企业受外部融资的约束就小，企业的融资约束就小，反之亦然。综上所述，本书认为企业的融资约束是由于资本市场不完美性和存在信息不对称、企业内部融资成本与企业外部融资成本差异导致企业在融资时受到融资限制。

2. 研发投入

研发投入的定义很早就有学者进行了研究。根据会计准则的定义，研发投入包含在研发支出中。研发是指在进行商业性生产或使用前将研究成果或其他知识应用于某项计划或设计，以生产出新的或具有实质性改进的材料、装置、产品等。投入是指项目在研究阶段和开发阶段的经费投入。研发投入是企业在进行创新活动中投入的人力、物力、财力、时间等资源。研发投入是企业进行创新的必要投资，是企业获得创新绩效的必要环节。企业的创新活动可能涉及许多方面，但是研发投入是企业创新的最重要一方面。在研发投入中，最重要的两项投入是研发资金和研发人员。研发资金是企业在进行创新活动中涉及的所有支出，研发人员主要是指企业进行研发活动的人员。为了研究的需要，本书把研发投入定义为企业为了获取自身独特优势、提升效率、强化服务而开发新技术、研发新产品，优化服务等一些创新活动的资金投入和人员投入，目的是为了支持企业的创新活动并获得创新绩效。

3. 企业的创新绩效

企业的创新源于其为了改变现有状况，提高生存能力而做出的行动。熊彼特在《经济发展理论》一书中认为创新就是一种重新组合，把新的生产方式与生产要素或全新的生产要素进行组合，这种组合的目的是为了获得潜在的超额利润。绩效主要是指组织或者个人在一定时间内投入产出之间的关系，投入主要指人、财、物或个人的时间、精力等相关资源，产出主要指达到其目标的产出情况。从字面意思上理解，绩效是由绩与效进行的组合，"绩"主要指产出的数量，"效"主要指产出数量的效率。

衡量企业创新绩效的指标有很多，一部分学者片面地把创新绩效等同于企业的财务绩效，比如把营业收入增长率、利润率等指标近似替代企业创新绩效。另外一部分学者认为企业的创新绩效是由创新活动所带来的直接或者间接收益。在目前最新研究成果中，衡量企业创新绩效的指标有企业专利申请量、新产品的销售收入、新产品产值率。第一个指标主要代表着企业创新绩效的量，后两个指标代表着企业创新绩效的质。本书使用企业专利申请总量表示企业创新绩效的量，使用专利数与营业收入的比值表示企业创新绩效的质。

（二）研究理论基础

1. 创新理论

根据亚当·斯密的观点，企业生产效率的提高源于企业的分工，分工使复杂的工作变得简单化，使人类有更多的时间去琢磨每一个生产环节之间的变化，使企业获得更大效益。随着现代社会发展，产生了各种各样的新技术、新生产方式，比如互联网、移动支付、量子卫星等技术，这些都来源于各行各业的创新。现代社会的竞争变得越来越严峻，产品的更替周期速度加快，企业想要保持强劲的竞争力就需要不停创新。早在1912年，美国哈佛大学教授熊彼特在《经济发展概论》中就提出了创新的概念。熊彼特在该书中提出，创新就是把一种新的生产要素与生产方式进行一种新的组合，这种新的生产要素包含一种新产品、新生产方式、开拓新市场、获得新供给、建立新的企业组织形式。熊彼特还认为企业的创新和发展是企业为了追逐更大的效益和利润，创新的动力源于企业内部，而不是外部强加的。随着对该理论的研究深入和时代的发展，创新理论进一步向前发展，进入了应用领域，最具有代表性的是罗杰斯的创新扩散理论。进入 21 世纪以来，在信息化的带动下，各种新技术的诞生使得人们对创新的认识更加深入，技术创新被重新认识。在技术创新理论的引领下，现在的创新更加关注价值实现、用户体验，以及从其中获得的企业利益。创新能够为企业带来额外收益，为了能够适应当代经济社会残酷的竞争，各行各业的企业都不停进行创新。

2. 优序融资理论

该理论是由美国金融学者梅耶斯（Myers）和智利经济学者麦吉勒夫（Majluf）在 1984 年提出的。他们认为，在信息不对称和市场出清的条件下，当企业进行项目融资时首选的融资方式是内部融资，当内部融资得不到满足时，企业才会向外部进行融资。在信息不对称的条件下，优序融资理论认为企业的管理层比股东和市场上的投资更加了解企业的财务状况信息，新股东和市场上的投资只能够通过企业披露的信息来进行投资决策，但是管理层又不愿意披露真实的信息，不希望新股东和市场投资者获得原始开发项目留存的收益。当开发项目的预期较好时，管理层不愿意到资本市场进行融资，因为这样会稀释原始股东和企业的收益。当企业内部资金不能够满足项目开发的需求时，企业便会向外部融资，由于投资者不了解企业的真实信息，企业在投资者心中的价值便会下降。所以对于企业来说，发行股票对企业是不利的，但是发行无关联的企业债券，公司的价值不会下降，故发行债券融资比发现股票融资更有利。中小企业在进行创新时研发投入需要庞大的资金，由于中小企业自身的特质，企业的管理层会根据有序融资理论来安排创新活动的融资顺序。

3. 信息不对称理论

在 1970 年，阿尔克洛夫在《次品问题》一文中最早提出信息市场这一概念。随着研究的深入，美国的三位经济学家——乔治·阿克罗夫、迈克尔·斯彭斯和约瑟夫·斯蒂格利茨在对生活中某些经济规律的研究中提出了信息不对称理论。该理论认为，由于市场上交易双方掌握的信息量不同，掌握信息量多的一方会向少的一方传递错误的信息，从而产生道德风险和逆向选择。

中小企业在进行研发投入的过程中不管是直接融资还是间接融资都存在信息不对称性。当中小企业自有资金不支持企业创新时，企业便会向外部进行融资，选择融资时会向外披露自己的信息。信息披露时企业会刻意掩盖某些不利于融资的信息，而且企业可能会改变融资需求的用途，最终导致企业产生道德风险。当中小企业的研发项目急需资金时，由于自身规模有限，中小企业在对外融资时愿意付出高额的利息。但是由于投资者不了解企业的相关信息，投资者出于对风险考虑会不愿给予资金，导致产生逆向选择问题。综上分析，由于信息不对称的存在，中小企业受到融资约束是常见现象。

4. 资源基础理论

该理论由沃纳菲尔特（Wernerfelt）在1984年发表于《企业的资源基础论》文章中。他认为企业是一个资源的集合体，拥有着有形、无形的资源。这些资源可以在特定时候转换成企业需要的某种能力，这些资源在企业之间是不可流动的，不能被复制，是企业特有的且具有特质性。这种特质性决定了企业竞争能力的差异，在企业的各种资源中影响到企业创新的资源是企业资金和企业研发人员。

资金是企业流动性最强的资产，是企业最灵活的资源。目前，在极具竞争性的社会环境里充满着许多不确定的因素，中小企业持有的资金量可以影响企业的创新持续力和创新爆发力。企业研发人员是企创新活动的主体，企业通过研发人员获得新技术、开发的新产品。企业研发人员是企业创新中独特的，最具有竞争力的资源。根据资源基础理论，本书认为企业的研发投入对企业的创新绩效具有正向影响。

四、我国中小企业的创新及融资现状

（一）中小企业的创新现状

中小企业为我国提供了绝大部分的就业岗位，缴纳了大量税收，是经济社会运行的基础。以工业企业为例，根据国家统计局统计年鉴的数据，截至2018年底，大型企业9 103家，中型企业79 778家，小型企业319 559家，中小型企业数量占整个工业企业数量的97.6%。在缴纳税款方面,大型企业缴纳4 333.45亿元,中小型企业缴纳5 556.3亿元。可见,中小企业的发展对于国家经济发展而言至关重要。

1. 中小企业的研发投入现状

企业发展离不开创新,创新需要企业加强研发投入,研发投入在统计上主要表现为企业的研究和试验发展经费。近年来,我国不断加强研发投入,2018年全国科技经费投入统计公报的数据显示,我国的研发投入经费为19 677.9亿元,比2017年增加2 071.8亿元,增长率为11.8%,研发投入强度(研发经费与国内生产总值之比)为2.19%,比2017年提高0.04%。分活动类型看,2018年全国基础研究经费为1 090.4亿元,比2017年增长11.8%,应用研究经费为2 190.9亿元,增长18.5%,试验发展经费为16 396.7亿元,增长10.9%。基础研究、应用研究和试验发展经费所占比重分别为5.5%、11.2%和83.3%。分活动主体看,各类企业经费支出15 233.7亿元,比2017年增长11.5%,政府属研究机构经费支出2 691.7亿元,增长10.5%;高等学校经费支出1 457.9亿元,增长15.2%。企业、政府属研究机构和高等学校经费支出所占比重分别为77.4%、13.7%和8.9%。

统计年鉴的数据显示,截至2018年底,我国中小企业和其他小微型企业的研究和试验发展经费为38 690 276.5万元。根据表2-21和表2-22可知,中小企业的研发投入的资金、研发投入的人员以及研发项目数均高于大型企业。这说明中小企业在进行创新时,它的创新活力和创新能力不比大型企业差。在这极具创新的时代,专业化分工更加精细化,中小企业在不具有规模优势的条件下,通过自身的专业优势和行业优势,专注于某项技术难题的研发,能够提升自身的竞争力。

表2-21　　　　　　　　大型企业研发投入与试验项目数

指标	2018年	2017年	2016年	2015年
研发投入经费(万元)	834 377.9	213 436.7	2 983 204.3	3 223 697.5
研发投入人员(个)	21 624	55 692	74 005	82 297
研发项目数(个)	2 632	6 225	6 473	7 739

注:数据来源于国家统计局统计年鉴。

表 2-22　　　　　　　　中小型企业研发投入与试验项目数

指标	2018 年	2017 年	2016 年	2015 年
研发投入经费（万元）	38 516 119.1	31 880 596.7	28 005 403.6	23 635 822.5
研发投入人员（个）	993 467	790 796	732 398	662 024
研发项目数（个）	208 855	172 422	130 402	104 396

注：数据来源于国家统计局统计年鉴。

从图 2-1 的中小企业的研发投入增长率和研发项目增长率可以看出，从 2015 年到 2018 年中小企业不论是研发资金的投入，还是研发人员的数量都在不断增长，尤其是在 2018 年，增长率达到最高。

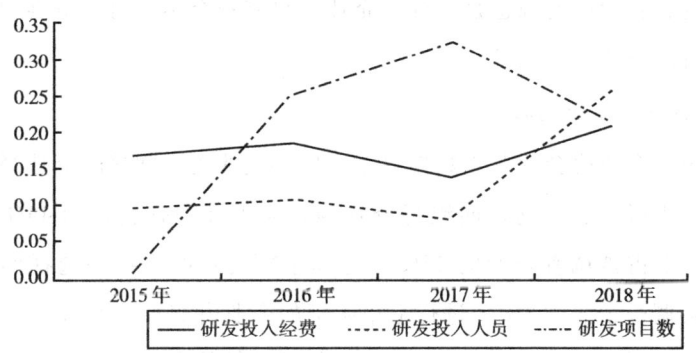

图 2-1　全国中小企业研发经费、研发人员和研发项目增长率

2. 中小企业的创新成果

企业进行创新的目的是为了获取相应创新成果，通过创新成果带动企业自身发展，提升自身竞争力。衡量企业创新成果的方式有很多种，最直接衡量企业创新成果的指标是企业通过研发活动所取得的专利数量、新产品销售额等。国家统计局的统计年鉴数据显示，2018 年全年规模以上的中小企业获得新产品数为 253 782 项，新产品的销售收入为 547 795 828.8 万元，出口销售收入为 68 152 559.3 万元。从这些数据可以发现，中小企业通过创新能够获得巨大收益。

表 2-23 的数据显示，中小企业的专利申请总量和发明专利逐年增加，中小企业的新品收入也是逐年增长的。

表 2-23　　　　　2015~2018 年我国中小企业创新成果

指标	2018 年	2017 年	2016 年	2015 年
专利申请量（件）	380 281	270 129	237 820	215 465
发明专利申请量（件）	122 242	84 468	78 551	67 125
新产品项目数（项）	253 782	188 834	145 329	113 439
新产品收入（亿元）	54 779.58	42 847.15	38 967.56	32 670.45
新产品出口收入（亿元）	6 815.26	5 548.43	4 701.95	3 520.41

注：数据来源于国家统计局的统计年鉴。

（二）我国中小企业融资现状

企业的创新活动离不开大量的资金支持。根据资源稀缺性假设，一切资源都是有限的，企业的资源也是一样。企业的自有资金不足时，就会向外部进行融资，以解决企业资金问题。

1. 中小企业融资现状

中国中小企业协会的调查数据显示，中小企业进行间接融资选择时，首选的方式是向银行贷款，选择向银行贷款的企业占被调查企业的 44%，选择民间融资的企业占被调查企业的 25%，选择小额贷款的企业和选择网络贷款的企业均占被调查企业的 8%，进行上市融资的企业占 15%。具体见图 2-2。根据《2018 年中小企业发展报告》可知，在银行贷款方面，48% 的企业认为获得银行贷款审批需要的时间较长，中小企业成功获取贷款的企业仅有 74.5%。

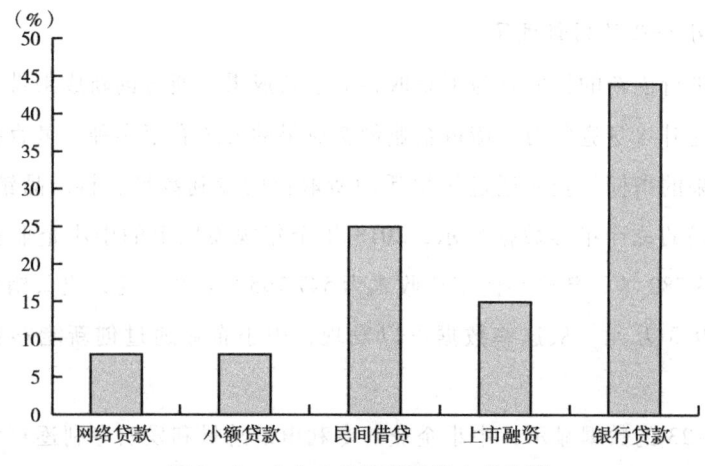

图 2-2　中小企业外部融资方式比例

对于中小企业而言，融资成本是中小企业考虑融资方式的首要因素。当企业面临资金需求时，中小企业首先会进行内部融资，然后再通过比较各种间接融资渠道的成本，选择适合自己的间接融资渠道。根据中国中小企业协会的调查，58.3%的中小企业希望通过国家政策解决自身融资困难问题。

2. 外部融资方式比较分析

企业内部融资情况因企业的保密要求无法获取，故本书只分析中小企业外部融资的方式。在外部融资中，间接融资的渠道主要有网络贷款、小额贷款和银行贷款。这三种渠道的融资量占外部总融资量的60%。直接融资的渠道主要有民间借贷和上市融资，这两种渠道的融资量占外部融资总融资量的40%。显然，在外部融资方面，大部分中小企业融资来源是间接融资。这是因为中小企业自身规模小，发展受到许多因素限制，想通过资本市场进行直接融资比较困难。

五、研究设计与实证研究

（一）研究假设

1. 融资约束与中小企业研发投入的关系

舒伯特（Schuroth，2005）认为融资约束的影响会引起投资项目的资金不足，导致企业的研发活动不能正常进行。萨维尼亚（Savigna，2008）通过对法国公司融资余额调查发现，受融资约束的影响，企业的研发投入明显降低。根据前人研究结果，结合前文所作分析，融资约束与企业研发投入的基本假设为：

H_1：融资约束与中小企业研发投入负相关。

2. 中小企业研发投入与企业创新绩效的关系

中小企业的研发投入是企业进行创新的必要环节，是中小企业在市场竞争中不可缺少的投入。中小企业通过加强研发投入不仅可加快企业创新的步伐，也可改变投资者对中小企业的认知，还可提升自身竞争力。穆达毕（Mudambi，2013）、袁学英和代婧（2014）均通过实证研究证明了企业增加研发投入可以提升企业财务绩效。王化成等（2005）、陈志勇（2006）、程宏伟等

(2007)认为企业加大研发投入的最终目标是创造产品,实现经济利益,提高绩效。相关研究证明加大研发投入能增强企业竞争力,促进企业绩效提升。中小企业创新绩效分为创新绩效的量和创新绩效的质,通过以上分析,本书提出的第二、第三个基本假设为:

H_2:中小企业的研发投入与创新绩效的量呈正向变动关系,但是具有一定的滞后性。

H_3:中小企业的研发投入与企业创新绩效的质呈正向变动关系,但是具有一定的滞后。

3. 融资约束与企业创新绩效的关系

中小企业受到的融资约束强度比其他企业较大。中小企业进行创新的时候,若中小企的资金不能够得到有效保障,那么中小企业的创新绩效就会受到影响,甚至停滞创新,最终不能够给企业带来收益。所以,当存在融资约束的时候,中小企业会减少企业的研发投入。巴迪亚(Badia,2009)、何丹(2015)的研究均表明当企业面临融资约束时,企业得不到充足的资金,最终会导致企业绩效降低。基于以上的分析,提出第四、第五个基本假设:

H_4:当企业存在融资约束时,企业会减小研发投入,所以企业创新绩效的量受到影响。

H_5:当企业存在融资约束时,企业会减少研发投入,所以创新绩效的质受到影响。

(二) 变量分析

1. 融资约束(CFI)

通过梳理相关文献发现,学者们主要运用指标法衡量企业的融资约束。最早学者使用某一单一指标衡量企业融资约束,例如企业的财务指标。随着社会经济的发展和企业的发展壮大以及时代变迁,单一指标无法对企业的融资约束状况进行全面衡量。所以,学者们开始通过构造复合指标对企业的融资约束程度进行衡量,其中最典型的是法扎里(Fazzari,1988)提出的现金-现金流模型。拉蒙特(Lamont,2001)在前人研究基础上选取现金、托宾Q、股利支付率、资产负债率、现金持有量等变量构建融资约束指数。这不仅可以避免企业因某单个指标的异常而导致企业融资约束出现偏高或者偏低的情况，构造一个复合指标还可以全面地衡量企业融资约束状况。本书在前人研究的基础上，通过构造复合指标来衡量中小企业的融资约束状况。因中小企业的特殊性，选择现金比率（CR），流动比率（IDR），资产负债率（CPR），托宾Q，净资产收益率（ROA）这五个指标构造企业的融资约束指数。

2. 研发投入

研发投入是企业进行创新的必要投入，是提升企业自身竞争力的重要支出。因企业的性质和规模以及所属行业不一样，企业的研发投入状况和强度也不一样。企业的研发投入包含两个方面的投资，即费用和研发人员的投入。在以往某些文献中，企业的研发投入只包括某一方面的研究，这不能够全面衡量企业的研发投入状况。通过对企业的年度报表分析，发现企业的研发投入主要是投入的资金和研发人员的投入。在结合以往研究的基础上，本书选择研发投入的资金（RD）和研发投入人员（RHP）作为中小企业的研发投入。

3. 企业创新绩效

企业创新的效果主要通过企业创新绩效衡量。在企业创新绩效的衡量方面不同的学者从不同的角度出发提出的指标是不一致的。帕特尔（Patel，1995）用研发投入带来的专利数量衡量企业的创新绩效，哈格多恩（Hagedoorn，2003）以专利给企业带来的贡献表示创新绩效质量，刘（Lau，2015）以销售率和销售增长率表示创新绩效的质量。本书以企业的专利申请量表示企业创新绩效的数量。有学者直接用营业收入增长率表示创新绩效的质，故本书以专利数的自然对数除以主营业务收入的自然对数表示创新绩效的质。创新绩效的数量和质分别用PAT和PATB来表示。

4. 控制变量

企业规模（SIZE）：企业规模对企业的研发投入具有一定的影响，间接影响着企业的创新绩效。法马（Fama，1990）指出，小规模公司由于信息不对称和融资成本过高面临较大的融资约束。从规模上看，大规模的企业容易获得规模效应的收益。不管是内部融资还是外部融资都比小规模企业容易获得规模效应的收益，所以大规模的企业在研发投入方面更具有资金弹性。在创新获取方面，大规模的企业相比小规模的企业更容易获得外部技术的支持，更容易吸收企业以外的资源,提升自身的创新绩效。

企业上市年限(YEAR):每个企业的年限不一样。企业上市年限较长,投资者在进行投资时可能会认定企业经营状况良好,可以获得大量融资资金。故需要控制该变量。根据所选的变量,若企业在上市当年融资,则取值为1,若不在上市当年融资则取值为0。

企业大股东权力(CONTROLLER):在上市公司中,企业的经营权和所有权基本上是分离的。企业经营过程中企业决策受到大股东的影响是必然的,大股东在企业的管理和经营中应该不可忽视。为了能够控制大股东权力给企业融资、投资带来的影响,本书根据大股东在企业管理层是否任职来控制大股东的影响。根据所选变量,若大股东在企业管理层任职,则取值为1,若不在企业的管理层任职,则取值为0。

营业收入增长率(RMOP):企业的营业收入增长率能衡量公司的产品生命周期和判断企业业务的发展状况,是企业在对外融资时的重要衡量指标。企业研发投入资金的很大一部分是来自自有资金,自有资金的来源就是企业营业收入,故营业收入增长率是判断企业是否具有持续进行研发投入的一项指标。当企业具有高营业收入增长率时,企业的研发投入也随着增长。若企业营业收入下降并且外部融资受约束时,那么企业的研发投入减少,营业收入增长率会影响到企业的研发投入。

每股收益率(EPS):每股收益率指的是净利润与流通在外的普通股股数的比值,反映了普通股的盈利水平。该指标是企业在对外融资时尤其是企业进行股权融资时的一项重要指标。当每股收益率高时,在其他条件不变的情况下企业融资时更容易得到股东支持。

主变量定义如表2-24所示。

表2-24 主变量定义

变量名	变量类型	变量定义
创新绩效的量(PAT)	被解释变量	专利申请量的自然对数表示
创新绩效的质(PATB)	被解释变量	PAT/主营业务收入自然对数
融资约束程度(FCI)	解释变量	用企业的5个财务指标构建指数
研发投入人力强度(RH)	中介变量	企业研发投入人员的自然对数
研发投入资金强度(RD)	中介变量	企业研发投资金的自然对数

续表

变量名	变量类型	变量定义
企业规模（SIZE）	控制变量	企业总资产的自然对数
营业收增长率（RMOP）	控制变量	当期营业收入增长量与上一期营业收入之比
每股收益率（EPS）	控制变量	净利润与流通在外的普通股股数之比
企业所处年份（YEAR）	控制变量	企业在上市当年融资，则取值为1，反之为0
大股东任职（CONTROLLER）	控制变量	大股东在管理层，则为1，反之为0

在分析融资约束对中小企业创新绩效的影响之前，需要检验中小企业研发投入资金是否受到融资约束。根据以往的研究，企业融资约束检验是通过现金—现金流模型进行检验，笔者选择以下相关变量对中小企业融资约束存在性进行检验。见表2-25。

表2-25　　　　　　　　融资约束存在性检验变量

变量名	变量类型	变量定义
研发投入资金（RD/K）	被解释变量	研发投入与企业总资产之比
内部现金流（CF/K）	解释变量	当期经营活动的现金流量净额与企业总资产的比值
股权融资资金（EQC/K）	控制变量	企业股权融资收到的现金与企业总资产的比值
债务融资资金（BRC/K）	控制变量	企业债务融资收到的现金与企业总资产的比值
企业价值（Tobit'Q）	控制变量	采用托宾Q值
企业规模（SIZE）	控制变量	企业总资产的自然对数

（三）模型设计

1. 企业的融资约束存在性检验

融资约束研究是从单一指标法到复合指标法这条路径进行研究。单一指标法是按照某一或多个公司特性指标，特别是财务指标将所有样本公司依次排列，以分位数作为分界点划分融资约束程度。这样所有样本公司就被划分为融资约束程度不同的组别，以不同的组别区分是否受到融资约束。在此基础上，法扎里（Fazzari，1988）引入现金流变量到投资模型中，形成了一个新的融资约束模型（FHP模型），用模型中现金流变量的系数来表示融资约束程度，并在研究中对公司投资与内部现金流的关系进行了检验。国内学者张贵桥

(2013)使用现金—现金流方法进行了实证研究,研究表明企业的融资约束水平与企业的现金持有量有关。在前人研究的基础上,本书构建中小企业的融资约束检验模型。

$$(I/K)_{i,t} = \alpha_0 + \alpha_1(CF/K)_{i,t} + \alpha_2 Tobit'Q_{i,t} + \varepsilon_{i,t} \tag{式1}$$

这是法扎里提出的现金—现金流模型,用以检验企业是否受到融资约束。I/K 表示企业投资额与企业总资产的比值,CF/K 表示企业当期经营活动的现金流量净额与企业总资产的比值,Tobit'Q 表示企业价值。在此基础上,本书把 I/K 换成研发投入占营业收入比,加入一些列变量以及控制变量以检验企业研发投入的融资约束检验。即:

$$(RD/K)_{i,t} = \alpha_0 + \alpha_1(CF/K)_{i,t} + \alpha_2 Tobit'Q_{i,t} + \alpha_3 SIZE_{i,t} + \alpha_4 EQC/K_{i,t} + \alpha_5(BRC/K)_{i,t}\varepsilon_{i,t} \tag{式2}$$

在(式2)中 R&D/K 表示企业的研发投入与企业总资产的比值;CF/K 表示经营活动产生的现金流与企业总资产的比值;Tobit'Q 表示公司价值,用 Q 值表示;SIZE 代表企业的规模,用总资产的对数表示;EQC/K 表示企业股权融资收到的现金与企业总资产的比值;BRC/K 表示企业债务融资收到的现金与企业总资产的比值;CONTROLLER 表示企业的股东中是否在董事会任职,若任职取值为 1,若未任职取值为 0。

2. 企业融资约束指数的构建

融资约束指标的设计主要有两种方法。一种是单一指标法,即通过某一财务指标来衡量企业的融资约束程度。另一种是复合指标法,即通过多项指标来构造企业的融资约束指数,用该指数的大小来衡量企业受到融资约束的程度。克利里(Cleary,1999)在融合多个财务指标的基础上,运用多元判别法组成了一个综合的衡量指标。况学文等(2010)运用 Logistic 和 Fisher 判别函数法分别选择 5 个相关财务指标对沪深交易所上市的公司进行了融资约束指数构造。因中小企业的特殊性,采用单一指标法来构建融资约束指数不能够有效反映中小企业的融资情况。综上考虑,本书借鉴况学文的构建方法构造中小企业的融资约束指标,即:

$$(FCI)_{i,t} = \beta_0(CSR)_{i,t} + \beta_2(CPR)_{i,t} + \beta_3 IDR_{i,t} + \beta_4(ROA)_{i,t} + \beta_5(Q)_{i,t} + \varepsilon_{i,t} \tag{式3}$$

在（式3）中，FCI 表示为中小企业的融资约束指数，CSR 表示企业的现金比率，CPR 表示企业的资产负债率，IDR 表示中企业的流动比率，ROA 表示企业的净资产收益率，Q 表示表示企业的价值。其中 CR、CPR、IDR 代表企业的偿债能力，ROA 代表企业的整体盈利能力，Q 代表企业的发展价值。

3. 融资约束对企业创新绩效的影响

根据前文分析，中小企业的创新绩效分为专利申请量和专利申请量自然对数与营业收入自然对数之比这两个指标。衡量企业创新绩效的常见指标主要有专利的申请量、新产品销售收入、新产品产值率。专利的申请量可以从国家专利局的数据库中提取。所以，选取企业专利申请量衡量企业创新绩效的量，专利申请量自然对数与营业收入自然对数之比衡量创新绩效的质。

$$PAT_{i,t} = \theta_0 + \theta_1(RD)_{i,t} + \theta_2(RH)_{i,t} + \theta_3 FCI_{i,t} + \theta_4 SIZE_{i,t} + \theta_5 RMOP_{i,t} + \theta_6 EPS_{i,t} + \varepsilon_{i,t} \quad (式4)$$

$$PATB_{i,t} = \theta_0 + \theta_1(RD)_{i,t} + \theta_2(RH)_{i,t} + \theta_3 FCI_{i,t} + \theta_4 SIZE_{i,t} + \theta_5 RMOP_{i,t} + \theta_6 EPS_{i,t} + \varepsilon_{i,t} \quad (式5)$$

在上述等式中 PAT 表示企业的专利申请量，RD 表示企业研发投入的资金，RHP 表示企业研发投入的人员，RMOP 表示企业的营业收入增长率，EPS 表示企业的每股收益率，其余变量与上述一致。

（四）样本的选取及数据来源

本书选择的样本来自新三板的企业。根据新三板上市的要求和服务对象来看，新三板主要服务于中小微企业，这些企业主要是创新型、创业型和成长型的中小微企业。

在所选的样本剔除金融行业，餐饮住宿行业和教育行业等创新不明显的企业。在剔除以上行业的企业以后，根据所选取得数据来源，再次剔除所选样本中数据缺乏和数据不全的样本，最后一共得到 1 238 家样本企业。

根据所选样本并结合研究需要，从相应的数据库中选取 2015～2018 年的年度样本数据，中小企业的专利数据来源国家知识产权局，研发投入数据来源 Wind 数据库和企业年度报表，财务数据来源于 CSMAR 数据库，并且运用 excel 对数据进行整理，运用 STATA、SPSS 软件进行模型分析。

(五) 实证分析

根据上述的理论和研究设计，选择新三板企业为样本，相关数据选取时间段为 2015～2018 年。运用 excel 软件进行数据整理，并运用 SPSS、STATA 软件进行统计分析以了解样本企业的基本信息，对模型中相关变量进行回归分析，判断变量之间的相关性，最后运用变量替换进行模型的稳健性检验，检验其模型的稳定性。

1. 融资约束存在检验

从表 2-26 可以看出，企业的研发投入占企业的总产值的最大比值为 0.231，其标准差为 0.02。这说明企业的创新投入在企业的整体资产中相对较小，投入的波动性也比较小。企业权益融资和债务融资的现金流波动性比较大，说明企业可能受到外部融资的约束。因为企业在进行外部融资时受到的限制条件较多，得不到充足的资金。企业规模和企业价值的标准差分别为 1.205 和 1.447，企业在进行外部融资时企业的规模和市值是衡量融资行为的重要指标。

表 2-26　　　　　　　融资约束检验变量描述性统计

变量名	样本量	最大值	最小值	均值	标准差
研发投入强度（RD/K）	4 952	0.231	0.000	0.025	0.020
内部现金流（CF/K）	4 952	0.434	-0.450	0.047	0.066
股权融资资金（EQC/K）	4 952	0.603	-0.018	0.039	0.089
债务融资资金（BRC/K）	4 952	0.278	0	0.006	0.025
企业价值（Q）	4 952	22.027	0.764	2.439	1.447
企业规模（SIZE）	4 952	28.520	19.612	22.271	1.205

通过对研发投入资金来源的检验回归分析发现，企业内部现金流与企业研发投入正相关，企业的外部融资与企业的研发投入呈负相关。这说明企业在进行创新时企业资金来源倾向于企业的内部自由资金。从回归系数上看，内部现金流的回归系数为 0.008 且在 99% 的水平上是显著的。根据法扎里等（Fazzari et al.，1988）的判断企业是否受到融资约束的理论，可以判断企业创新过程

中企业研发投入明显存在融资约束。企业的股权融资和债权融资的现金流与企业的研发投入的回归系数为 -0.009 和 -0.001，从显著性上看股权融资在 99% 的水平上具有显著性。故可知在创新过程中企业受到外部融资约束的限制。见表 2-27。

表 2-27　　　　　　　　　融资约束存在检验

变量名	相关系数
内部现金流 （CF/K）	0.008*** （0.002）
股权融资资金 （EQC/K）	-0.009*** （0.001）
债务融资资金 （BRC/K）	-0.001 （0.001）
企业规模 （SIZE）	-0.004*** （0.001）
企业价值 （Q）	0.001*** （0.000）
N	4 952

注：*** $p<0.01$，** $p<0.05$，* $p<0.1$。

2. 融资约束指数计算

设计融资约束指数的方法主要有两种，即多元判别分析法和 Logistic 回归分析法。况学文（2008）通过这两种方法构造了融资约束指数，认为 Fisher 判别分析比 Logistic 回归分析要逊色，故在借鉴该方法的基础上选择以判别分法进行高低融资约束组判定，采用 Logistic 回归法进行构造融资约束指数。本书运用多元判别法选择 5 个财务变量构造融资约束指数，具体方法如下：

（1）进行预先分组。在进行融资约束指数构造前，不管使用哪种方法，都要进行预分组，把样本分为高融资约束组和低融资约束组。首先，根据所选样本，根据企业的利息保障倍数对每年的样本从小到大进行排列，选取前 33% 的样本为利息保障倍数高融资约束组，后 33% 的样本为利息保障倍数低融资约束组。其次，按照所选样本规模，对每年的样本按照其企业规模从小到大进行排列，选取前 33% 的样本为规模高融资约束组，后 33% 的样本为规模低融资约束组。最后,根据利息保障倍数排列的前33%的样本又被选入按规模排列的33%的样本为高融资约束组,根据利息保障倍数排列的后33%的样本又被选入按规模排列的后33%的样本为低融资约束组,在分组之外的企业通过利息保障倍数进行从小到大进行再次分组,前50%的样本为高融资约束组,后50%的样本为低融资约束组,最终得到618个低融资约束样本,620个高融资约束样本。表2-28是通过SPSS进行判别分析的变量描述:

表2-28　　　　　　　　　　组平均值的同等检验

变量	Lambda	F值	自由度1	自由度2	显著性
CSR	0.866	206.243	1	13	0.000
CPR	0.460	419.554	1	13	0.000
IDR	0.866	206.423	1	13	0.000
Q	0.890	165.023	1	13	0.000
ROA	0.820	291.623	1	13	0.000

通过对这5个变量值的组平均值的同等检验可以看出,在99%的自信度下,所以的指标都在分组之内,说明分组之内的这些数据都在分组之内,接下来进行分组的有效性检验。

根据表2-29可知,对样本的进行分组得出的判别系数的特征值为0.955,方差的百分比为100,方差的累计百分比为100,典型相关性为0.699,从表2-30可以看出,威尔克Lambda值为0.511,卡方值为890.639,自由度为5,P值为0。通过上述的检验的结果可知样本的分类合理,分类结果如表2-31所示。

表2-29　　　　　　　　　　　特征值

函数	特征值	方差百分比	累计百分比	典型相关性
1	0.955	100	100	0.699

表2-30　　　　　　　　　　威尔克Lambda

函数检验	威尔克Lambda	卡方	自由度	显著性
1	0.511	890.639	5	0.000

表 2 – 31　　　　　　　　　　　分类结果

FCI		预测组成员信息		总计
		低	高	
计数（原始值）	低	462	78	540
	高	94	699	793
百分比	低	85.6	14.4	100.0
	高	11.9	88.1	100.0
计数（交叉验证）	低	461	79	540
	高	95	698	793
百分比	低	85.4	14.6	100.0
	高	12.0	88.0	100.0

注：正确地对 87.1% 的原始已分组个案进行了分类，正确地对 86.9% 的交叉验证的已分组个案进行了分类。

由表 2 – 31 可知，多元判别分析对高低融资约束组的分组预测具有较高的判别率，符合分析要求。整体判别分析得分为 87.1%，说明其判别分析的效果较好。以往研究发现，只要判别分析得分大于 62.5%，就可以认为其判别分析就具有价值，其样本分类具有科学性。

（2）通过 Logistic 回归计算 FCI 的系数。经过以上判别分析，可以认为所选 5 个变量通过相应检验。选择高融资约束组为 1，低融资约束组为 0，通过 STATA 软件进行 Logistic 回归的结果见表 2 – 32。

表 2 – 32　　　　　　　　融资约束指数系数

变量	相关系数
现金比率（CSR）	– 2.252 ***
	(0.549)
资产负债率（CPR）	0.009 ***
	(0.007)
流动比率（IDR）	– 1.689 ***
	(0.232)
净资产收益率（ROA）	0.029 ***
	(0.008)
企业价值（Q）	1.433 ***
	(0.106)
Constant	1.891
	(0.989)

注：*** $p < 0.01$，** $p < 0.05$，* $p < 0.1$。

从回归的结果来看，回归所得的所有系数都十分显著，从回归系数的符号上看，偿债方面的指标中，现金比率和流动比率是负号，说明企业的现金比率和流动比率与企业的融资约束呈负相关关系，企业的资产负债率与企业的融资约束呈现正相关，当企业的资产负债率越高企业受到的融资约束也就越高，这与我们在现实生活中表现出的经验是一致的。由此设计的融资约束指数等式为：

$$FCI_{i,t} = 1.891 - 2.252CSR_{i,t} + 0.009CPR_{i,t} - 1.689LDE_{i,t} + 0.029EPS_{i,t} + 1.443Q_{i,t}$$

3. 描述性统计分析

根据表2-33可知，FCI的最大值为100.069，最小值为3.646，标准差为7.04，企业受到的融资约束程度变化的幅度比较大。

表2-33　　　　融资约束与研发投入资金关系描述性统计

变量名	样本量	最大值	最小值	均值	标准差
融资约束指数（FCI）	4 952	100.069	3.646	11.060	7.040
企业规模（SIZE）	4 952	28.520	19.612	22.288	1.210
营业收入增长率（RMOP）	4 952	26.792	-2.726	0.326	0.879
每股收益率（EPS）	4 952	1.593	-15.188	0.042	0.385

从表2-34可以看出，专利的产出最大值为10.028，最小值为0，说明企业的创新绩效变动幅度比较大，其次标准差为1.442，可以推断中小企业的创新绩效的波动率也比较大。出现这样的结果不足为奇，因为中小企业在创新过程受到的限制因素较多，不仅受到自身因素的约束，还受到其他因素约束，比如整体的创新环境、经济、政策等，这就导致中小企业创新绩效的产出具有极大的不确定性。研发投入资金强度的最大值为23.77，最小值为12.608，均值为18.28，标准差为1.3101，说明中小企业研发投入资金的变动幅度较大，同时表明中小企业对创新十分重视。创新投入的人员强度的最大值为10.653，最小值为1.386，均值为5.751，标准差为1.169，说明中小企业在研发投入人员强度不是很大，但是从人均上看比较适中，投入的波动幅度相对较少，说明中小企业的研发投入在人力方面相对较稳。通过构造的融资约束程度指标的统计分析可知，最大值为98.159，最小值为1.765，说明不同的中小企业受到的

融资约束程度不一样，这与我们的实际生活经验相符合。因为当中小企业进行融资的时候受到的限制条件较多，投资者不仅要看企业的各种财务指标，还要看企业的整体发展方向、发展程度等，故造成融资约束程度不一。融资约束程度的标准差为7.041，说明融资约束程度的波动幅度很大。企业规模的最大值为28.520，最小值为19.612，均值为22.288，标准差为1.210，说明企业在规模上不是很大，变动幅度相对较小。显然，所选样本企业的规模差异性不是太大，这有利于控制因受规模影响带来的影响。

表2-34　　融资约束与创新绩效关系描述性统计（全样本）

Variable	Obs	Max	Min	Mean	Std. Dev
创新绩效的量（PAT）	4 952	10.028	0	2.914	1.442
创新绩效的质（PATB）	4 952	0.807	0	0.007	0.149
研发投入资金强度（RD）	4 952	23.770	12.608	18.28	1.301
研发投入人员强度（RH）	4 952	10.653	1.386	5.751	1.169
融资约束程度（FCI）	4 952	98.159	1.765	9.174	7.041
企业规模（SIZE）	4 952	28.520	19.612	22.288	1.210
营业收入增长率（RMOP）	4 952	26.792	-2.762	0.362	0.879
每股收益率（EPS）	4 952	1.593	-15.188	0.042	0.385

通过对所选样本中连续4年的观测值进行观测，低融资约束组的样本观测值为2 476，高融资约束组的观测值为2 480。由表2-35可知，在低融资约束条件下，专利产出的最大值为9.373，最小值为0，均值为3.089，标准差为1.519。在高融资约束条件下，专利产出的最大值为10.028，最小值为0，均值为2.737，标准差为1.337，说明在高融资约束条件下创新绩效比在低融资约束下要高，而且在高融资约束条件下创新绩效产出的稳定性强。在研发投入方面，低融资约束下的最大值为23.77，高融资约束下的最大值为22.665，两者的方差为分别为1.408和1.108，说明在低融资约束下研发投入比高融资约束下要高，但是在高融资约束下研发投入的稳定性比低融资约束下强。在人员投入方面，低融资约束下的最大值为10.653，高融资约束下的最大值为9.749，标准差分别为1.237和1.071，说明低融资约束的人力投入比高融资约束的人力投入高，但是稳定性方面较弱。在企业规模方面，低融资约束的规模

最大值为 28.52，高融资约束的规模的最大值为 26.269，说明低融资约束下企业的规模比高融资约束下企业的规模大。

表2-35　　高低融资约束下融资约束与创新绩效关系的描述性统计

变量	低融资约束组					高融资约束组				
	Obs	Max	Min	Mean	Std. Dev	Obs	Max	Min	Mean	Std. Dev
PAT	2 472	9.373	0	3.089	1.519	2 480	10.028	0	2.737	1.337
PATB	2 472	0.858	0	0.317	0.146	2 480	1.012	0	0.298	0.139
RD	2 472	23.77	12.608	18.576	1.408	2 480	22.665	14.19	17.39	1.108
RH	2 472	10.653	1.386	5.925	1.237	2 480	9.479	1.609	5.581	1.071
FCI	2 472	8.049	1.765	5.135	1.26	2 480	98.159	6.167	13.19	8.063
SIZE	2 472	28.52	19.714	22.821	1.227	2 480	26.269	19.61	21.75	0.928
RMOP	2 472	19.332	-2.762	0.287	0.839	2 480	26.792	-1.89	0.365	0.915
EPS	2 472	1.593	-15.18	0.007	0.527	2 480	0.614	-3.51	0.077	0.126

4. 主要变量的相关性分析与 Hausman 检验

在进行模型的回归之前对变量进行相关性分析，以避免变量之间多重共线性导致模型进行回归时出现伪回归现象。

从表2-36可知，对变量之间相关性进行检验后发现，变量之间相关系数比较小，最大值没有超过0.5。根据前人研究的经验，变量之间相关系数只要不超过0.8，说明变量之间不存在多重共线性。

表2-36　　　　　　　　　变量相关性检验

变量	RD	RHP	FCI	SIZE	ROMP	ROA
RD	1					
RH	0.1	1				
FCI	0.358	0.1	1			
SIZE	-0.244	-0.079	-0.413	1		
RMOP	0.110	0.056	0.013	-0.035	1	
EPS	-0.007	-0.004	0.073	0.006	0.029	1

在进行面板数据回归之前，需要判定随设定的模型是符合随机效应还是固定效应，故对所选样本数据进行 Hausman 检验。见表2-37。

表 2–37　　　　　　　　　　　Hausman 检验

变量	b	B	b – B (difference)	Sqrt [diag (b – B)]
RD	0.1396	0.2910	–0.1513	0.0269
RH	0.1877	0.0317	–0.0129	0.0034
FCI	0.0034	0.0065	–0.0031	0.0017
SIZE	0.1242	0.2058	–0.0816	0.0421
RMOP	0.0189	0.0118	0.0071	0.0042
EPS	–0.0388	0.0033	–0.0072	0.0060
Constant	–2.5538	–7.2403	4.6865	0.7591

Chi2(7) = (b – B)'[(V_b – V_B)^(–1)](b – B) = 99.35

Prob > chi2 = 0.0000

其中，b 代表固定效应的系数，B 代表随机效应的系数。由检验结果可知，检验的 P 值为 0.0000，小于 0.05，说明在 99% 的置信水平下拒绝原假设，回归模型应选择固定效应模型。

5. 回归分析

（1）融资约束与研发投入的关系。

由表 2–38 可以看出，融资约束的系数为 0.027，在 99% 的置信水平上是显著的。这说明研发投入与融资约束呈负相关关系，融资约束程度越强，企业在研发投入上越少，融资约束越弱，研发投入的资金越多。从企业研发投入资金的来源上看，企业首选自有资金，然后才向外融资。当企业面临外在融资约束的时候，企业会把自有资金更多地投入企业创新中去，这也符合当下企业的研发投入情况。

表 2–38　　　　　　　　　　融资约束与研发投入关系

RD	
变量	系数
FCI	–0.027 *** (0.008)
SIZE	0.453 *** (0.075)
RMOP	0.016 (0.039)

续表

变量	RD
	系数
EPS	-0.170**
	(0.080)
Constant	14.930***
	(1.708)
N	4 952

注：***p<0.01，**p<0.05，*p<0.1。

（2）融资约束对创新绩效量的影响。

从表2-39的回归结果可以看出，融资约束的程度与企业的创新绩效呈负相关，在10%显著水平上显著。这说明企业在创新中因受到融资约束影响导致中小企业创新绩效量的产出受到影响，融资约束程度越强，外部融资的难度就越大，给中小企业带来的创新绩效量越少。中小企业的创新绩效的量在很大程度上受到研发投入的影响，从回归的结果得知，在研发投入的资金方面，当期研发投入的资金与专利产出的相关系数为0.158，在99%显著水平上是显著的，滞后一阶的研发投入资金与专利产出的相关系数为0.216，在99%显著水平上是显著的，其中RD_1表示滞后一阶的研发投入资金。这说明当期研发投入的资金对创新绩效数量具有正向的影响作用，并且在控制其他条件不变的情况下，每份研发投入会给企业的创新绩效的量带来15.8%的回报。滞后一阶的研发投入与当期的创新绩效的量也呈正相关关系，并且在控制其他条件不变的情况下，研发投入每增加一份那么前一期投入会给企业创新绩效的量带来21.6%的增长。在人力投入方面，相关系数为0.038，在99%显著水平上是显著的。这说明研发人员的投入与企业创新绩效的量呈正相关。从企业规模上看，企业的规模与企业创新绩效的量呈正相关关系，说明企业规模越大企业创新绩效的量越大。

表2-39　融资约束对中小企业创新绩效量的影响（全样本）

变量	PAT
	系数
RD	0.158***
	(0.04)

续表

变量	PAT 系数
RH	0.038***
	(0.014)
FCI	-0.006*
	(0.004)
SIZE	0.180***
	(0.035)
RD_1	0.216***
	(0.039)
RMOP	0.018
	(0.016)
EPS	0.021
	(0.032)
Constant	-8.185***
	(0.067)
N	4 952

注：*** $p<0.01$，** $p<0.05$，* $p<0.1$。

(3) 不同融资约束程度对创新绩效量的影响。

通过对高低融资约束的回归结果分析后发现，不管是在低融资约束条件下，还是在高融资约束条件下，研发投入资金与专利产出呈现出正相关关系。在高融资约束条件下，相关系数为 0.353，在低融资约束条件下，相关系数为 0.283，两者都在 99% 的置信水平上显著。在研发人员投入方面，高融资约束条件下相关系数为 0.052，在 95% 的置信水平上显著，说明在高融资约束条件下，企业加强研发人员的投入有利于创新绩效量的产出。低融资约束组的相关系数为 -0.057，在 99% 的置信水平上显著，说明在低融资约束条件下，企业的研发投入资金比较充足，如果企业的融资约束程度加强，那么企业创新绩效的数量就会减少。因为当面临更强的融资约束时，企业会减少研发投入。在中小企业规模方面，低融资约束条件下相关系数为 0.086，在 90% 的置信水平上显著，高融资约束条件下相关系数为 0.308，在 99% 的置信水平上显著。这说明中小企业的规模与创新绩效的量呈现正相关关系，中小企业创新绩效的量体现出一定的规模效应，扩大企业规模有利于中小企业创新绩效中"量"的提升。低融资约束下企业规模给企业带来的创新绩效中"量"的产出比在高融资约束条件下更显著。见表 2-40。

表 2-40　　　　高低融资约束下融资约束对创新绩效量的影响

变量	低融资约束组 PAT	高融资约束组 PAT
RD	0.283 *** (0.032)	0.353 *** (0.042)
RH	0.013 (0.017)	0.052 ** (0.022)
FCI	-0.057 *** (0.020)	0.004 (0.003)
SIZE	0.308 *** (0.042)	0.086 * (0.049)
RMOP	0.016 (0.023)	-0.008 (0.021)
EPS	-0.037 (0.031)	0.291 ** (0.147)
Constant	-9.579 *** (0.786)	-5.838 *** (0.891)
N	2 472	2 480

注：*** $p<0.01$，** $p<0.05$，* $p<0.1$。

（4）融资约束对创新绩效质的影响。

表 2-41 中 RD_1 表示滞后一期的研发投入资金。通过回归分析发现，在全样本下，企业创新绩效的质与研发资金投入呈正相关关系，相关系数为 0.008，在 99% 的置信水平上显著，滞后一阶研发投入资金的相关系数为 0.01，在 99% 的置信水平上显著，研发人员投入的相关系数为 0.001，在 99% 的置信水平上显著。这说明中小企业的研发投入与企业创新绩效的质显著正相关，提高企业研发投入有利于企业创新绩效质的提升。在企业融资约束方面，企业融资约束指数的系数为 -0.01，在 90% 的置信水平上显著，说明当企业存在融资约束时，企业创新绩效的质会受到影响。因受融资约束的影响，企业会谨慎使用企业的内部资金，再加上得不到外部融资，所以中小企业创新绩效

的质会降低。企业创新效率的质也和企业的规模呈现正相关的关系,说明企业的规模越大越容易提高中小企业创新绩效的"质"。

表2-41 融资约束对中小企业创新绩效质的影响(全样本)

变量	PATB
	系数
RD	0.008***
	(0.002)
RD_1	0.01***
	(0.002)
RHP	0.001***
	(0.001)
FCI	-0.001*
	(0.001)
SIZE	0.008***
	(0.002)
RMOP	0.001
	(0.001)
EPS	0.001
	(0.001)
Constant	-0.376***
	(0.029)
N	4 952

注：*** $p<0.01$，** $p<0.05$，* $p<0.1$。

(5) 不同融资约束程度下,融资约束对创新绩效质量影响。

根据回归结果可知,在低融资约束下,企业的研发投入与企业创新绩效的质呈正相关关系,在90%的置信水平上显著,在高融资约束下,研发投入的资金与企业创新绩效的质呈正相关关系,在99%的置信水平上显著相关,说明企业的研发投入不管在高融资约束下还是低融资约束下都显著影响着企业创新绩效的质。低融资约束企业的融资约束指数系数为0.407,在90%的置信水平上显著,说明当企业融资约束低,因不受资金的约束,不用担心企业资金问题,所以可以提高企业创新绩效的质。在高融资约束下,企业的融资约束程度对企业创新绩效的质量没有影响,因为企业受到外部高强度的融资约束时,企业创新活动投入的资金基本上来自企业的自有资金。见表4-42。

表2-42 高低融资约束下融资约束对中小企业创新绩效质的影响

变量	低融资约束 PATB	高融资约束 PATB
RD	1.345** (0.519)	0.002*** (0.001)
RH	0.328* (0.190)	0.001 (0.001)
FCI	-0.407* (0.285)	0.001 (0.001)
SIZE	1.313** (0.508)	0.003*** (0.004)
RMOP	0.169 (0.359)	0.001 (0.002)
EPS	-0.280 (0.341)	0.036** (0.016)
Constant	-63.849*** (9.559)	-0.371 (0.089)
N	2 472	2 480

注:***$p<0.01$,**$p<0.05$,*$p<0.1$。

6. 稳健性检验

根据前人研究发现,企业研发投入强度方面还可以用研发投入/营业收入(R&D/R)来表示,研发人员投入强度方面还可以用研发人员/职工人数(RH/P)来表示。检验的回归结果如表2-43所示。

表2-43 稳健性检验1

变量	PAT 系数
R&D/R	0.015*** (0.050)
RH/P	0.061*** (0.013)

续表

变量	PAT 系数
FCI	-0.005* (0.003)
SIZE	0.425*** (0.025)
RMOP	0.008 (0.015)
EPS	0.013 (0.030)
Constant	-7.041*** (0.544)
N	4 952

注：*** $p<0.01$，** $p<0.05$，* $p<0.1$。

在全样本下，根据回归结果可知，研发投入/营业收入的相关系数为 0.015，在99%的置信水平上显著；研发人员/职工人数的相关系数为 0.061，在99%的置信水平上显著；融资约束的相关系数为 0.005，在90%的置信水平上显著。从规模方面看，相关系数为 0.425，在99%的置信水平上显著。这说明创新绩效受到相关变量的影响没有改变，改变的只是相关变量的影响大小。虽然变量替换后相关系数变小，但是置信水平确没有改变，说明该模型从质量上经得起检验。见表 2-44。

表 2-44　　　　　　　稳健性检验 2

变量	低融资约束组 PAT	高融资约束组 PAT
R&D/R	0.046*** (0.012)	0.012** (0.005)
RH/P	0.001 (0.004)	0.096*** (0.022)
FCI	-0.060*** (0.020)	0.001 (0.003)

续表

变量	低融资约束组 PAT	高融资约束组 PAT
SIZE	0.562*** (0.034)	0.345*** (0.039)
RMOP	0.008 (0.032)	-0.005 (0.021)
EPS	-0.029 (0.031)	0.376** (0.148)
Constant	-10.231*** (0.816)	-5.639*** (0.838)
N	2 472	2 480

注：*** $p<0.01$，** $p<0.05$，* $p<0.1$。

在分样本下检验发现，低融资约束组中，R&D/R 的相关系数为 0.046，在 99% 的置信水平上显著，RH/P 的相关系数为 0.01，融资约束的相关系数为 0.06，在 99% 的置信水平上显著。在高融资约束组中，R&D/R 的相关系数为 0.012，在 99% 的置信水平上显著，RH/P 的相关系数为 0.096，在 99% 的置信水平上显著。说明在变量替换后，只是相关系数变小，但是在显著水平上基本没有改变。由此可推断该模型经得起稳定性检验。

综上所述，根据实证分析可知，中小企业的融资约束与研发投入呈现出负相关关系，说明融资约束对中小企业研发投入具有抑制作用，验证了 H_1 的假设；中小企业的研发投入与创新绩效之间呈现出正相关，说明加强中小企业的研发投入有助于提高中小企业的创新绩效，验证了 H_2 和 H_3 的假设；在全样本下，融资约束指数与中小企业的创新绩效呈现出负相关关系。在不同融资约束程度下，低融资约束组的融资约束指数与创新绩效显著负相关，高融资约束组的融资约束指数与创新绩效不相关，说明在高融资约束下，中小企业企业研发投入资金基本上是企业的自有资金，外部融资约束不影响企业的创新活动，在低融资约束下，中小企业的研发投入受到融资约束的影响，进而影响到企业的创新绩效，这与 H_4 和 H_5 的假设相一致。

六、研究结论

（一）中小企业的研发投入与内部现金流呈正相关

研究结果显示，企业的创新投入与企业内部现金流呈现出正相关关系，说明中小企业的研发投入与企业的内部融资呈正相关。根据信息不对称理论，当企业在向外部融资时，企业会受到许多条件限制。比如银行会考虑企业的经营情况，资产情况等，债权人会考虑企业的偿债能力，投资者会考虑企业的盈利能力等情况。由于信息不对称，企业对外披露的相关信息可能存在一定滞后性和差异性，导致中小企业向外融资时很难融到资金。

（二）中小企业的研发投入与企业的创新绩效呈显著的正相关关系

通过实证研究发现，在高融资约束和低融资约束下，中小企业研发投入的资金和研发投入的人员都与企业创新绩效的量和质呈现出正相关关系，而且企业研发投入的资金对企业创新绩效具有一定的滞后性，说明加强企业的研发投入有利于企业创新绩效的提升。中小企业的研发投入是一个持续性过程，上期的投入对本期也具有显著的影响，这表明中小企业在创新过程中需要考虑到企业在不同时期的研发投入，合理分配企业在不同创新阶段的人力和物力投资。

（三）中小企业的融资约束对企业的研发投入具有抑制作用

当企业的内部资金不足时，企业将进行外部融资。通过企业的融资约束指数与企业研发投入资金的关系可以看出，企业融资约束指数与企业的研发资金之间呈现负相关关系，说明中小企业的融资约束抑制企业的研发投入。当中小企业向外部进行融资时，因受企业自身发展条件和当前经济环境的影响，中小企业会受到一定程度的融资约束限制，使企业外部融资比较困难。当企业不能够顺利融到资金时，企业研发投入将会受到限制。

（四）不同融资约束条件下中小企业的融资约束对企业创新绩效影响不同

在高融资约束条件下，企业的融资约束指数与企业的创新绩效指标之间不存在显著关系,在低融资约束下,中小企业的融资约束指数与企业的创新绩效指标之间存在显著的关系。由此可知,中小企业在面临高融资约束时,融资约束不会影响到企业的创新绩效,然而在低融资约束下,融资约束对中小企业创新绩效具有抑制作用。

七、建议

通过上述分析可知,中小企业的研发投入与企业的创新绩效密切相关,具有正向影响,企业的规模与企业的创新绩效业密切相关,具有正向影响。在不同融资约束程度下,当企业处于高融资约束时企业的创新绩效基本上不受融资约束的影响,这是由于发现外部融资困难后,企业会把自己的内部资金投入创新过程中。考虑到资金的有限性,企业在资金运用方面会更加谨慎以提高研发投入的效率。当企业处于低融资约束下时,企业的创新绩效与融资约束呈负相关关系,说明融资约束对企业的创新绩效具有抑制作用。

(一)政府应该加大对中小企业创新的金融扶持力度

企业创新绩效的一个重要影响因素是研发投入资金,政府应采取以下措施为企业消除融资障碍。第一,可以通过政府成立企业创新基金,解决企业在创新中遇到的融资难、融资贵等问题。第二,可以定向为企业提供创新贷款,通过无息或者低息的方式缓解企业在创新过程中由于短暂性资金短缺造成的困难。第三,完善创新创业补贴机制。企业补贴可以为企业创新提供一定的动力,但是也可能造成企业为了套取补贴进行无效创新,所以既要加大企业创新的补贴力度也要加强补贴的监管力度,提升整体创新效率。第四,鼓励民间资本参与企业创新,允许民间资本建立金融机构,专注服务于企业创新,为企业创新提供更广的融资渠道。

(二)中小企业应该加大研发投入,提升企业的创新能力

企业的研发投入对企业的创新绩效影响很大,企业的研发投入决定着企业创新绩效,只有加大企业的研发投入才能促进企业创新绩效的提升。从研发投入来看,企业的研发投入大部分来自自有资金,还有一部分来自外部融资。在

研发投入中，企业应该合理的分配研发投入资金，既要兼顾本企业的发展状况，也要兼顾投资者的相关利益。企业存在的价值既是为了自身获取利益，也是为了能够为投资者带来收益，研发投入的资金应该适当在内外部融资方面进行搭配使用。管理层和股东需要清醒的意识到研发投入对企业创新绩效的影响，意识到企业的创新有助于企业立于不败之地，管理层和股东之间应该在思想上保持一致，加大对企业的研发投入。

在企业的研发人才投入方面，企业应该加大对人才的工资、福利、补贴等方面投入，通过高薪等方式吸引人才、留住人才，使研发人员能够安心为企业做好研发，提升企业的研发实力。企业要加强对人员的管理和培训，建立现代人才管理制度，提高对企业内部人员培训的要求，提升科研人员的整体实力。

（三）中小企业应该加强对研发资金的监督管理

企业的融资约束对企业的研发投入有负向影响，企业加强对研发资金的监督管理在一定程度上能够减轻企业融资约束。为此，企业要在内部建立专项核算和监督部门对企业研发投入情况进行必要的监督，要对企业的研发投入资金进行合理分配以提高资运作效率。在资金的使用过程中，每一笔资金的使用可以通过建立台账的方式，逐笔进行登记，记录资金的使用情况，防止资金滥用、乱用和浪费。企业要建立严格且灵活的审批制度，为需要立项的项目发放资金，为紧急需要的研发投入开辟绿色通道。另外，企业要建立资金使用效率考评表，以企业的创新绩效为导向对企业在创新过程中使用的资金效率进行评估，以确保研发资金的使用合理高效。

第三章 "科技冷战"背景下地方政府扶持高新技术企业发展的公共服务体系构建

第一节 美对华"科技冷战"分析

一、美对华"科技冷战"的历史回顾

第二次世界大战结束后,美国为争夺全球霸权,对社会主义阵营国家实施了长达四十多年的"冷战"。1949年,美国国会通过了新的《出口管制法》。其主要管制对象是以苏联为首的社会主义国家,与战略物资密切相关的技术资料等均受到管制。随后,美国联合部分欧洲国家成立了"对共产党国家输出管制委员会",目的是对社会主义阵营国家的战略物资出口和技术转移进行更加严格的限制。朝鲜战争爆发后,美国开始直接遏制中国,专门设立了中国委员会对中国实施比对苏联等国家更为严格的技术限制。

20世纪70年代末期,中国因改革开放与西方国家的进出口贸易、经济技术和人员交往不断增多,美国国内当初参与"对共产党国家输出管制委员会"的一些工商界人士开始对严格限制向中国出口战略物资和技术转移的政策不满,要求政府放宽管制,导致"对共产党国家输出管制委员会"最终解散。

1996年,美国联合西方国家在奥地利维也纳签署了《瓦森纳协定》,决定实施新的控制清单和信息交换规则,继续将中国列入被禁运和高技术出口限制的国家,以遏制中国战略性新兴产业和国防技术的发展。后来,美国多次修改《出口管制法》及相关条例等法律规定,以便继续对中国实行严格的高技术及产品出口限制政策。

2017年，美国商务部实施长臂管辖，以违反美国技术出口管制相关法律为由宣布对中国中兴通讯股份有限公司罚款8.92亿美元。2018年，美国商务部以中兴通讯股份有限公司违反双方和解协议规定为由，宣布禁止该公司在未来7年内以任何形式从美国企业购买敏感产品、技术和服务。2019年，美国对中国华为技术有限公司提出23项指控。当年5月，美国时任总统特朗普针对该公司实施"国家紧急状态"，美国商务部将中国华为技术有限公司列入"实体名单"，对该公司的供应链进行全球封杀。这意味着美国对中国高科技的封锁行为全面展开。

二、美对华"科技冷战"的主要原因

（一）全球经济切换新动力，科技面临新突破

2008年国际金融危机之后，世界经济增长乏力。科技行业加速与传统制造、服务等行业的深度融合为全球经济注入了新动力，科技带动经济增长的效应显现，创新驱动发展成为各国共识。随着新一代信息技术、高端制造、节能环保等战略性新兴产业兴起，各国为赢得先机和争取主导权而展开了激烈竞争。目前，全球科技发展呈现多点突破、交叉汇聚的特点，以新一代信息技术、新材料、新能源、生物技术等为代表的科技领域引领时代潮流，已成为经济增长的引擎。新技术为后进国家的"弯道超车"提供了机会，任何国家率先突破相关技术，就将赢得未来发展的主动权。美国希望通过对华"科技冷战"保持其科技领先地位。

（二）中美科技差距缩小，美感受到竞争压力

通过艰苦的自力更生与广泛的对外合作，我国逐渐实现了全方位的崛起，在部分领域甚至实现了"弯道超车"，即便是被发达国家视为核心竞争力的诸多前沿科技领域，也不断被我国突破。我国在航天航空、人工智能、深海探测、生物医药等方面均取得了一批具有全球影响力的重大科技创新成果。在高端制造领域，我国提出了雄心勃勃的"中国制造2025"，给美国推进的"工业互联网"计划带来了一定的压力。在引领未来的人工智能领域，我国的综合表现已超过了众多欧洲国家，仅次于美国。我国的新增相关专利数量开始超越美国，人工智能企业的融资规模仅次于美国，位列全球第二。美国国家科学基

金会和国家科学委员会最新发布的《科学与工程指标》报告指出，中国或许已经成为超级科技大国。这种判断和认知让美国认为"斯普特尼克时刻"再次到来，美国开始将我国在先进技术领域竞争能力的提升视为对美国全球主导地位的威胁，并开始采取种种手段阻碍中国的技术发展进程。

（三）我国创新发展对美国主导的霸权秩序带来挑战

技术在国际权力过渡中发挥着至关重要的作用，将决定哪些国家最终能成为世界经济的主导力量。不管主观意愿如何，新兴国家通过发展科技创新来驱动经济发展，客观上对国际秩序主导国家如美国带来挑战，引起其警惕和打压。这种挑战主要体现在以下两个方面：（1）霸权国家"安全环境"面临重大变化。由于高新技术的军民两用性，新兴国家可能获得强化战争能力的技术，使霸权国家的安全环境受到挑战。我国在人工智能等高新技术领域的快速发展以及近年来对外技术投资的大幅增加令美国政客感到不安。《美国301调查报告》认为，中国政府对技术转让的需求是为实现军事目标。这充分反映了美国对其军事安全环境的担忧。（2）霸权国家面临新兴国家对其所主导的国际秩序的威胁。霸权国家是现行国际秩序的既得利益者，为维持科技领导力，霸权国家必然会在短期内推动国内制造商利益最大化，长期则强调保护知识产权。自20世纪80年代以来，美国政府一直在全球范围内投资建立全球保护知识产权的秩序。随着中国的经济体量不断增大，美国开始认为"中国的这些行动正在挑战美国及其盟友精心制定的战后国际秩序的关键规则和准则""中国的法规、政策和实践对在知识产权密集领域市场投资的估价造成了扭曲"，认为中国"想要塑造一个与美国价值观和利益相对立的世界"。

第二节 美国特朗普政府强化对中国技术出口管制的经济影响

一、引言

近年来，美国不但挑起了对华贸易摩擦，还加强了对华技术出口管制。

第三章 "科技冷战"背景下地方政府扶持高新技术企业发展的公共服务体系构建

2018年,美国先后制造了"中兴通讯事件""福建晋华事件"和"华为孟晚舟事件",并将219个中国高科技企业列入其出口管制黑名单。美国《2019 财年国防授权法案》已明确将中国视为最主要的战略竞争对手,并制定了"全政府对华战略",遏制中国崛起。为此,美国在军事上加强在亚太地区对中国围堵,同时,还依据其《2018出口管制改革法案》进一步强化对华技术封锁,加强对中国高科技企业和机构的战略遏制与"围猎"。2019年5月16日,美国商务部指责"中国电信巨头华为公司违反美国国家安全与外交政策利益",将华为及其28家关联公司列入其出口管制黑名单。2019年6月21日,美国商务部将中科曙光和江南计算技术研究所等5家中国高科技企业列入其出口管制"实体清单"。2019年8月14日,美国将中国最大的核电公司(广核集团)及相关3家企业列入其出口管制"实体清单"。2019年10月8日,美国商务部又宣布,将大华科技、海康威视等28家中国科技企业或机构列入其出口管制"实体清单"。美国将越来越多的中国高科技公司与机构列入其出口管制"实体清单",意在扼制中国高科技发展,维护美国的科技领先与全球主导地位。

2019年10月11日,中美第13轮经贸高级别磋商在农业、知识产权保护、汇率、金融服务、扩大贸易合作和争端解决等领域取得实质性进展,但美国对华技术出口管制问题并不在贸易谈判议题之内。2019年10月24日,美国时任副总统彭斯在华盛顿智库威尔逊中心就美国对华政策发表讲话,全面诋毁中国的贸易、香港、台湾和宗教等政策,再次强调美国已改变过去数十年的对华政策,将视中国为"战略竞争对手",不再实施积极的对华政策,并表示将继续制裁华为和中兴等中国企业。这表明,中美关系正从"战略伙伴"质变为"竞争对手",美国对华技术出口管制不会在短期内放松。美国强化对华技术出口管制的经济影响如何?中国应采取何种措施来应对其不利影响?需要对这些问题进行深入研究。

美国出口管制政策源于冷战时期其对社会主义国家的经济遏制政策,是美国推行歧视性贸易政策的重要手段。长期以来,美国将出口管制政策作为战略性武器加以运用,对本国敏感的设备、软件及技术等技术产品出口实施严格的管制,服务其政治、经济与军事等目的,维护美国的霸权和领先地位。许多研究表明,美国的出口管制对经济贸易产生了不利影响。加尔布雷斯(Galbrait,1989)的研究表明,20世纪冷战期间美国为防止敏感性技术产品落入敌手而实施的出口管制使得美国出口减少了 150 205 亿美元。哈丁（James Harding，1997）认为，美国对华技术产品出口管制直接阻碍了美国技术产品出口，扩大了美国对中国贸易逆差。张（Zhang，2000）与阿恩特（Arndt，2001）的研究表明，美国对中国实施技术出口管制是造成中美贸易不平衡的主要原因。桑达拉姆（Sundaram，2013）分析了美国出口管制对技术产品出口影响，得到的结论是美国对所谓"高威胁"国家的技术出口管制程度远高于其他出口竞争对手，使得被管制国家寻求从新兴的技术供应国获得相关设备和技术，导致美国出口贸易受损。姜辉（2019）测算了美国出口管制给美方造成的贸易损失，认为美国的出口管制不仅直接影响其技术产品出口，还间接影响美国上游与下游的中低技术产品出口。如果美国将其对世界其他国家和地区的出口管制强度放松至其对法国的出口管制水平，美国每年可减少 3 349 亿美元的贸易损失。

以上文献主要集中于美国出口管制的贸易损失方面研究，而缺少美国强化对华技术出口管制对中美两国经济增长、居民消费、社会福利、资本收益等宏观经济效益与产业影响的定量分析，更缺少中国反制美国对华技术出口管制的方法及效果量化分析。与已有文献相比，本节主要运用 GTAP（全球贸易模型），从宏观经济和产业两个层面评估美国加强对华技术出口管制给中美两国经济造成的影响，探寻中国有效应对美国技术出口管制的对策。

二、理论基础与分析模型选择及政策情景设计

（一）理论基础

依据瓦尔拉斯的一般均衡理论，各种商品和生产要素的价格、供给与需求等因素都是相互影响、相互作用的。一种商品或生产要素价格与供求关系的变动不但会导致其替代商品和互补商品或生产要素价格与供求关系变化，而且这些替代商品和互补商品以及它们的生产要素价格和供求关系变动还会进一步引起各自的替代商品和互补商品以及生产要素价格和供求关系变化，进而引起经济体各种经济活动连锁反应，使该经济体进入新的均衡状态，使其所有商品和生产要素价格与供求关系出现一个新的均衡值。在经济全球化背景下，国际分工与国际贸易将世界各国紧密联系在一起。美国加强其对华技术出口管制，不但使中国难以获得更多的技术溢出效应，同时，导致美国高技术产品的生产规

模与成本变化，引起美国各部门产出和各种市场商品与生产要素的价格与数量等发生变化，还会引起中国以及世界各国各部门产出与各种市场的商品和生产要素数量与价格变化，直到实现市场出清与供需关系的新均衡，从而得到美国对华技术出口管制对中美两国的收入、消费、社会福利、资本收益、进出口贸易和产出等方面的影响结果。

（二）模型选择

美国普度大学开发的全球 CGE 模型，即全球贸易分析模型（Global Trade Analysis Project，GTAP）是研究贸易政策对一国或多个国家经济影响的常用分析工具。GTAP 模型根据一般均衡理论和新古典经济理论，构建了各国（地区）的生产、消费、政府支出等行为子模型，通过国际贸易关系，将各子模型连接成一个全球多个国家（地区）与多部门的一般均衡模型。当前最新的 GTAP，即 GTAP 第 10 版数据库包括 141 个国家和 65 个行业主要数据以及各种宏观经济数据。GTAP 数据库的数据量很大，使用者可根据分析需要，对数据库进行分类和加总，其主程序 RunGTAP 是 GTAP 模型分析工具，本书运用该模型进行分析。为了提高分析的准确性，笔者利用 IMF 公布的各国（地区）宏观经济数据（GDP 和产出等）以及 UN Comtrade 数据库中主要经济体的进出口贸易额和关税水平，将目前 GTAP 第 10 版数据库（2014 年经济数据）更新至 2017 年，并将 GTAP 模型数据库中 65 个产品部门合并为 28 个部门（见表 3 – 3）。

（三）情景设计

1. 美国对中国技术出口管制的情景设定

笔者设计了情景 1 至情景 3，以表示美国不断加强对华技术出口管制，而中国没有采取对策，致使中国进口贸易技术溢出效应不断减少的三种情景[①]。

---

① 美国统计局网站（hops://www.census.gov/foreigntrade/statistics/pro duct/atp/2018/12/ctryatp/index.html）数据表明，2017 年美国对华高新技术产品出口占中国高新技术产品总进口的 6.2%，笔者假定美国高新技术产品对华技术溢出效应占中国高新技术进口产品溢出效应比重也为 6.2%，美国实施最严厉技术封锁，基本上停止其高新技术产品对华出口，使中国高新技术产品进口的技术溢出效应减少 5%。

2. 各种对策的情景设计

为应对美国技术出口管制，笔者设计了三种对策情景：情景4至情景6（对策1至对策3）。

情景4（对策1）：美国在对华实施技术出口管制过程中，处于强势地位，其主要原因是我国自主创新能力不足，受制于人。因此，我国应当不断提高自主创新能力，以突破美国对华技术封锁。为此，笔者设计情景4，以考察在美国对华技术出口实行最严厉管制情况下，我国加强自主创新能力，提高国内全要素生产率的政策效果。

情景5（对策2）：目前，我国不但同欧盟、日本等其他发达国家的经贸关系良好，同时，与广大发展中国家保持良好的经济贸易关系，我国应当加强国际经济技术合作，以应对美国对华技术出口的管制。为此，笔者设计了情景5，以考察美国对华技术出口实施最严厉管制情况下，我国加强国际经济技术合作的政策效果。

情景6（对策3）：在深度全球化时代，我国不会关起门来搞建设，将在加强自主创新的同时，进一步扩大对外开放，加强国际经济技术合作，以应对美国对华技术封锁。据此，保证设计了情景6，以考察美国对华技术出口实行最严厉管制情况下，我国在提高自主创新能力的同时加强国际经济技术合作的政策效果。

为了便于计算，在表3-1中设定了各种情景下美国对华技术出口管制所导致的我国进口贸易技术溢出效应的降低幅度。在情景4和情景6中，设定了我国全要素生产率提升幅度，在情景5和情景6中，设定了我国加强国际经济技术合作，从其他国家进口产品和技术获得的技术溢出效应数值。

表3-1　　　　　　　　政策模拟情景设计

情景	美国对华技术出口管制程度	我国是否采取应对措施	对应政策措施
情景1	美国强化对华技术出口管制，导致我国进口贸易技术溢出效应减少1%	不采取应对措施	无
情景2	美国进一步加强对华技术出口管制，导致我国进口贸易技术溢出效应减少3%	不采取应对措施	无

续表

情景	美国对华技术出口管制程度	我国是否采取应对措施	对应政策措施
情景3	美国对华技术出口实施最严厉管制，导致我国进口贸易技术溢出效应减少5%	不采取应对措施	无
情景4	美国对华技术出口实施最严厉管制，导致我国进口贸易技术溢出效应减少5%	积极采取应对措施	对策1：我国促进技术进步，国内全要素生产率提高1%
情景5	美国对华技术出口实施最严厉管制，导致我国进口贸易技术溢出效应减少5%	积极采取应对措施	对策2：加强国际合作，我国从其他国家进口贸易中获得的技术溢出效应提高2%
情景6	美国对华技术出口实施最严厉管制，导致中国进口贸易技术溢出效应减少5%	积极采取应对措施	对策3：我国提高自主创新能力，国内全要素生产率提升1%，同时，加强国际合作，我国从其他国家进口贸易中获得的技术溢出效应提高2%

资料来源：表中数值是笔者根据模拟情景而设定的。

三、美国强化对华技术出口管制的经济影响及我国对策效果的模拟分析

（一）美国强化对华技术出口管制对中美两国影响

1. 对中美两国宏观经济影响

对美国宏观经济影响。模拟结果显示（见表3-2），情景1（美国对华技术出口管制，使我国进口贸易技术溢出效应降低1%，我国不采取应对措施）中，美国的GDP、居民消费支出、资本回流净收益率和社会福利水平分别降低0.02%、0.03%、0.11%和98.34亿美元，使美国的净出口增加90.99亿美元。这说明，美国对华技术出口管制，除了有助于减少美方贸易逆差以外，对美国的GDP、居民消费、社会福利水平和资本净收益率均会带来不利影响。因此，美国强化对我国技术出口管制得不偿失。

对情景2（美国加强对华技术出口管制，使我国进口贸易技术溢出效应降低3%，我国没有采取对策）及情景3（美国对华技术出口实施最严厉管制，使我国进口贸易技术溢出效应降低5%，而我国不采取措施）的模拟显示，美

国不断加强其对华技术出口管制，可进一步减少美方贸易逆差，但导致美国GDP、居民消费支出和资本回流净收益率、社会福利受损不断增大。

对我国宏观经济影响。情景1使我国GDP、居民消费支出、资本回流净收益率和社会福利水平分别下降0.22%、0.23%、0.17%和80.98亿美元，还导致我国净出口减少4.99亿美元。这说明，美国对华技术出口管制对我国宏观经济有负面影响。情景2和情景3的模拟结果表明，随着美国对我国技术出口管制力度不断加大，我国GDP、居民消费支出、资本回流净收益率和社会福利遭受的损害也越来越大。

表3-2　　美国加强对华技术出口管制对中美两国宏观经济影响

宏观经济效益指标	情景1		情景2		情景3	
	美国	中国	美国	中国	美国	中国
GDP（%）	-0.02	-0.22	-0.05	-0.66	-0.09	-1.11
居民消费支出（%）	-0.03	-0.23	-0.09	-0.68	-0.14	-1.14
资本回流净收益率（%）	-0.11	-0.17	-0.52	-0.33	-0.86	-0.56
社会福利（亿美元）	-98.34	-80.98	-295.03	-242.95	-491.72	-404.92
贸易收支（亿美元）	90.99	-4.99	287.92	-14.96	479.87	-24.94

资料来源：表中各项宏观经济效益指标值是运用GTAP10数据库计算得到。

2. 对中美两国产业影响

（1）对美国产业影响。第一，对出口影响。表3-3显示，情景1至情景3分别使美国总出口规模降低0.14%、0.41%和0.69%。① 这说明，美国加强对华技术出口管制会导致自身的出口下降，而且随着美方对中国技术出口管制力度的不断加强，美方出口受到的负面影响也不断增大。从各行业受到的影响情况看，美国多数行业的出口规模出现下降，其中，电子设备、皮革及其制品、服装与鞋帽、纺织原料、石油等行业出口下降幅度较大，而且随着美方对华技术出口管制力度不断加强，这些行业出口降幅也越来越大，但可能使美国的电力、天然气、金融和保险、通信等行业出口出现增长，而且随着美国对华技术出口管制力度不断加大，这些行业出口的增长幅度也不断增加。

---

① 美国总出口变化率是其各部门出口变化率的加权平均数。

第三章 "科技冷战"背景下地方政府扶持高新技术企业发展的公共服务体系构建

表3-3　　　　美国加强对华技术出口管制对本国产业影响

行业	情景1			情景2			情景3		
	出口(%)	进口(%)	产出(%)	出口(%)	进口(%)	产出(%)	出口(%)	进口(%)	产出(%)
蔬菜、水果	-0.06	-0.04	0.16	-0.17	-0.13	0.48	-0.28	-0.21	0.81
食用油料	-0.02	-0.04	-0.01	-0.07	-0.11	-0.03	-0.12	-0.19	-0.04
谷物	-0.04	-0.08	0.01	-0.12	-0.25	0.02	-0.20	-0.42	0.03
畜产品	0.00	-0.29	0.00	0.01	-0.88	0.01	0.01	-1.46	0.01
林木	-0.15	0.02	0.05	-0.46	0.07	0.15	-0.77	0.12	0.25
水产品	0.00	-0.01	0.01	0.00	-0.02	0.02	0.00	-0.03	0.03
煤炭	-0.07	-0.04	-0.01	-0.20	-0.06	-0.02	-0.34	-0.10	-0.03
石油	-0.31	-0.03	0.04	-0.92	-0.10	0.13	-1.53	-0.17	0.22
天然气	0.07	-0.04	0.02	0.20	-0.11	0.05	0.33	-0.19	0.08
其他矿产品	-0.01	0.15	0.03	-0.04	0.45	0.10	-0.07	0.75	0.17
食品与烟酒	0.00	-0.17	0.01	0.01	-0.52	0.02	0.01	-0.86	0.04
纺织原料	-0.46	-0.37	0.36	-1.38	-1.12	1.08	-2.30	-1.87	1.80
服装与鞋帽	-0.58	-0.42	0.34	-1.73	-1.27	1.01	-2.88	-2.11	1.68
皮革及其制品	-0.92	-0.09	1.06	-2.78	-0.28	3.18	-4.62	-0.47	5.30
家具和木制品	-0.27	-0.75	0.11	-0.80	-2.26	0.32	-1.34	-3.77	0.53
纸及其制品	-0.01	-0.34	0.04	-0.04	-1.01	0.12	-0.06	-1.69	0.20
运输机械	-0.18	-0.31	0.00	-0.54	-0.94	-0.01	-0.90	-1.57	-0.02
石油与煤制品	-0.20	0.02	-0.05	-0.59	0.05	-0.16	-0.98	0.09	-0.26
化学品、塑料与橡胶	-0.06	-0.16	0.10	-0.18	-0.49	0.29	-0.29	-0.81	0.49
金属矿与金属制品	-0.13	-0.31	0.14	-0.40	-0.94	0.43	-0.66	-1.56	0.72
电子设备	-1.05	-0.53	0.46	-3.16	-1.59	1.37	-5.27	-2.65	2.28
机械设备	-0.19	-0.59	0.18	-0.57	-1.76	0.55	-0.95	-2.93	0.92
电力	0.18	-0.15	0.01	0.53	-0.45	0.02	0.88	-0.76	0.03
公共服务	0.13	-0.27	-0.16	0.39	-0.82	-0.48	0.66	-1.36	-0.79
通讯	0.11	-0.11	-0.02	0.34	-0.34	-0.06	0.57	-0.56	-0.10
运输	0.06	-0.12	-0.01	0.19	-0.37	-0.03	0.32	-0.62	-0.04
金融和保险	0.17	-0.15	-0.01	0.51	-0.44	-0.03	0.84	-0.74	-0.05
其他服务业	0.15	-0.11	-0.02	0.45	-0.33	-0.05	0.76	-0.55	-0.08
加权平均	-0.14	-0.19	0.10	-0.41	-0.57	0.30	-0.69	-0.95	0.51

资料来源：表中数据是利用GTAP10数据库计算得到。

第二，对进口影响。情景1至情景3分别使美国各行业平均进口水平降低0.19%、0.57%和0.95%。这说明，美国对我国技术出口管制会导致其自身进口规模下降，而且随着美方对我国技术出口管制力度的不断增强，美国进口规模也随之不断减小。从各行业受到的影响看，美方绝大多数行业进口规模都有所下降，其中，家具和木制品、机械设备、电子设备、服装与鞋帽、纺织原料、纸及其制品、运输机械、金属矿与金属制品等行业进口下降幅度较大，只有石油与煤制品、林木、其他矿产品的进口有所增长。

第三，对产出影响。情景1至情景3分别使美国各行业平均产出（产量）提高0.1%、0.3%和0.51%，这说明，随着美方对华技术出口管制程度的不断加强，美国产出水平不断提高，但对于提升美国总产出水平的作用并不大。从各行业受到的影响情况看，上述三种情景使美国多数行业的产出出现增长，其中，皮革及其制品的产量增长幅度最大，在1.06%~5.3%，电子设备的产量增幅次之，在0.46%~2.28%，但导致美国的石油与煤制品、煤炭、食用油料、通讯、公共服务、其他服务业、运输、金融和保险的产出水平下降。不过，其降幅均没有超过1%。这说明，美方不断加强对华技术出口管制力度，对美国绝大多数行业产出的影响很小。

(2) 对我国产业影响。第一，对出口影响。模拟结果显示（见表3-4），情景1至情景3分别使我国总出口规模降低1.16%、3.47%和5.78%。这说明，随着美方对华技术出口管制力度不断加强，我国出口贸易受到的损害越来越大。其主要原因是我国天然气和石油出口大幅下降所致（情景1至情景3使我国天然气出口分别下降30.4%、90.11%和95.64%，使石油出口分别下降4.05%、12.15%和20.24%），但这些能源产品出口的减少有利于缓解我国能源供求紧张关系。此外，上述三种情景还可能导致我国运输机械、家具和木制品、机械设备、电子设备和纸及其制品等行业出口下降，但即便是在情景3中，这些行业出口下降幅度也没有超过5%。因此，美国技术出口管制对我国绝大多数行业出口的影响并不大。

第二，对进口影响。情景1至情景3分别使我国总进口规模下降0.44%、1.31%和2.18%。这说明，随着美方对华技术出口管制不断加强，我国进口规模下降幅度越来越明显。从各行业进口变动情况看，皮革及其制品、服装与鞋帽、家具和木制品、机械设备、电子设备、金属矿与金属制品、运输机械、林木、畜产品等行业进口降幅稍大,但均没有超过 3.5%。这说明美国技术封锁对我国各行业进口影响也不大。

第三,对产出影响。情景 1 至情景 3 分别使我国总产出提高 0.03%、0.09% 和 0.15%。上述三种情景使我国多数行业产出增加,其中,纺织原料产出的涨幅最大,在 0.23%~1.17%。但是,可能导致家具和木制品、石油、电子设备、运输机械、机械设备、公共服务、通讯、其他服务业产出略有下降(其降幅均没有超过 1%)。以上情况说明,即便美方对华技术出口实行最严厉管制,对我国生产部门的产出影响也不大。

比较上述三种情景对中美两国宏观经济和产业的影响发现,美国加强对华技术出口管制,而我国不采取应对措施,我国宏观经济和进出口行业受到的伤害将明显大于美方。因此,我国应该采取有效措施;比较中美两国产出受到的影响,发现美方强化对华技术出口管制,对美国自身产出的提升作用大于其对我国影响,但这种作用十分有限。

表 3-4   美国加强对华技术出口管制对中国产业影响

行业	情景1			情景2			情景3		
	出口(%)	进口(%)	产出(%)	出口(%)	进口(%)	产出(%)	出口(%)	进口(%)	产出(%)
蔬菜、水果	-0.22	-0.32	0.01	-0.67	-0.96	0.02	-1.12	-1.61	0.03
食用油料	0.51	-0.09	0.19	1.53	-0.27	0.56	2.54	-0.46	0.94
谷物	0.13	-0.39	0.10	0.38	-1.16	0.30	0.64	-1.93	0.49
畜产品	0.09	-0.50	0.03	0.26	-1.50	0.09	0.43	-2.50	0.15
林木	-0.01	-0.54	0.02	-0.03	-1.63	0.06	-0.05	-2.71	0.11
水产品	0.29	-0.28	0.00	0.88	-0.84	-0.01	1.47	-1.41	-0.01
煤炭	0.37	-0.17	0.06	1.11	-0.51	0.17	1.85	-0.86	0.29
石油	-4.05	-0.61	-0.03	-12.15	-1.84	-0.09	-20.24	-3.06	-0.15
天然气	-30.04	-0.03	0.11	-90.11	-0.08	0.32	-95.64	-0.14	0.53
其他矿产品	0.15	-0.07	0.08	0.44	-0.20	0.24	0.73	-0.33	0.40
食品与烟酒	-0.15	-0.41	0.00	-0.45	-1.23	0.00	-0.75	-2.05	0.00
纺织原料	0.24	-0.49	0.23	0.72	-1.47	0.70	1.20	-2.44	1.17
服装与鞋帽	0.00	-0.67	0.13	0.00	-2.00	0.38	0.00	-3.33	0.64

续表

行业	情景1			情景2			情景3		
	出口(%)	进口(%)	产出(%)	出口(%)	进口(%)	产出(%)	出口(%)	进口(%)	产出(%)
皮革及其制品	0.19	-0.69	0.12	0.56	-2.07	0.37	0.94	-3.45	0.62
家具和木制品	-0.51	-0.68	-0.15	-1.53	-2.05	-0.45	-2.54	-3.42	-0.74
纸及其制品	-0.26	-0.48	0.05	-0.78	-1.43	0.16	-1.30	-2.39	0.26
运输机械	-0.83	-0.57	-0.11	-2.48	-1.70	-0.34	-4.14	-2.84	-0.56
石油与煤制品	0.07	-0.27	0.05	0.22	-0.80	0.15	0.37	-1.33	0.25
化学品、塑料与橡胶	0.03	-0.45	0.13	0.08	-1.36	0.39	0.13	-2.26	0.65
金属矿与金属制品	0.01	-0.57	0.01	0.03	-1.72	0.04	0.05	-2.87	0.07
电子设备	-0.35	-0.60	-0.09	-1.04	-1.79	-0.26	-1.74	-2.98	-0.44
机械设备	-0.38	-0.65	-0.01	-1.15	-1.95	-0.03	-1.91	-3.24	-0.06
电力	0.37	-0.44	0.02	1.12	-1.33	0.05	1.87	-2.22	0.09
公共服务	0.76	-0.48	-0.07	2.27	-1.43	-0.20	3.79	-2.38	-0.33
通讯	0.27	-0.44	-0.02	0.80	-1.32	-0.05	1.34	-2.20	-0.08
运输	0.27	-0.44	0.01	0.81	-1.32	0.02	1.35	-2.21	0.03
金融和保险	0.37	-0.43	0.01	1.12	-1.30	0.02	1.87	-2.17	0.04
其他服务业	0.30	-0.46	-0.03	0.89	-1.38	-0.08	1.48	-2.29	-0.13
加权平均	-1.16	-0.44	0.03	-3.47	-1.31	0.09	-5.78	-2.18	0.15

资料来源：表中数据是利用 GTAP10 数据库计算得到。

（二）我国采取措施应对美国对华技术出口管制的效果

1. 对中美两国宏观经济影响

（1）对美国宏观经济影响。表3-5显示，情景4（美国对我国技术出口实施最严厉管制，我国采取对策1，即我国增强自主创新能力，使国内全要素生产率提升1%）可能导致美国的GDP、居民消费支出、资本回流净收益率、社会福利和外贸逆差分别下降0.22%、0.28%、0.86%、496.41亿美元、542.43亿美元。与情景3（美国对我国技术出口实施最严厉管制，而我国不采取措施）的影响相比，对策1有助于减少美国的贸易逆差，但对美国的GDP、居民消费支出、社会福利与资本回流净收益率可能造成更大不利影响。

第三章 "科技冷战"背景下地方政府扶持高新技术企业发展的公共服务体系构建

情景5（美国对我国技术出口实施最严厉管制，我国采取对策2，即加强国际经济技术合作，我国从其他国家进口贸易中获得的技术溢出效应提高2%）可能导致美国的GDP、居民消费支出、资本回流净收益率和社会福利分别下降0.32%、0.39%、1.04%和599.1亿美元，使美国外贸逆差减少643.65亿美元。

情景6（美国对我国技术出口实施最严厉管制，我国采取对策3，即采用对策1和对策2组合的方式即我国提高自主创新能力，同时，加强国际经济技术合作）可能导致美国的GDP、居民消费支出、资本回流净收益率、社会福利分别下降0.46%、0.53%、1.24%和603.79亿美元，使美国外贸逆差减少706.21亿美元。

比较我国采取上述三种对策对美国宏观经济影响，可以发现这些对策均有助于减少美国贸易逆差，但会对美国GDP、居民消费支出、资本回流净收益率和社会福利产生负面影响。其中，对策3对美国宏观经济的负面影响最大，对策2的影响次之，对策1的影响最小。

（2）对我国宏观经济影响。对策1可能导致我国的GDP、居民消费支出和外贸顺差分别下降0.27%、0.21%和235.01亿美元，但可使我国资本回流净收益率提高0.99%，社会福利水平提高857.89亿美元。与情景3（美国对华技术出口实施最严厉管制，我国不采取应对措施）相比，我国提高自主创新能力，不但能够减少美国技术封锁给我国的GDP和居民消费支出带来的不利影响，而且使我国的资本回流净收益率和社会福利水平明显提高。

对策2使我国GDP、居民消费支出、资本回流净收益率与社会福利分别提高0.14%、0.15%、1.25%和8.24亿美元，使我国外贸顺差减少64.21亿美元。这说明，我国加强国际经济技术合作，能够有效应对美国技术出口管制给我国宏观经济带来的不利影响。

我国采取对策3，可使我国GDP、居民消费支出、资本回流净收益率和社会福利分别提高0.97%、1.07%、1.6%和1 271.04亿美元，外贸顺差减少274.58亿美元。

比较上述三种政策方案对我国宏观经济影响，发现对策3的效果最佳，除了我国外贸顺差进一步减少以外，我国的GDP、居民消费、资本回流净收益率和社会福利均得到明显提高。

表 3-5　　　　我国采取应对措施对中美两国宏观经济影响

宏观经济效益指标	情景 4		情景 5		情景 6	
	美国	中国	美国	中国	美国	中国
GDP（%）	-0.22	-0.27	-0.32	0.14	0.14	0.97
居民消费支出（%）	-0.28	-0.21	-0.39	0.15	0.15	1.07
资本回流净收益率（%）	-0.86	0.99	-1.04	1.25	1.25	1.60
社会福利（亿美元）	-496.41	857.89	-599.10	8.24	8.24	1 271.04
贸易收支（亿美元）	542.43	-235.01	643.65	-64.51	-64.51	-274.58

资料来源：表中各项宏观经济效益指标值是运用 GTAP10 数据库计算得到。

2. 对中美两国产业影响

（1）对美国产业影响。第一，对出口影响。表 3-6 显示，我国采取对策 1，美国总出口规模可能下降 0.53%。这说明，我国采用增强自主创新能力的方式来应对美方技术封锁，将不利于美国扩大出口；从美国各行业受到的影响情况看，其电子设备、皮革及其制品、服装与鞋帽、纺织原料行业出口下降较为明显，这些行业的出口降幅分别为 5.13%、4.55%、2.83% 和 2.18%；但是使美国的电力、天然气、金融和保险、通讯、公共服务、其他服务业等 13 个行业的出口略有增长，其中，电力出口增长幅度最大，为 1.02%。

表 3-6　　　　我国采取应对措施对美国产业影响

行业	情景 4			情景 5			情景 6		
	出口（%）	进口（%）	产出（%）	出口（%）	进口（%）	产出（%）	出口（%）	进口（%）	产出（%）
蔬菜、水果	-0.29	-0.11	0.77	-0.39	-0.67	0.95	-0.74	-0.57	0.72
食用油料	0.24	-0.11	0.18	0.19	-0.10	0.16	6.18	-0.02	0.92
谷物	-0.20	-0.38	0.02	0.14	-0.46	0.18	3.23	-0.42	1.10
畜产品	0.10	-1.40	0.02	0.99	-1.97	0.11	2.98	-1.91	1.04
林木	-0.49	0.15	0.24	0.00	-0.01	0.39	1.03	0.03	0.44
水产品	0.03	-0.01	0.03	0.14	-0.09	0.06	2.03	-0.08	0.87
煤炭	-0.16	-0.14	0.01	-0.09	-0.25	0.02	8.37	-0.29	1.11
石油	-1.35	-0.17	0.27	-1.76	-0.24	0.25	-19.10	-0.24	0.43
天然气	0.67	-0.11	0.11	0.26	-0.22	0.08	-94.81	-0.15	0.94
其他矿产品	0.26	0.76	0.24	0.01	0.78	0.22	0.80	0.79	1.06

续表

行业	情景4			情景5			情景6		
	出口(%)	进口(%)	产出(%)	出口(%)	进口(%)	产出(%)	出口(%)	进口(%)	产出(%)
食品与烟酒	0.13	-0.84	0.05	0.37	-1.28	0.09	-0.29	-1.26	0.76
纺织原料	-2.18	-1.84	1.80	-2.69	-2.79	2.25	2.93	-2.76	2.09
服装与鞋帽	-2.83	-2.09	1.67	-4.65	-3.14	2.06	0.77	-3.12	1.66
皮革及其制品	-4.55	-0.42	5.24	-5.87	-1.54	6.66	2.04	-1.49	1.42
家具和木制品	-1.17	-3.77	0.48	-1.49	-5.30	0.64	-2.05	-5.31	-0.20
纸及其制品	0.25	-1.68	0.23	0.72	-2.30	0.31	-0.21	-2.29	0.85
运输机械	-0.70	-1.61	0.00	-0.87	-2.18	0.01	-4.11	-2.22	0.07
石油与煤制品	-0.79	0.09	-0.24	-1.11	0.08	-0.29	4.26	0.08	1.45
化学品、塑料与橡胶	-0.08	-0.80	0.56	-0.16	-1.10	0.65	2.49	-1.10	1.11
金属矿与金属制品	-0.40	-1.58	0.76	-0.59	-2.22	0.89	2.55	-2.23	1.05
电子设备	-5.13	-2.66	2.27	-7.61	-4.00	2.48	-0.81	-4.01	-0.32
机械设备	-0.75	-2.96	0.94	-1.22	-4.09	1.10	-0.79	-4.13	0.50
电力	1.02	-0.81	0.03	1.01	-0.91	0.03	4.71	-0.96	1.07
公共服务	0.66	-1.45	-0.86	0.68	-1.79	-1.02	5.04	-1.88	1.44
通讯	0.66	-0.57	-0.10	0.79	-0.76	-0.12	0.87	-0.77	1.05
运输	0.42	-0.64	-0.05	0.56	-0.89	-0.05	1.00	-0.91	1.07
金融和保险	0.92	-0.76	-0.05	1.12	-0.93	-0.06	1.11	-0.95	1.04
其他服务业	0.82	-0.57	-0.08	0.99	-0.78	-0.10	0.84	-0.79	1.18
加权平均	-0.53	-0.95	0.52	-0.73	-1.40	0.64	-4.33	-1.39	0.92

资料来源：表中数据是利用 GTAP10 数据库计算得到。

我国采取对策2，可能导致美国总出口规模下降0.73%。这说明，美国对华实行技术封锁情况下，我国加强国际经济技术合作，也不利于美方扩大出口。其中，对美国电子设备、皮革及其制品、服装与鞋帽、纺织原料等出口的负面影响较为明显，这些行业出口的降幅在2.18%~5.13%范围内；但有助于促进美国的畜产品、电力、金融和保险、通讯、公共服务等行业出口。

我国采取对策3，可能导致美国总出口规模下跌4.33%。这说明，我国采用"增强自主创新能力"与"加强国际经济技术合作"相结合方式来应对美国技术出口管制，对美国出口会带来更加不利影响。其中，美国天然气出口受到的影响最大，该行业出口降幅高达94.81%，石油出口受到的影响次之，其降幅为

19.1%，运输机械的出口降幅为4.11%，位居第三；还导致其家具和木制品、电子设备、机械设备、蔬菜和水果、食品与烟酒出口略有下降。但可能使美国其他行业出口出现不同程度增长，其中，煤炭出口增幅最大，为8.37%。

第二，对进口影响。对策1、对策2和对策3分别导致美国总进口降低0.95%、1.4%和1.39%。显然，上述三种对策方案对美国进口总体有抑制作用。其中，对策2和对策3的影响较明显。从各行业受到的影响情况看，家具和木制品、机械设备、电子设备、服装与鞋帽行业的进口降幅较为明显，其降幅为2.09%~5.31%；但是可能使美国石油与煤制品、林木、其他矿产品的进口略有增加（这3个行业的进口涨幅均不到1%）。

第三，对产出影响。我国采取对策1和对策2，使美国的总产出分别增长0.52%和0.64%。其中，皮革及其制品产出增长最多，其涨幅在5.24%~6.6%范围内，电子设备产出涨幅次之，在2.27%~2.48%范围内。但是，可能造成美国公共服务、运输、金融和保险、其他服务业、通讯、石油与煤制品的产出水平下降。其中，公共服务产出下降幅度最大，其降幅在0.86%~1.02%范围内。对策3导致美国电子设备、家具和木制品产出略有降低，但使其余部门的产出水平均有所提高，其中，纺织原料产出的涨幅最大，为2.09%。

（2）对我国产业影响。第一，对出口影响。表3-7显示，尽管上述三种对策方案使我国大多数行业出口出现增长，但由于天然气出口下降93.89%~95.71%，石油出口下降19.56%~21.85%，导致我国各行业出口平均下降4.31%~5.43%。但是，与情景3（美国对华技术出口实施最严厉管制，我国不采取应对措施）的影响相比，这三种对策均能够减少我国出口遭受的不利影响，其中，对策3的作用最大。[①]

采取上述三种对策可能导致我国天然气和石油出口大幅减少，但如前所述，我国是能源进口和消费大国，天然气和石油出口的大幅减少有助于缓解国内上述能源产品供求关系矛盾。此外，上述三种对策均可能导致我国的蔬菜与水果、食品与烟酒、家具和木制品、机械设备、运输机械、电子设备、纸及其

[①] 表3-3显示，情景3使中国各产业总出口额下降5.78%，而表3-7显示，对策1、对策2和对策3分别使我国总出口下降5.43%、4.68%和4.33%。

第三章 "科技冷战"背景下地方政府扶持高新技术企业发展的公共服务体系构建

制品出口下降,但降幅均没有超过5.7%,故其负面影响并不大。

第二,对进口影响。对策1可能导致我国总进口下降1.42%。这说明,我国增强自主创新能力能够产生进口替代效应,使我国总进口减少。其中,皮革及其制品、服装与鞋帽、家具和木制品、金属矿与金属制品、电子设备、机械设备、畜产品、林木、石油等行业进口的减少较为明显,其降幅为2%~2.99%;但是使中国的天然气、其他矿产品、食用油料进口分别增长0.83%、0.58%和0.19%。

对策2可能使我国绝大多数行业进口增长,使我国总进口增长0.31%。这说明,我国加强国际经济技术合作,有助于扩大我国进口。其中,对纺织原料、畜产品、煤炭、谷物进口的促进作用较明显,这些行业进口的增长幅度在1.12%~1.57%范围内,但使我国石油、石油与煤制品、林木进口分别下降2.08%、0.51%和0.43%。

表3-7 我国采取应对措施对本国产业影响

行业	情景4			情景5			情景6		
	出口(%)	进口(%)	产出(%)	出口(%)	进口(%)	产出(%)	出口(%)	进口(%)	产出(%)
蔬菜、水果	-0.58	-1.22	0.75	-1.28	0.44	-0.01	-1.68	0.82	0.74
食用油料	3.37	0.19	1.95	5.35	0.33	-0.09	6.87	0.98	1.83
谷物	1.60	-1.71	1.34	2.27	1.12	0.25	4.38	1.34	1.50
畜产品	1.46	-2.17	1.03	1.95	1.21	0.16	3.87	1.54	1.23
林木	0.39	-2.13	0.96	0.59	-0.43	-0.41	2.14	0.16	0.51
水产品	2.14	-0.93	0.85	1.36	0.15	0.01	3.15	0.63	0.86
煤炭	2.53	-0.21	1.29	7.69	1.20	0.11	9.17	1.85	1.29
石油	-19.56	-2.29	0.88	-19.79	-2.08	-0.60	-21.85	-1.32	0.22
天然气	-94.78	0.83	1.56	-93.89	0.11	-0.10	-95.71	1.08	0.91
其他矿产品	1.10	0.58	1.39	0.42	0.17	0.07	1.23	1.08	1.42
食品与烟酒	-0.33	-1.48	0.79	-0.71	0.35	-0.03	-0.93	0.92	0.71
纺织原料	1.48	-1.96	1.76	2.65	1.57	1.51	3.24	2.06	2.84
服装与鞋帽	0.20	-2.66	1.25	0.57	0.86	1.05	0.81	1.53	2.37
皮革及其制品	1.23	-2.99	1.18	1.75	0.99	0.86	2.61	1.45	1.86

续表

行业	情景4			情景5			情景6		
	出口(%)	进口(%)	产出(%)	出口(%)	进口(%)	产出(%)	出口(%)	进口(%)	产出(%)
家具和木制品	-2.38	-2.65	-0.03	-2.22	-0.10	-0.92	-3.81	0.67	-0.96
纸及其制品	-1.11	-1.51	1.19	-0.40	0.40	-0.08	-1.32	1.28	1.02
运输机械	-4.03	-1.81	0.42	-4.22	-0.03	-0.91	-5.67	1.01	-0.41
石油与煤制品	0.52	-0.42	1.17	4.12	-0.51	0.53	5.78	0.40	1.57
化学品、塑料与橡胶	0.37	-1.46	1.49	2.26	0.40	0.27	3.74	1.19	1.56
金属矿与金属制品	0.22	-2.00	1.02	2.39	0.24	0.10	3.72	1.12	1.04
电子设备	-1.62	-2.30	0.04	-0.93	-0.02	-0.79	-1.98	0.66	-0.71
机械设备	-1.77	-2.24	0.81	-0.93	0.38	-0.37	-2.37	1.37	0.44
电力	2.11	-1.37	1.05	4.47	0.52	0.11	5.34	1.37	1.23
公共服务	3.85	-1.16	0.95	4.98	0.35	0.16	6.14	1.56	1.22
通讯	1.45	-1.21	0.95	0.76	0.30	0.02	1.56	1.29	0.98
运输	1.51	-1.19	1.06	0.84	0.18	0.03	1.54	1.19	1.08
金融和保险	2.04	-1.12	1.08	0.94	0.29	0.00	2.35	1.34	1.05
其他服务业	1.53	-1.21	1.03	0.79	0.31	0.02	2.23	1.40	1.06
加权平均	-5.43	-1.42	1.04	-4.68	0.31	0.03	-4.31	1.07	1.21

资料来源：表中数据是利用 GTAP10 数据库计算得到。

对策3，除导致我国石油进口出现下降以外，对我国其他行业进口均有一定促进作用，使我国总进口增长1.07%。与对策1和对策2的效果相比，对策3对我国进口促进作用最明显。这说明，我国在提升自主创新能力的同时，加强国际经济技术合作，更加有助于促进我国进口。

第三，对产出影响。对策1可能使我国绝大多数行业的产出均出现增长，使我国总产出上升1.04%。从各行业产出变化情况看，食用油料、谷物、畜产品、纺织原料、服装与鞋帽、纸及其制品、皮革及其制品、化学品和塑料与橡胶、其他矿产品、煤炭、石油与煤制品、天然气、金融和保险、运输、电力、其他服务业、金属矿与金属制品的产出增长较明显，其涨幅在1%~1.95%范围内。

对策2可能使我国多数行业产出水平略有上涨,使我国总产出增长0.03%。从各行业产出水平变化情况看,纺织原料、服装与鞋帽的产出增长比较明显,其涨幅分别为1.51%和1.05%,但可能导致我国家具和木制品、林木、运输机械、电子设备、机械设备、石油等11个行业的产出略有下降。其中,家具和木制品产出降幅最大,为0.92%。

采取对策3,可能使我国总产出增长1.21%。表3-7还显示,对策3可能导致我国的家具和木制品、电子设备的产出分别下降0.96%和0.71%,但能够使其余行业产出都有所增长。其中,纺织原料产出增长最为明显,涨幅为2.84%。

比较上述三种对策对中美两国宏观经济和产业的影响,发现我国采取对策3既能够消除美国技术出口管制对我国宏观经济的负面影响,又能进一步减少我国出口贸易遭受的负面影响,提升我国总产出水平,还可能给美国宏观经济造成较大损失。因此,对策3的效果最好。

四、研究结论与政策启示

(一)研究结论

笔者设定了"美国不断加强对华技术出口管制,我国不采取措施"的三种政策情景,还设计了美国对华技术出口实施最严厉管制情况下,"我国不断提升自主创新能力""我国加强与其他国家经济合作""我国在提升自主创新能力的同时,加强国际技术合作"三种对策情景,然后,运用GTAP模拟分析上述各种政策情景对中美两国宏观经济和产业影响,得到如下结论:

第一,美国加强对华技术出口管制不但损害了我国经济利益,也损害了美国自身经济利益。美国不断加强对我国技术出口管制,中美两国的GDP、居民消费支出和资本回流净收益率、社会福利受到的负面影响会不断增大,而且我国宏观经济损害程度明显大于美方,我国应该采取有效措施来应对美国技术出口管制所造成的不利影响。我国在增强自主创新能力的同时,加强国际经济技术合作,不但能够减少甚至消除美国技术出口管制对我国经济的负面影响,还能够使美国经济付出更大的代价。

第二,美国强化对华技术出口管制,对中美两国进出口贸易具有不利影响。一方面,随着美方对我国技术出口管制不断加强,对美国出口和进口的遏制作用愈加明显,其中,对美方进口影响明显大于对出口影响,使美国贸易逆差不断减少;① 另一方面,导致我国出口和进口不断减少。其中,我国出口的降幅明显大于进口,使得我国净出口不断减少。若我国在增强自主创新能力的同时,加强国际经济技术合作,则更有利于减少美国技术封锁对我国出口的负面影响,促进我国进口,减少我国外贸顺差。

第三,美方强化对我国技术出口管制,对中美两国生产部门产出的影响不大;针对美国的技术出口管制,我国采用"提高自身自主创新能力",或采用"加强同其他国家经济技术合作",或者采用这两种政策组合方式,均能够提高我国的总产出,但最后一种政策方案更加有利于提升我国总产出水平。

(二)政策启示

第一,美国是一个利益集团众多的国家,利益集团的金钱游说和政治博弈对美国政府的最终政治决策常常具有决定性作用。美国强化对华技术出口管制,使本国大量高科技企业的出口与利益遭受损失。在应对美方技术出口管制过程中,我国通过保持战略定力,积极争取和联合美方反对出口管制的力量,游说美国政府取消对华技术出口管制;同时,我国加快改革开放进程也有助于减少美国对我国科技压制。美国加强对华技术出口管制的直接依据是认为中国实施种种"不公平"的产业政策。虽然美方上述指责充斥着偏见和污蔑,但我国加大改革开放力度,让包括美国在内的各国感受到我国发展给世界所带来的积极影响和乐观预期,借以增强美国民众对我国的理解和认同,减少美国打压我国高科技的倾向。

第二,提高我国自主创新能力。研究发现,增强自主创新能力,使我国全要素生产率增长幅度高于世界平均水平1%时,不仅能够大幅减少美国技术封锁对我国GDP、居民消费支出的负面影响,还能够提高我国的社会福利和资本净收益率。但是,在我们看到技术进步所带来积极作用的同时,也应该认识到实现我国全要素生产率增长幅度高于世界平均水平1%并不容易。因此,我国

---

① 上述美国外贸逆差的减少是以牺牲中美两国进出口贸易发展为代价获得的,不但降低了美国自身社会福利,也给我国经济发展造成不利影响。

需要加大研发投入，提高关键和核心技术领域的自主研发能力，尽快攻克关键技术和核心产品难关，从根本上消除国外出口管制对我国产业升级和经济发展的不利影响。

第三，研究表明，加强国际经济技术合作，也是有效应对美国技术封锁的重要途径。在经济全球化背景下，任何国家都难以在所有技术领域都保持领先地位，因而难以摆脱对外国先进技术的需求甚至依赖。鉴于美国已将我国视为战略竞争对手且在短期内难以改变，我国要深入展开与欧盟、日本、韩国等国家和地区在芯片、智能机器、汽车等高端制造领域的经济技术合作，加强与俄罗斯和乌克兰等国家在航空发动机、新材料等高科技领域技术合作，通过技术引进和消化吸收，提高我国技术创新水平；同时，搭建产学研国际经济技术合作平台，推动国内外科研机构、高校和企业展开技术交流与合作，提升我国技术进步能力。

第四，研究表明，美国加强对华技术出口管制，可能导致我国的资本回流净收益率降低，不利于我国吸引与利用外资，甚至可能引起我国的内外资外流。因此，我国在进一步深化改革与扩大开放过程中，通过深化金融、财税和投资等管理体制改革，加强知识产权保护，优化投资环境，为各类企业提供公平竞争的经营环境，切实减轻企业负担，提高资本回报率。这有利于改善外商对于我国市场和经济发展前景的预期，减少美国对华技术出口管制的负面影响。此外，研究还表明，美国强化对华技术出口管制，可能导致中国家具和木制品、运输机械、机械设备、电子设备和纸及其制品等出口下降，进而影响这些行业就业。因此，我国需要加强对这些产业可能遭受影响的预测与评估，并采取积极措施来应对风险，尤其是需要做好这些行业职工的培训和再就业等方面准备工作，以减少这些行业出口下降所带来的各种负面影响。

第三节 地方政府扶持高新技术企业发展的理论依据

一、中国特色社会主义经济建设理论

中国特色社会主义经济建设理论指出，全面提高国内经济发展质量，更好地应对激烈国际竞争，对科技进步和创新发展提出了更加全面和紧迫的需要。

必须坚持走中国特色自主创新道路，实施创新驱动发展战略，全面提高经济质量和效益。创新驱动发展战略的基本内涵是：坚持走中国特色自主创新道路，以全球视野谋划和推动创新，提高原始创新、集成创新、引进消化吸收再创新，不断提高创新能力，加快建立以企业为主体、市场为导向、产学研相结合的技术创新体系，加快建设国家创新体系，加快培育创新型科技人才，努力培育全社会的创新精神。

实施创新驱动发展战略，关键要做好以下几个方面助工作：

一是进一步提高自主创新能力。围绕产业发展需求部署创新链条，完善科技有效支撑引领产业发展的机制。着力突破重大技术瓶颈，充分发挥国家科技计划、示范应用工程等的引领带动作用，充分发挥高新技术产业开发区等的核心载体作用，实现从研究开发到产业化的有机衔接。运用现代科技加强和创新社会管理，大力发展关系民生的科学技术。

二是进一步深化科技体制改革。加快建立企业主导产业技术研发创新的体制机制，使企业成为技术创新决策、研发投入、科研组织和成果应用的主体，完善市场导向的创新格局。增强科研院所、高等学校创新和服务能力。加强基础研究、应用研究、技术创新和应用推广的有机衔接，促进科技资源开发共享，加强统筹协调和协同创新，提高国家创新体系整体效能。

三是进一步优化创新环境。积极研究制定深化科技体制改革、加快国家创新体系建设有关政策措施。完善科技创新评价标准、激励机制、转化机制，不断形成激励创新的正确导向，不断健全创新法治环境。大力推进科技和金融结合，健全多元化科技创新投入体系。

四是进一步扩大科技开放合作。立足全球视野和国际眼光、加快国际科技资源流动和重组，在开放合作中提高我国产业技术水平和科技实力。支持企业、地方与高新区提高引进消化吸收再创新水平，鼓励企业到海外建立研发机构。支持国际学术组织、跨国公司等来华设立研发机构，吸引全球优秀科技人才来华创新创业。鼓励我国科学家发起和组织国际科技合作计划，全面加强多层次、多领域、多形式的国际科技合作。

显然，地方政府扶持高新技术企业发展是实施创新驱动发展战略的必然要求，也能够推动创新驱动发展战略的深入实施。可见，中国特色社会主义经济建设理论是地方政府扶持高新技术企业发展的理论依据。

二、服务型政府理论

国外学者对服务型政府的相关研究是从"服务行政"开始的。"服务行政"概念最早由德国行政法学家福斯特霍夫（Ernst Forsthoff）于1938年提出。之后学者对服务型政府的研究主要体现在新公共管理、新公共服务和公共治理等理论之中。尽管国外没有直接提出服务型政府的概念，在具体提法和称谓上也不尽相同，但这些理论所表述的政府模式明显带有服务型政府的特征，表现出了鲜明的服务导向。其目标就是建设以顾客或公民为导向、以公民满意为主要原则的服务型政府。20世纪80年代以来，世界各国均开展了大规模的政府再造运动，出现了一批极具影响力的专家、学者和论文专著。新公共管理的代表、被誉为"政府再造大师"的美国学者奥斯本（David Osborne，1992）和盖布勒（Ted Gaebler，1992）在《改革政府——企业家精神如何改革着公共部门》一书中提出了"重塑政府运动"，目标是建立一个"企业家政府"。美国行政学家彼得斯（B. Guy Peters，1996）在《政府未来的治理模式》中系统评价了席卷全球的行政改革运动，将各国针对传统政府治理模式所进行的不同形式、不同程度的改革，概括为市场式政府、参与式政府、弹性化政府和解制型政府等四种治理模式。澳大利亚学者休斯（Owen E. Hughes）在其所著的《公共管理导论》中指出，相对于模糊不清的公共行政理论来说，经济学理论是精确的、具有可预测性的、经验主义的，并且是建立在解释人们如何行动的激励理论之上的，而且经济学理论还与社会治理具有直接的相关性。他认为，公共部门的任务是必须尽可能地以最有效率的方式提供商品和服务，管理模式所关注的结果、效率及绩效测量都在很大程度上与经济学有关。美国哲学博士林登（Russell M. Linden）在《无缝隙政府：公共部门再造指南》一书中提出了政府再造的步骤，并提出了无缝隙组织的概念。无缝隙组织是指可以用流动的、灵活的、弹性的、完整的、透明的、连贯的等词语来形容的组织形态，无缝隙组织的顾客与服务提供者直接接触，它以一种整体的而不是各自为政的方式提供服务。无缝隙组织是一个完整统一的整体，无论是对职员还是对最终用户而言，它传递的都是持续一致的信息。美国学者巴泽雷（Michael Barzelay）在《突破官僚制：政府管理的新愿景》一书中揭示了官僚制模式所包含的理论,分析了战略革新的必要性,提出了突破官僚制的可能,即创造策略、重塑文化、挑战财务范式。奥斯本(David E. Osborne,1997)和普拉斯特里克(Peter Plastrik,1997)在《摒弃官僚制:政府再造的五项战略》中认为实行政府再造,改变"政府 DNA"需要实施五项战略,即核心战略、后果战略、顾客战略、控制战略、文化战略。萨瓦斯(E. S. Savas)在《民营化与公私部门的伙伴关系》一书中认为民营化是对政府进行一系列创造性改革的通用标签,民营化最显著的特征是将市场机制引入行政领域。他认为摆脱困境的最好出路是打破政府的垄断地位,建立公私机构之间的竞争。新公共服务理论中也有一些著名的学者和经典著作。其中,最有代表性的是美国著名学者登哈特(Janet V. Denhardt),他在著作《新公共服务:服务,而不是掌舵》一书中提倡公民权利、公共利益、民主程序、回应性等理念,强调公民优先。以上这些研究,对我们研究服务型政府建设具有很强的学习借鉴意义,为服务型政府建设研究提供了丰厚的理论基础,也是地方政府发展高新技术企业服务的理论依据。

三、政府干预理论

政府干预是指政府在市场经济条件下,运用宏观经济政策等手段对社会经济进行干预,以弥补市场失灵的缺点。从某种程度上说,政府对企业的扶持与帮助就是政府对经济的干预。从历史角度看,政府干预理论的形成是同经济自由主义交错发展而来。19 世纪 30 年代以前,以英国古典经济学家亚当·斯密(Adam Smith)和马歇尔(Alfred Marshall)为典型代表的经济自由主义论者主张"一只看不见的手"的原理。他们认为在市场经济中可以通过市场内在的调控作用,必然使社会资源获得最优配置。因此,政府在经济事务中的操控是非常不必要的。随着资本主义经济危机的爆发,这种观点出现了弊端,强调国家干预的凯恩斯主义逐渐显露出优势。凯恩斯主义主张政府对经济的主动干预,认为政府赤字支出对总需求的扩张作用是明显的。他们认为当总需求不足时,如果政府能够增加采购量,总需求就会相应增加。进入 20 世纪 90 年代,新凯恩斯主义产生了,其代表人物为美国经济学家阿克尔洛夫(George A. Akerlof)、耶伦(Janet L. Yellen)等。新凯恩斯主义经济学仍然认为政府必须干预经济,同时也吸收了理性预期学派的理性预期的观点和"预期到的宏观经济政策无效"的观点。他们认为在当代市场经济中信息是不对称的,工资随产品价格的变动而浮动,在短期仍然可能会出现偏离自然失业率的现象,导致有效需求不足。因此,需求管理政策仍然是十分重要的。需要特别说明的,在我国无论是"经济自由"还是"政府干预"都不能完全走极端道路,完全的自由必然会造成市场失灵,引起资源的浪费,而完全的政府干预则会使经济重新回到计划时代,企业缺乏活力。政府干预的关键是干预程度的把握,只有制定出合理的干预范围、干预方式才有可能促进企业的健康发展。政府干预理论也是地方政府发展高新技术企业的理论依据。

第四节 钻石模型视角下影响高新技术企业发展的基本要素

《国家竞争战略》的作者波特(Michael E. Porter,1985)指出,国与国竞争本质上是两国产业之间竞争。关于产业发展,他提出了一个著名的钻石模型理论。该理论指出,"生产要素""需求条件""相关产业与支持性产业""企业战略、企业结构和同业竞争"等4种基本要素既可能提升产业中的企业获得竞争优势的速度,也可能导致产业中的企业发展停滞不前,从而导致产业发展或衰退。"政府"与"机会"等辅助要素影响着4种基本要素。钻石模型是一个系统性的互动体系,强调其内部每个要素都会强化或减弱其他要素的作用。作为钻石模型中的一个辅助要素,政府影响着4个基本要素作用的发挥,进而影响着钻石模型体系功能的发挥。波特认为,钻石体系的重要性随着产业性质的不同而不同,低技术导向产业对钻石体系的依赖程度就没有高技术导向产业的依赖程度高。具体见图3-1。

高新技术产业中众多高新技术企业的发展壮大是高新技术产业发展的基石,钻石模型中影响高新技术产业发展的基本要素也影响着高新技术企业发展。波特认为,可能形成机会,影响产业竞争的情况有以下几种:一是基础科技的发明创新;二是传统技术出现断层;三是生产成本突然提高;四是全球金融市场或汇率的重大变化;五是全球或区域市场需求剧增;六是外国政府的重

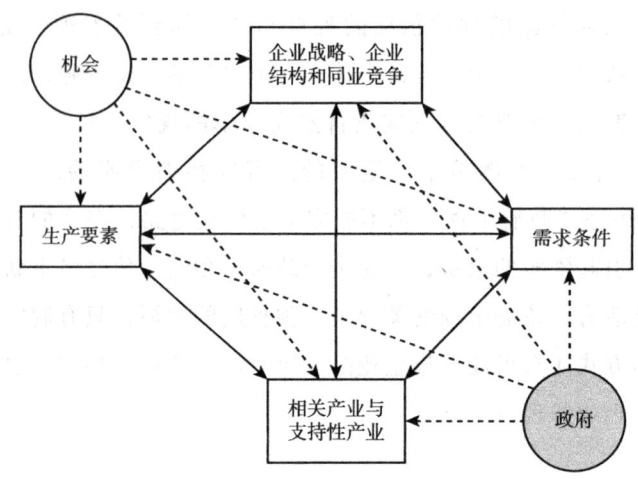

图 3-1 钻石模型

大决策;七是战争。美对华实施"科技冷战"属于外国政府的重大决策,显然是我国高新技术产业发展的"机会"。为了有效促进我国高新技术企业发展,本书基于钻石模型视角系统性分析影响高新技术企业发展的基本要素,根据钻石模型构建地方政府扶持高新技术企业发展的公共服务内容优化机制,并据此优化出地方政府有效扶持高新技术企业发展的公共服务内容。

根据钻石模型,影响高新技术企业发展的基本要素如下:

一、生产要素

生产要素通常包括人力资源、天然资源、知识资源、资本资源、基础设施等资源。知识资源包括大学、研究机构、市场研究报告与资料库、行业协会等。关于基础设施,波特认为它不仅包括运输系统、通讯系统、邮政和快递,还包括健康保健、房屋供给、文化等因素,因为它们会影响到一个地区的生活质量和人们工作、居住的意愿。

生产要素可以分为初级生产要素与高级生产要素两类。天然资源、资本、非技术工人与半技术工人等均属于初级生产要素,现代化通讯的基础设施、高等教育人力资源、高等院校及研究所等都属于高级生产要素。初级生产要素一般是自然生成,或只需少量的私人及社会投资就能拥有。由于企业对初级生产要素的需求减少而初级生产要素供给量相对增加,造成初级生产要素对企业发展的重要性日益下降。高级生产要素需要先在人力资源和资本上进行大量而持续的投资,故高级生产要素数量不如初级生产要素那样多。虽然高级生产要素稀缺,但是它在企业发展过程中却起着日益重要的作用。例如,创新是高新技术企业快速发展的重要驱动力,高新技术企业创新成功与否不仅取决于是否拥有大量的高等教育人力资源,也取决于是否有足够多的、合适的高等院校或研究所供其进行产学研合作。

二、需求条件

需求主要通过以下方面影响着高新技术企业发展:

(一)客户需求特点

如果客户需求具有超前性,符合未来流行趋势,那么客户需求能够帮助高新技术企业提前掌握产品信息和较好适应未来市场走向。内行而挑剔的客户是高新技术企业生产高质量产品和提供优质服务的压力来源,当高新技术企业长期被迫不断改善产品,不断开发新领域时,它们就会逐渐获得竞争优势。

市场的客户需求压力是高新技术企业最直接的压力。如果客户对产品要求较多,那么高新技术企业会在市场竞争压力下努力改善和创新其产品以满足客户需求,从而形成更强的企业竞争力。高新技术企业的新产品研发人员做产品研发决策时一般会更多考虑市场需求。

(二)需求规模

需求规模是一把双刃剑。一方面,庞大的需求能够刺激高新技术企业为扩大再生产而进行投资和再投资,从而使其发展壮大;另一方面,庞大的当地需求所带来的大量市场机会可能会造成高新技术企业安于现状,不思进取,疏于产品创新和升级,使其发展停滞。对高新技术产业而言,在产业发展的初期阶段,国内市场规模是高新技术企业决定是否投资的主要影响因素之一。因为高新技术产业需要大量研发投入,并且是技术差异大或具有高风险的产业,高新技术企业觉得投资国内市场比较有安全感。

市场提前饱和可能会促使高新技术企业创新和升级。因为一个饱和的市场会给高新技术企业带来较大竞争压力，迫使其降低产品售价、创新产品以吸引客户。市场饱和带来的另一个影响是，高新技术企业不得不把营销重点从国内市场转移到国外市场。如果国内市场饱和，而国外市场需求刚刚产生，那么高新技术企业的竞争优势就非常明显。因为国外市场上的竞争对手无法有效应对自身市场需求的变化，高新技术企业可以利用这种机会迅速发展壮大。

另外，市场上客户数量的多寡对高新技术企业发展也有影响。如果市场上客户数量众多，且这些企业彼此之间进行着激烈的正当竞争，那么这些客户会为了提高产品竞争力而迫使向其供应商品的高新技术企业进行创新，从而促进高新技术企业发展。如果市场只被几家大客户垄断，那么大客户会缺乏迫使高新技术企业创新的动力。

需求条件促进高新技术企业发展作用的充分发挥需要钻石模型中其他基本要素配合。例如，当缺少强有力的竞争对手时，即使市场再大，高新技术企业仍可能因故步自封而难以发展壮大。如果没有相关产业的支持，高新技术企业也可能无力回应客户的需求。

三、相关产业和支持性产业

在高新技术产业中，高新技术企业的竞争优势在于它的上下游相关产业具有较强竞争力，因为上下游相关产业的良好表现和能力会带动高新技术企业创新和发展。如果高新技术企业的上游产业具有较强竞争力，那么它能够从以下方面影响高新技术企业：第一，高新技术企业可能因上游产业的竞争优势而具有对市场需求反应快，生产效率高，甚至生产成本低的优势。第二，有助于高新技术企业创新。供应商是高新技术企业创新和升级中一个举足轻重的环节，高新技术企业如果要形成竞争优势，就不能缺少一流供应商，双方也要保持密切合作。在这种紧密合作中，供应商会帮助高新技术企业了解新方法、新机会和新技术的应用。

但是，不管是供应商还是相关产业都要和钻石模型的其他基本要素搭配才能充分发挥作用。如果市场不能及时反映需求变化，或者没有强有力的竞争对手以激发斗志，即使是一流供应商对高新技术企业竞争力提升的作用也十分有限。

四、高新技术企业战略、结构和同业竞争

除了生产要素、需求条件、相关产业和支持性产业等三个基本因素影响高新技术企业发展之外，高新技术企业战略、企业结构也影响其发展壮大。企业战略和企业结构属于企业管理范畴，显然企业管理水平也影响着高新技术企业发展。

波特指出，激烈的同业竞争能够创造和保持产业竞争优势，竞争对手是高新技术企业进步和创新的动力之源。面对竞争对手高新技术企业会产生进步和创新的压力。这种同业竞争促使高新技术企业尽力去降低成本、提高产品质量、研发新产品。中国人历来重视"面子"，企业竞争也常常超出经济利益本身，演变为面子之争。对自身尊严的追求使高新技术企业的管理者和员工密切关注竞争对手动向，加上媒体报道和投资分析报告经常比较企业之间的表现，使得高新技术企业竞争不再局限于产品市场占有率的高低，而进入了白热化的人才争夺战、技术比拼之中。人才在企业之间的流动给高新技术企业带来了模仿、学习竞争对手长处的机会，促进了相关产业在信息和技能方面的流通和整合，推动产业整体进入良性快速创新轨道。当创新不再是产业中个别高新技术企业的独门武器时，产业也进入了快速发展期，进而带动产业中高新技术企业发展壮大。

不过，竞争者多并不代表产业竞争力大，只有良性的同业竞争才会促进高新技术企业发展。如果企业之间是不正当竞争，那么同业竞争只会阻碍高新技术企业发展。

第五节 "科技冷战"背景下地方政府扶持高新技术企业发展的公共服务优化

根据钻石模型，构建出地方政府扶持高新技术企业发展的公共服务内容优化机制，具体见图3-2。

根据地方政府扶持高新技术企业发展的公共服务内容优化机制，并考虑到

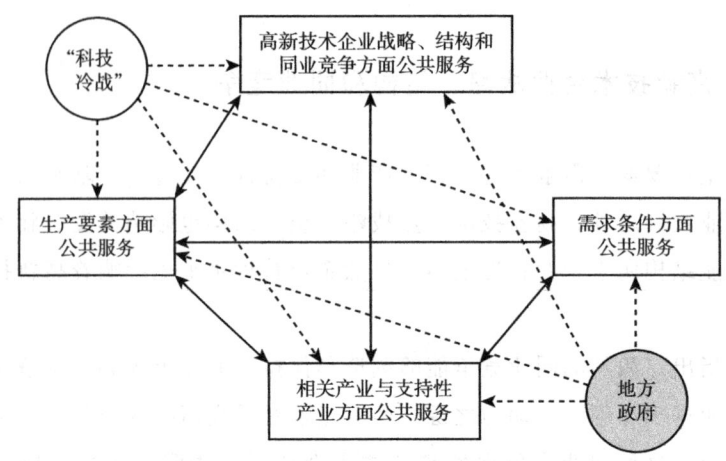

图 3-2　地方政府扶持高新技术企业发展的公共服务内容优化机制

美对华"科技冷战"对高新技术企业发展的影响，本书认为经过优化的地方政府扶持高新技术企业发展公共服务应该包括以下内容：

一、生产要素方面公共服务

（一）人才获取公共服务

生产要素包括人力资源、知识资源、资本资源、基础设施、天然资源。高新技术企业发展不仅需要初级、一般性人才，也需要包括海外高层次人才在内的高级、专业性人才。人力资源管理是高新技术企业价值链的一个辅助活动，影响着高新技术企业竞争优势的获得。对高新技术企业而言，获取所需人才并非易事。尤其在美对华实施"科技冷战"背景下，美国为遏制我国高新技术企业发展限制高技术人才自由流动，这增加了高新技术企业获取高级、专业人才的难度。一个地区人才数量多寡影响着企业获取人才难易程度，学校教育是培养人才和增加人才数量的最有效途径。一个地区的基础教育影响着高新技术企业对初级、一般性人才的可获得性，一个地区的高等教育影响着高新技术企业对高级、专业性人才的可获得性。可见，教育公共服务是人才获取公共服务的重要组成部分。地方政府如要提升高新技术产业水平，促进高新技术企业发展，提供优质教育公共服务是最有远见、最有效的手段。

（二）企业资金获取公共服务

高新技术企业的高投入性导致其对资金有较大需求。高新技术企业多为中小企业，中小企业获取资金是一个世界性的难题，主要表现为资金获取成本高、融资渠道狭窄和信贷支持不足。高新技术企业获取资金困难的自身原因在于其投入大、回报大、风险大，企业未来的现金流量是不可预期和不确定的；企业财务制度不规范，影响其内、外源融资；企业资本匮乏，缺乏足够的抵押担保；信息不对称造成信贷风险高。高新技术企业获取资金困难的外部环境原因在于资本市场不完善；信用担保体系存在缺陷；银行对待高新技术企业融资过于理性；专营高新技术企业服务金融机构缺乏；民营金融机构发展缓慢；政策性金融供给不足。为了缓解高新技术企业资金紧张，地方政府要提供优质的企业资金获取公共服务。

（三）基础设施建设

如前所述，波特认为基础设施包括运输系统、通讯系统、邮政和快递、健康保健、房屋供给、文化等因素，它们的状况影响着企业发展。高新技术企业发展不仅需要上述一般基础设施，还需要包括生产力促进中心在内的科技创新基础设施。为扶持高新技术企业发展，地方政府不仅要建设一般基础设施，更要建设科技创新基础设施。

二、需求条件方面公共服务

为了减少我国高新技术企业的市场需求，美国不仅对我国高新技术企业实施产品禁售，还采取市场限制。为了扩大高新技术企业的市场需求，地方政府应采取以下主要措施：

（一）提高居民可支配收入

凯恩斯（John Maynard Keynes，1936）的"绝对收入假定"理论指出，消费随收入变化而绝对变化。谢琦（2013）实证研究了国民收入初次分配对居民消费需求影响，发现短期劳动报酬和长期劳动报酬对我国居民消费需求都有较大影响，指出我国居民消费需求属于工资领导型需求，持续增加居民工资性收入是提高居民消费率，扩大国内有效需求的主要途径。柞炎（2010）认为，劳动收入在初次收入分配中比重下降造成居民消费过度依赖当期收入，从而制约了居民消费需求增长。何磊、王宇鹏（2010）发现，近年来国民收入分配从向居民倾斜逐渐转变为向政府倾斜，导致我国居民消费需求不断下降。可见，国内外学者们认为居民收入影响着市场需求。所以，地方政府要大力发展经济以提高居民可支配收入。

（二）政府采购

政府是市场中最大消费者，它的某项消费行为足以对经济产生举足轻重的影响。地方政府采购既可能提升高新技术企业竞争力也可能造成高新技术企业竞争力下降，进而影响企业发展。为了使政府采购成为提高高新技术企业竞争力的积极力量，地方政府进行政府采购时要遵循以下原则：一是政府采购需求要具有一定超前性，以引导高新技术企业进入这些新需求领域。二是地方政府要扮演强势挑剔型客户，以促使高新技术企业改善产品质量。三是政府采购内容要反映国内需求趋势。地方政府制定产品采购标准时，要参考其他需求超前地区的情况，而不只是考虑当地特殊需求。最理想的状况是，地方政府的采购标准能够帮助高新技术企业在国内外市场上竞争。四是政府采购要具有竞争性。地方政府的采购对象要包括众多企业，以促进供应商之间竞争。

三、相关产业和支持性产业方面公共服务

地方政府提供相关产业和支持性产业方面公共服务的过程实际上是其推动相关产业集群形成和发展的过程。法比亚尼（S. Fabiani, 1995）和佩莱格里尼（G. Pellegrini, 1995）等对 10 939 家意大利企业的财政报表数据进行分析后发现，不管企业规模如何，企业所属何种产业，产业集群内企业比非产业集群内企业都具有更强经营能力和更好经营业绩。他指出，在 13 个产业中，非产业集群内企业平均盈利率是 11.55%，产业集群内企业平均盈利率是 13.54%。博德里（Catherine Beaudry, 2001）对产业集群中的企业以及产业集群外的企业进行研究后都发现，发展较好的产业集群能够促进企业发展或提升

企业的创新能力。可见，产业集群能够促进高新技术企业发展。掐断产业链供应链是美对华实施"科技冷战"的主要手段。在美对华"科技冷战"背景下，地方政府更加有必要推动产业集群尤其是创新型产业集群以扶持高新技术企业发展。

四、高新技术企业战略、结构和同业竞争方面公共服务

（一）提升高新技术企业管理水平

企业生命周期理论创始人爱迪思（Ichak Adizes，1988）把企业生命周期分为孕育期、婴儿期、学步期、青春期、壮年期、稳定期、贵族期、官僚化早期、官僚期、死亡期等十个阶段。大多数高新技术企业处于婴儿期、学步期或者青春期，在婴儿期、学步期或者青春期，高新技术企业可能会出现一些问题。例如，处于婴儿期的高新技术企业可能会出现"过早的销售导向""意想不到的负现金流""过早的授权"等问题；处于学步期的高新技术企业可能会出现"不顾质量进行销售""缺乏成本控制""领导偏执"等问题；处于青春期的高新技术企业可能会出现"一成不变、失去作用的领导风格""相互之间的信任和尊重急速下降""内部政治斗争过度"等问题。如果高新技术企业在发展中无法避免这些问题的出现，那么企业就可能发展停滞甚至死亡。为了促进高新技术企业发展，地方政府要提供相关公共服务以提升高新技术企业管理水平尤其是营销管理水平、人力资源管理水平、创新管理水平。例如，地方政府既可以成立专门服务于高新技术企业的机构，或发展、支持行业协会为高新技术企业提供管理咨询、培训，也可以采取服务外包形式向商务服务业企业购买相关服务产品提供给高新技术企业。

（二）促进企业良性竞争

现实生活中，一些企业往往通过不正当竞争以求得企业生存、发展。如果社会上存在着大量实施不正当竞争行为的企业，缺乏良性竞争的商业文化，那么竞争对手就无法成为高新技术企业进步和创新的动力之源。所以，地方政府要采取措施限制不正当竞争，促进高新技术企业进行良性竞争尤其是以质量型、差异化为主的竞争。

综上所述,在美对华"科技冷战"背景下优化后的地方政府扶持高新技术企业发展的公共服务内容体系见表3-8。

表3-8　地方政府扶持高新技术企业发展的公共服务内容体系

地方政府扶持高新技术企业发展的公共服务内容	生产要素方面公共服务	人才获取公共服务
		企业资金获取公共服务
		基础设施建设
	需求条件方面公共服务	提高当地居民可支配收入
		政府采购
	相关产业和支持性产业方面公共服务	推动产业集群
	高新技术企业战略、结构和同业竞争方面公共服务	提升高新技术企业管理水平
		促进企业良性竞争

第四章 "科技冷战"背景下地方政府扶持高新技术企业发展的公共服务质量评价

根据评价公共服务的着眼点不同，目前国际上公共服务质量评价方法主要有两种：专业评价模式和公众评价模式。专业评价模式是根据第三方机构或公共服务提供者制定的公共服务质量衡量标准，依据设定的公共服务质量评价指标体系对公共服务质量进行定量评价。专业评价模式主要依靠统计年鉴获得相关评价指标的数据。公众评价模式又称为公民满意度调查，是依据公众对公共服务满意程度评价公共服务质量。公民满意度调查法是由服务营销管理理论的顾客满意度调查法发展而来。服务营销管理理论指出，满意是一种心理状态，是顾客对服务的事前期望与实际使用服务后所得到实际感受的相对关系。如果用数字来衡量这种心理状态，这个数字叫作满意度。公众评价模式主要通过问卷调查获得相关评价指标的数据。

《中国火炬统计年鉴（2021）》显示，拥有高新技术企业数量由多到少排名前十的省级行政区分别是广东、江苏、北京、浙江、上海、山东、湖北、河北、湖南、安徽，上述省市的高新技术企业数量、工业总产值分别占到全国高新技术企业数量、工业总产值的73.8%和71.7%。本书根据地方政府扶持高新技术企业发展的公共服务内容体系构建出地方政府扶持高新技术企业发展的公共服务质量评价指标体系，采用二元评价模型对上述10个省市的相关公共服务质量进行评价。

首先，采用专业评价模式，根据《中国火炬统计年鉴（2021）》《中国科技统计年鉴（2021）》《中国统计年鉴（2021）》的数据运用主成分分析法对上述省市扶持高新技术企业发展的公共服务质量进行评价并排序，厘清地方政府扶持高新技术企业发展的公共服务质量水平低于平均水平的省市（简称低服务质量省市)。

然后,采用公众评价模式(公民满意度调查)对低服务质量省市的高新技术企业进行地方政府扶持高新技术企业发展的公共服务满意度调查,并运用模糊综合评价法处理调查数据,以厘清这些低服务质量省市的高新技术企业的公共服务期望与其感知的公共服务之间差距,以及相关公共服务质量短板所在。

被称为服务营销理论之父的芬兰学者格罗路斯(Christian Gronroos,1982)认为,服务质量是一种顾客感知,由顾客对服务的期望与实际服务绩效的比较决定。显然,高新技术企业对地方政府扶持高新技术企业发展公共服务的满意度能够反映出地方政府扶持高新技术企业发展的公共服务质量。

第一节 地方政府扶持高新技术企业发展的公共服务质量之专业评价

一、地方政府扶持高新技术企业发展的公共服务质量评价指标体系

基于系统性、科学性、简洁性、可获得性的指标选取原则,笔者根据经过优化的地方政府扶持高新技术企业发展的公共服务内容,构建出地方政府扶持高新技术企业发展的公共服务质量评价指标体系,以评价广东、江苏、北京、浙江、上海、山东、湖北、河北、湖南、安徽等10个省市的相关公共服务质量。

(一)生产要素方面公共服务质量评价指标

教育公共服务是提高一个地区人才数量的主要手段,教育公共服务质量优劣在一定程度上反映出人才获取公共服务质量高低。教育经费投入指标在教育公共服务评价中占有重要地位。教育公共服务供给离不开教育经费支持,教育经费投入多寡对教育公共服务质量有着较大影响。另外,高级、专业性人力资源对高新技术企业发展具有直接、重要的作用,高校不仅是知识资源的重要组

成部分，也是培养高级、专业性人力资源的主要机构。一个地区高校师生比数量在一定程度上能够体现当地高等教育公共服务质量高低。故用"当地人均教育财政支出""当地高校师生比"等指标反映地方政府的人才获取公共服务质量。

技术研发是高新技术企业的应有之义，需要高新技术企业投入大量资金。为高新技术企业提供研发资金是地方政府服务高新技术企业的最直接体现，故用"当地企均地方政府提供的研发费用"指标反映地方政府的企业资金获取公共服务质量。

对高新技术企业而言，生产力促进中心是重要的基础设施。为扶持高新技术企业发展，地方政府要大力建设生产力促进中心。故用"当地政府投入生产力促进中心的金额"反映地方政府的基础设施建设水平。

综上所述，生产要素方面公共服务质量评价指标包括"当地人均教育财政支出""当地高校师生比""当地企均地方政府提供的研发费用""当地政府投入生产力促进中心的金额"等4个指标。

（二）需求条件方面公共服务质量评价指标

居民可支配收入的高低决定其购买力的强弱，进而影响着高新技术企业的市场需求。地方政府为提高居民可支配收入而采取的各种措施可视为地方政府为扶持高新技术企业发展而提供的需求条件方面公共服务。故用"当地人均可支配收入"指标反映需求条件方面公共服务质量。

（三）相关产业和支持性产业方面公共服务质量评价指标

如前所述，地方政府提供相关产业和支持性产业方面公共服务的过程实际上是其推动相关产业集群形成和发展的过程。创新型产业集群是以创新型企业和人才为主体，以知识或技术密集型产业和品牌产品为主要内容，以创新组织网络和商业模式等为依托，以有利于创新的制度和文化为环境的产业集群。一个地区的创新型产业集群数量能够反映地方政府提供的相关产业和支持性产业方面公共服务质量，故用"当地创新型产业集群数量"作为相关产业和支持性产业方面公共服务质量评价指标。

（四）高新技术企业战略、结构和同业竞争方面公共服务质量评价指标

竞争是市场经济的主要特征，是经济充满活力的动力之源。不过，自由竞争通常会导致生产集中和资本集中，生产集中和资本集中到一定阶段便会产生垄断。所以，保持市场竞争、避免市场垄断需要政府的"有形之手"发挥作用。随着生产集中和资本集中，中小型企业数量会逐渐减少，大型企业数量会逐渐增多。一个地区的中小型工业企业资产与大型工业企业资产之比在一定程度上可以反映该地区的企业竞争程度，用"当地企业竞争程度"作为地方政府的高新技术企业战略、结构和同业竞争方面公共服务质量评价指标。

地方政府扶持高新技术企业发展的公共服务质量评价指标体系具体见表4-1。

表4-1　　地方政府扶持高新技术企业发展的公共服务质量评价指标体系

一级评价指标	二级评价指标	二级评价指标涵义	表示二级评价指标的变量
生产要素方面公共服务质量	当地人均教育财政支出（千元）	地区年度教育支出/地区年末人口数	X_1
	当地高校师生比	地区年末大学老师数量/地区年末大学学生数量	X_2
	当地企均地方政府提供的研发费用（千元）	地方政府提供的研发费用/地区高新技术企业数量	X_3
	当地政府投入生产力促进中心的金额（千元）	地方政府投入生产力促进中心的金额	X_4
需求条件方面公共服务质量	当地人均可支配收入（千元）	地区年度人均可支配收入	X_5
相关产业和支持性产业方面公共服务质量	当地创新型产业集群数量（个）	地区创新型产业集群数量	X_6
高新技术企业战略、结构和同业竞争方面公共服务质量	当地企业竞争程度	地区中小型工业企业资产/地区大型工业企业资产	X_7

二、地方政府扶持高新技术企业发展的公共服务质量之主成分分析

专业评价模式主要依靠统计年鉴获得相关评价指标的数据。广东、江苏、

北京、浙江、上海、山东、湖北、河北、湖南、安徽等10个省市的7个二级评价指标的原始数据及其来源具体见表4-2、表4-3。

表4-2　　　　　　十省市二级评价指标的原始数据

	广东	江苏	北京	浙江	上海	山东	湖北	河北	湖南	安徽
X_1	2.78	2.84	5.2	2.91	4.02	2.25	2.07	2.14	1.99	2.07
X_2	0.051	0.063	0.122	0.061	0.088	0.054	0.055	0.053	0.053	0.048
X_3	79.64	27.88	66.93	27.02	199.07	48.46	378.94	14.79	217.4	53.39
X_4	103 225	194 636	39 768	1 250	3 197	14 238	20 420	13 881	13 397	23 445
X_5	41.03	43.39	69.43	52.4	72.23	32.89	27.88	27.16	29.38	28.1
X_6	14	12	2	2	5	11	6	4	3	3
X_7	1.02	1.65	0.36	2.23	0.98	1.12	1.08	1.11	1.34	1.35

表4-3　　　　　　十省市二级评价指标原始数据来源

二级评价指标	数据来源
当地人均教育财政支出（千元）	《中国统计年鉴（2021）》
当地高校师生比	《中国统计年鉴（2021）》
当地企均地方政府提供的研发费用（千元）	《中国科技统计年鉴（2021）》
当地政府投入生产力促进中心的金额（千元）	《中国火炬统计年鉴（2021）》
当地人均可支配收入（千元）	《中国统计年鉴（2021）》
当地创新型产业集群数量（个）	《中国火炬统计年鉴（2021）》
当地企业竞争程度	《中国工业统计年鉴（2021）》

由于各指标的量纲不同，首先对数据进行Z-Score标准化。在标准化数据矩阵基础上，通过计算指标的相关系数矩阵发现，7个指标两两之间大部分在0.1的显著性水平下（双侧）相关，只有少数指标两两之间相关性不显著。这表明指标之间相关明显，适合进行主成分分析。

在主成分分析中，一般认为累计贡献率达到85%以上，即可结束主成分选取。由表4-4可知，前3个主成分的特征根大于1且累计贡献率达到86.728%，说明前3个主成分代表原来7个指标来评价广东、江苏、北京、浙江、上海、山东、湖北、河北、湖南、安徽等10个省市的地方政府扶持高新技术企业发展的公共服务质量已经有足够把握。前3个主成分分别用F_1、F_2、F_3表示，见表4-5。

表4–4　　　　　　　　　　　解释的总方差

主成分	主成分方差			提取的主成分方差		
	特征值	贡献率（%）	累积贡献率（%）	特征值	贡献率（%）	累积贡献率（%）
1	3.176	45.378	45.378	3.176	45.378	45.378
2	1.770	25.287	70.665	1.770	25.287	70.665
3	1.124	16.063	86.728	1.124	16.063	86.728
4	0.604	8.627	95.355			
5	0.289	4.128	99.483			
6	0.030	0.425	99.907			
7	0.006	0.093	100.000			

表4–5　　　　　　　　　　　主成分系数矩阵[a]

变量	主成分		
	F_1	F_2	F_3
X_1	0.976	0.193	-0.059
X_2	0.984	0.038	0.011
X_3	-0.025	-0.522	0.690
X_4	-0.115	0.903	0.123
X_5	0.897	0.168	-0.180
X_6	-0.334	0.783	0.406
X_7	-0.571	0.042	-0.657

提取方法：主成分分析。
a. 已提取3个成分。

根据表4–5的数据可得到3个主成分的线性组合：

$$F_1 = 0.976X_1 + 0.984X_2 - 0.025X_3 - 0.115X_4 + 0.897X_5 - 0.334X_6 - 0.571X_7$$

$$F_2 = 0.193X_1 + 0.038X_2 - 0.522X_3 + 0.903X_4 + 0.168X_5 + 0.783X_6 + 0.042X_7$$

$$F_3 = -0.059X_1 + 0.011X_2 + 0.69X_3 + 0.123X_4 - 0.18X_5 + 0.406X_6 - 0.657X_7$$

主成分的意义由各线性组合中权数较大的几个指标的综合意义来确定。在主成分F_1中，X_1、X_2、X_5的系数比较大，所以主成分F_1主要是"当地人均教育财政支出""当地高校师生比""当地人均可支配收入"等3个指标的综合反映，它代表着当地教育投入与当地人收入方面，刻画了地方政府为扶持高新

第四章 "科技冷战"背景下地方政府扶持高新技术企业发展的公共服务质量评价

技术企业发展而提供的人才获取和市场需求方面公共服务质量。

在主成分 F_2 中，X_4、X_6 的系数比较大，所以主成分 F_2 主要是"当地政府投入生产力促进中心的金额""当地创新型产业集群数量"等指标的综合反映，刻画了地方政府为扶持高新技术企业发展而提供的科技创新公共服务质量。

在主成分 F_3 中，X_3 的系数比较大，所以主成分 F_3 主要是"当地企均地方政府提供的研发费用"指标的反映，刻画了地方政府为扶持高新技术企业发展而提供的企业资金获取公共服务质量。

这3个主成分从3个方面反映了地方政府扶持高新技术企业发展的公共服务质量，用它们来评价地方政府扶持高新技术企业发展的公共服务质量具有86.728%的可靠性。

以 F 表示地方政府扶持高新技术企业发展的公共服务质量综合指标，以各主成分的贡献率与总贡献率之比作为各主成分的权数，地方政府扶持高新技术企业发展的公共服务质量综合指标线性组合为：

$$F = 0.5232F_1 + 0.2916F_2 + 0.1852F_3$$

利用上式可计算出广东、江苏、北京、浙江、上海、山东、湖北、河北、湖南、安徽等10个省市的地方政府扶持高新技术企业发展的公共服务质量综合得分，并由综合得分可排出上述10个省市的地方政府扶持高新技术企业发展的公共服务质量名次。广东、江苏、北京、浙江、上海、山东、湖北、河北、湖南、安徽等10个省市的地方政府扶持高新技术企业发展的公共服务质量综合得分和排序见表4-6。

表4-6 地方政府扶持高新技术企业发展的公共服务质量主成分与综合得分、排序

省市	F_1得分	排序	F_2得分	排序	F_3得分	排序	F 得分	排序
广东	-1.154	4	2.342	2	0.932	2	0.252	4
江苏	-1.216	5	3.686	1	-0.25	7	0.393	3
北京	7.434	1	0.143	4	0.13	6	3.956	1
浙江	-0.334	3	-0.782	7	-2.44	10	-0.854	6
上海	4.109	2	-0.654	5	0.286	4	2.012	2
山东	-1.67	7	0.471	3	0.278	5	-0.685	5
湖北	-1.72	8	-1.867	10	1.894	1	-1.094	7

续表

省市	F_1 得分	排序	F_2 得分	排序	F_3 得分	排序	F 得分	排序
河北	-1.574	6	-0.691	6	-0.48	8	-1.113	8
湖南	-1.837	9	-1.76	9	0.294	3	-1.42	9
安徽	-2.038	10	-0.887	8	-0.66	9	-1.446	10

通过主成分分析可知，地方政府扶持高新技术企业发展的公共服务质量由高到低依次是北京、上海、江苏、广东、山东、浙江、湖北、河北、湖南、安徽。由于山东、浙江、湖北、河北、湖南、安徽等省份的地方政府扶持高新技术企业发展的公共服务质量综合得分为负数，故这些省份的地方政府扶持高新技术企业发展的公共服务质量水平低于平均水平。

第二节　地方政府扶持高新技术企业发展的公共服务满意度调查

被克林顿政府奉为指导美国政府进行改革的"圣经"——《改革政府》一书的作者奥斯本（David Osborne, 2006）认为，"政府应该是受顾客驱使的政府，应该满足顾客的需要"。作为世界著名的公共管理学家，他主张政府把公民、社会组织当作"顾客"看待，要关注顾客的满意度。为了有效扶持高新技术企业发展，地方政府应该把高新技术企业当作"顾客"看待，受高新技术企业驱使，调查高新技术企业对相关公共服务的满意度。

通过专业评价模式可知，山东、浙江、湖北、河北、湖南、安徽等省份的地方政府扶持高新技术企业发展的公共服务质量水平低于平均水平，故本书运用公众评价模式调查山东、浙江、湖北、河北、湖南、安徽等省份的高新技术企业对地方政府扶持高新技术企业发展的公共服务满意度，厘清这些低服务质量省份的地方政府扶持高新技术企业发展的公共服务质量短板。

一、模糊综合评价法概述

模糊综合评价法是应用模糊集合论方法对决策活动所涉及的人、物、事、

第四章 "科技冷战"背景下地方政府扶持高新技术企业发展的公共服务质量评价

方案等进行多因素、多目标的评价和判断。模糊综合评价法作为模糊数学的一种具体应用方法，最早是由我国学者汪培庄提出的。模糊综合评价法大致分为两步：一是按每个因素单独评价；二是再按所有因素综合评价。

第一，建立评价因素集。评价因素集是以影响评价对象的各种因素为元素而组成的一个普通集合。这些因素一般都具有不同程度的模糊性，常用小写字母 $u_i(i=1,2,\cdots,m)$ 表示。评价因素集常用大写字母 U 表示，$U=\{u1,u2,\cdots,um\}$。

第二，建立权重集。各个评价因素在总的评价过程中的重要性是有差别的。为了反映这种差别，人们常以所赋予权重系数的不同来说明，通常以小写字母 $a_i(i=1,2,\cdots,m)$ 表示。由各对应的权重系数所组成的集合被称为权重集，常用大写字母 A 表示，$A=(a_1,a_2,\cdots,a_m)$。各权重系数 $a_i(i=1,2,\cdots,m)$ 应满足归一化与为非负性条件。

第三，建立评价集。评价集是评价者对评价对象可能做出的各种总的评价结果所组成的集合，常用大写字母 V 表示，$V=\{v_1,v_2,\cdots,v_n\}$，其中 $v_i(i=1,2,\cdots,n)$ 代表各种可能的评价结果。

第四，单因素模糊评价。单独以某一个因素所进行的评价，以确定评价对象对评价集元素的隶属程度。常用 R 表示单因素评价集，显然，它应是评价集中的一个模糊子集，实际上可看成评价因素集与评价集之间的一种模糊关系，反映了一个因素对评判对象的影响。

第五，模糊综合评价。为了综合考虑所有评价因素对评价对象的影响，需要把相应于每个因素的单因素集找到，并由此组成单因素评价矩阵 $\bar{R}$，它实际上是一个模糊矩阵。此时再考虑到各评价因素的重要性，由此得出 $\bar{B}=\bar{A}\times\bar{R}$，按模糊矩阵乘法进行运算，具体如下：

$$\bar{B}=(a_1,a_2,\cdots,a_i,\cdots,a_m)\begin{vmatrix} r_{11} & r_{12} & \cdots & r_{1i} & \cdots & r_{1n} \\ r_{21} & r_{22} & \cdots & r_{2i} & \cdots & r_{2n} \\ \cdots & \cdots & \cdots & \cdots & \cdots & \cdots \\ r_{j1} & \cdots & \cdots & r_{ji} & \cdots & r_{jn} \\ \cdots & \cdots & \cdots & \cdots & \cdots & \cdots \\ r_{m1} & r_{m2} & \cdots & r_{mi} & \cdots & r_{mn} \end{vmatrix}$$

二、地方政府扶持高新技术企业发展的公共服务满意度之模糊综合评价

(一) 评价因素集、权重集和评价集的建立

根据优化后的地方政府扶持高新技术企业发展的公共服务内容体系制作出《地方政府扶持高新技术企业发展的公共服务满意度调查问卷》。调查问卷中的评价集由"满意""比较满意""一般""不太满意""不满意"组成,即 V = {满意,比较满意,一般,不太满意,不满意}。评价集能够较好反映山东、浙江、湖北、河北、湖南、安徽等省份地方政府扶持高新技术企业发展的公共服务对高新技术企业发展的满足程度。各评价因素权重通过德尔菲法得出,具体评价因素集和权重集见表4-7。

表4-7 地方政府扶持高新技术企业发展的公共服务满意度评价因素集和权重集

地方政府扶持高新技术企业发展的公共服务	生产要素方面公共服务（权重 A_1 =35%）	人才获取公共服务（权重 a_{11} =40%）
		企业获取资金公共服务（权重 a_{12} =40%）
		基础设施建设（权重 a_{13} =20%）
	需求条件方面公共服务（权重 A_2 =20%）	提高当地居民可支配收入（权重 a_{21} =50%）
		政府采购（权重 a_{22} =50%）
	相关产业和支持性产业方面公共服务（权重 A_3 =15%）	推动产业集群（权重 a_{31} =100%）
	高新技术企业战略、结构和同业竞争方面公共服务（权重 A_4 =30%）	提升高新技术企业管理水平（权重 a_{41} =70%）
		促进企业良性竞争（权重 a_{42} =30%）

(二) 模糊综合评价过程

按照模糊综合评价法的步骤,建立评价因素集、权重集和评价集后,确定

第四章 "科技冷战"背景下地方政府扶持高新技术企业发展的公共服务质量评价

各评价矩阵 R_i。向山东、浙江、湖北、河北、湖南、安徽等省份的高新技术企业发放《地方政府扶持高新技术企业发展的公共服务满意度调查问卷》。每个省份调查150家高新技术企业，6个省份共计调查900家高新技术企业。6个省份共计发放900份调查问卷。回收调查问卷729份，占全部发放调查问卷的81%。在回收的调查问卷中剔除35份填写质量较差的调查问卷，获得694份高质量调查问卷，高质量调查问卷占全部发放调查问卷的77.1%。

在生产要素方面公共服务调查中，有5%的被调查高新技术企业对"人才获取公共服务"满意，22%的被调查高新技术企业对"人才获取公共服务"比较满意，27%的被调查高新技术企业认为"人才获取公共服务"一般，37%的被调查高新技术企业对"人才获取公共服务"不太满意，9%的被调查高新技术企业对"人才获取公共服务"不满意。根据模糊综合评价最大隶属度原则，高新技术企业对"人才获取公共服务"不太满意。

有9%的被调查高新技术企业对"企业获取资金公共服务"满意，23%的被调查高新技术企业对"企业获取资金公共服务"比较满意，26%的被调查高新技术企业认为"企业获取资金公共服务"一般，29%的被调查高新技术企业对"企业获取资金公共服务"不太满意，13%的被调查高新技术企业对"企业获取资金公共服务"不满意。根据模糊综合评价最大隶属度原则，高新技术企业对"企业获取资金公共服务"不太满意。

有14%的被调查高新技术企业对"基础设施建设"满意，22%的被调查高新技术企业对"基础设施建设"比较满意，27%的被调查高新技术企业认为"基础设施建设"一般，25%的被调查高新技术企业对"基础设施建设"不太满意，12%的被调查高新技术企业对"基础设施建设"不满意。根据模糊综合评价最大隶属度原则，高新技术企业认为"基础设施建设"一般。

故生产要素方面公共服务的评价矩阵如下：

$$R_1 = \begin{vmatrix} 0.05 & 0.22 & 0.27 & 0.37 & 0.09 \\ 0.09 & 0.23 & 0.26 & 0.29 & 0.13 \\ 0.14 & 0.22 & 0.27 & 0.25 & 0.12 \end{vmatrix}$$

在当地需求条件方面公共服务调查中，有11%的被调查高新技术企业对"提高当地居民可支配收入"满意，31%的被调查高新技术企业对"提高当地居民可支配收入"比较满意，30%的被调查高新技术企业认为"提高当地居民可支配收入"一般，19%的被调查高新技术企业对"提高当地居民可支配收入"不太满意，9%的被调查高新技术企业对"提高当地居民可支配收入"不满意。根据模糊综合评价最大隶属度原则，高新技术企业对"提高当地居民可支配收入"比较满意。

有13%的被调查高新技术企业对"政府采购"满意，26%的被调查高新技术企业对"政府采购"比较满意，31%的被调查高新技术企业认为"政府采购"一般，18%的被调查高新技术企业对"政府采购"不太满意，12%的被调查高新技术企业对"政府采购"不满意。根据模糊综合评价最大隶属度原则，高新技术企业认为"政府采购"一般。

故需求条件方面公共服务的评价矩阵如下：

$$R_2 = \begin{vmatrix} 0.11 & 0.31 & 0.30 & 0.19 & 0.09 \\ 0.13 & 0.26 & 0.31 & 0.18 & 0.12 \end{vmatrix}$$

在相关产业和支持性产业方面公共服务调查中，有14%的被调查高新技术企业对"推动产业集群"满意，18%的被调查高新技术企业对"推动产业集群"比较满意，27%的被调查高新技术企业认为"推动产业集群"一般，22%的被调查高新技术企业对"推动产业集群"不太满意，19%的被调查高新技术企业对"推动产业集群"不满意。根据模糊综合评价最大隶属度原则，高新技术企业认为"推动产业集群"一般。

故相关产业和支持性产业方面公共服务的评价矩阵如下：

$$R_3 = \begin{vmatrix} 0.14 & 0.18 & 0.27 & 0.22 & 0.19 \end{vmatrix}$$

在高新技术企业战略、结构和同业竞争方面公共服务调查中，有8%的被调查高新技术企业对"提升高新技术企业管理水平"满意，14%的被调查高新技术企业对"提升高新技术企业管理水平"比较满意，27%的被调查高新技术企业认为"提升高新技术企业管理水平"一般，33%的被调查高新技术企业对"提升高新技术企业管理水平"不太满意，18%的被调查高新技术企业对"提升高新技术企业管理水平"不满意。根据模糊综合评价最大隶属度原则，高新技术企业对"提升高新技术企业管理水平"不太满意。

有10%的被调查高新技术企业对"促进企业良性竞争"满意，31%的被调查高新技术企业对"促进企业良性竞争"比较满意，24%的被调查高新技

第四章 "科技冷战"背景下地方政府扶持高新技术企业发展的公共服务质量评价

术企业认为"促进企业良性竞争"一般，22%的被调查高新技术企业对"促进企业良性竞争"不太满意，13%的被调查高新技术企业对"促进企业良性竞争"不满意。根据模糊综合评价最大隶属度原则，高新技术企业对"促进企业良性竞争"比较满意。

故高新技术企业战略、结构和同业竞争方面公共服务的评价矩阵如下：

$$R_4 = \begin{vmatrix} 0.08 & 0.14 & 0.27 & 0.33 & 0.18 \\ 0.10 & 0.31 & 0.24 & 0.22 & 0.13 \end{vmatrix}$$

把以上四个单因素评价矩阵及其相应权重值代入模糊评价模型 $B = A * R$，取 $*$ 为 $M(\cdot, +)$ 即普通矩阵乘法，得出：

生产要素方面公共服务 $B_1 = (0.084, 0.224, 0.266, 0.314, 0.112)$

需求条件方面公共服务 $B_2 = (0.12, 0.285, 0.305, 0.185, 0.105)$

相关产业和支持性产业方面公共服务 $B_3 = (0.14, 0.18, 0.27, 0.22, 0.19)$

高新技术企业战略、结构和同业竞争方面公共服务 $B_4 = (0.086, 0.191, 0.261, 0.297, 0.165)$

由此得：

$$\overline{R} = \begin{vmatrix} B_1 \\ B_2 \\ B_3 \\ B_4 \end{vmatrix} = \begin{vmatrix} 0.084 & 0.224 & 0.266 & 0.314 & 0.112 \\ 0.12 & 0.285 & 0.305 & 0.185 & 0.105 \\ 0.14 & 0.18 & 0.27 & 0.22 & 0.19 \\ 0.086 & 0.191 & 0.261 & 0.297 & 0.165 \end{vmatrix}$$

根据模糊评价模型 $B = A * R$，取 $*$ 为 $M(\cdot, +)$，得出：

$$\overline{B} = (0.35, 0.20, 0.15, 0.30) \begin{vmatrix} 0.084 & 0.224 & 0.266 & 0.314 & 0.112 \\ 0.12 & 0.285 & 0.305 & 0.185 & 0.105 \\ 0.14 & 0.18 & 0.27 & 0.22 & 0.19 \\ 0.086 & 0.191 & 0.261 & 0.297 & 0.165 \end{vmatrix}$$

$= (0.1002, 0.2197, 0.2729, 0.26918, 0.1382)$

通过模糊综合评价法发现，有10.2%的被调查高新技术企业对地方政府扶持高新技术企业发展的公共服务满意，21.97%的被调查高新技术企业对地方政府扶持高新技术企业发展的公共服务比较满意，27.29%的被调查高新技术企业认为地方政府扶持高新技术企业发展的公共服务一般，有26.918%的被调查高新技术企业对地方政府扶持高新技术企业发展的公共服务不太满意，13.82%的被调查高新技术企业对地方政府扶持高新技术企业发展的公共服务不满意。根据模糊综合评价最大隶属度原则，山东、浙江、湖北、河北、湖南、安徽等省份的高新技术企业对地方政府扶持高新技术企业发展的公共服务的总体评价是"一般"。

调查数据显示，山东、浙江、湖北、河北、湖南、安徽等省份的高新技术企业对"人才获取公共服务""企业融资公共服务""提升高新技术企业管理水平"均不太满意，且生产要素方面公共服务的权重为35%，高新技术企业战略、结构和同业竞争方面公共服务的权重为30%。显然，山东、浙江、湖北、河北、湖南、安徽等省份的高新技术企业对"人才获取公共服务""企业融资公共服务""提升高新技术企业管理水平"不太满意是造成其对地方政府扶持高新技术企业发展的公共服务总体评价一般的主要因素。"人才获取公共服务""企业融资公共服务""提升高新技术企业管理水平"无疑是山东、浙江、湖北、河北、湖南、安徽等省份提升"科技冷战"背景下地方政府扶持高新技术企业发展的公共服务质量的抓手。

第五章 "科技冷战"背景下地方政府扶持高新技术企业发展的公共服务质量提升途径

提升"科技冷战"背景下地方政府扶持高新技术企业发展的公共服务质量,可以从战略层面和战术层面分别进行。在战略层面上,地方政府要树立服务质量战略管理理念,通过构建地方政府扶持高新技术企业发展的公共服务质量改善机制来提升相关公共服务质量,把该机制作为提升相关公共服务质量的行动指南。在战术层面上,地方政府要针对影响其扶持高新技术企业发展的公共服务质量的具体因素采取相应措施。

第一节 服务质量差距模型应用研究概述

服务质量差距模型是美国学者帕拉苏拉曼(Parasuraman)、赞瑟姆(alarie A. Zeithamal)和贝瑞(Leonard L. Berry)等于1985年首次提出。该模型区分了导致服务质量问题的五种差距,[①] 主要用来分析服务质量问题产生的根源,帮助管理者研究改进服务质量的措施以提高服务质量。该模型告诉希望改善服务质量的管理者:弥合服务质量感知差距的关键在于弥合倾听差距、服务设计

[①] 服务质量感知差距(差距5)即顾客期望与顾客感知的服务之间的差距是服务质量差距模型的核心。为了弥合这一差距,就要对以下四个差距进行弥合:倾听差距(差距1)——顾客对服务的期望与企业对这些期望理解之间的差距;服务设计和标准差距(差距2)——企业对顾客期望的理解与制定顾客驱动的服务设计和标准之间的差距;服务绩效差距(差距3)——顾客驱动的服务标准开发与企业员工的实际服务绩效之间的差距;沟通差距(差距4)——服务供应商实际传递的服务与其宣传的服务之间的差距。

和标准差距、服务绩效差距、沟通差距,并使其持续处于弥合状态。顾客感知的服务质量不高的原因在于上述四个差距中的一个或多个差距的存在。服务质量差距模型能够作为服务组织试图改善服务质量的基础框架。

一些学者运用该模型对相关服务质量问题进行了研究。陈志琴、程结晶(2013)应用该模型对数字图书馆服务质量进行了分析,指出要缩小数字图书馆服务质量与用户期望的差距,建立数字图书馆服务质量评价的服务标准,加强对数字图书馆服务传递与用户的培训,加强数字图书馆服务与用户的相互沟通,增强数字图书馆与用户的感知服务认知,从而最终改善数字图书馆服务质量。孙顺利(2011)根据该模型构建出高等教育服务质量差距模型,并提出了弥合高等教育服务质量差距的具体路径。王啸岱、李莉(2010)以服务质量差距模型为理论依据,分析了社区卫生服务质量管理存在的问题,提出了四条改善措施:一是提高管理者对服务和服务竞争特性的认识深度;二是加大对医务人员培训,提高医务人员素质;三是建立服务运营机制;四是加强对服务沟通的管理,增强服务沟通的真实性和服务承诺的可兑现性。丁洪福、王溢涵和董晓东(2009)也运用该模型对商业银行服务质量改善问题进行了研究。可见,服务质量差距模型不仅适用于企业管理,也可应用于公共管理中以改善公共服务质量。服务质量差距模型具体见图5-1。

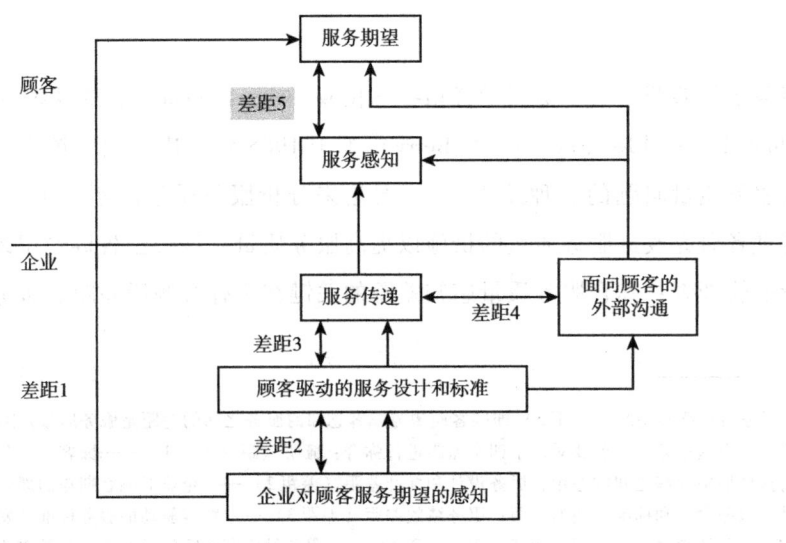

图5-1 服务质量差距模型

第五章 "科技冷战"背景下地方政府扶持高新技术企业发展的公共服务质量提升途径

Valarie A. Zeithaml、Mary Jo Bitner 和 Dwayne D. Gremler（2009）分析了倾听差距、服务设计和标准差距、服务绩效差距、沟通差距等四个差距产生的原因。他们认为，导致倾听差距发生的原因主要有四个：一是营销研究导向不充分。例如，营销研究不足；研究重点不在服务质量上；没有充分进行市场研究。二是缺乏向上沟通。例如，管理者和顾客之间没有互动；一线员工和管理者之间缺乏沟通；供应商的组织层级太多。三是忽视关系。例如，没有细分市场；关注交易而非关系；关注新顾客而不是关系顾客。四是服务补救不充分。例如，没有鼓励倾听顾客抱怨；发生问题后没有赔偿制度，没有有效应对服务失败的机制。

导致服务设计及标准差距发生的原因主要有三个：一是服务设计不良。例如，新服务开发过程缺乏系统性；服务设计模糊、不明确；服务设计与服务定位脱节。二是没有顾客驱动的标准。例如，没有顾客驱动的服务标准；忽视对顾客需求的过程管理，服务质量目标设定缺乏正式流程。三是有形展示和服务场景不恰当。例如，顾客期望有形化失败；场景设计和顾客、员工需求不匹配；服务场景的维护和升级不够。

导致服务绩效差距发生的原因主要有四个：一是人力资源管理制度欠科学。例如，无效的招聘；角色模糊性和冲突；员工——技术工作不匹配；评价和补偿系统不恰当；缺乏授权和团队工作。二是供给与需求不匹配。例如，没有控制需求的高峰和低谷；不恰当的顾客组合；过分依赖于价格控制需求。三是顾客没有履行其角色。例如，顾客忽略了其角色和责任；顾客相互间的负面影响。四是服务中介问题。例如，在目标和绩效方面渠道冲突；在成本和回报方面渠道冲突；质量和一致性很难控制；授权和控制间的权衡。

导致沟通差距发生的原因主要有五个：一是缺乏整合营销传播。例如，把外部沟通看作独立的；沟通计划中没有互动营销；没有良好的内部营销计划。二是对顾客期望的无效管理。例如，没有利用各种形式的沟通对顾客期望进行管理；没有进行充分的顾客教育；三是过度承诺。例如，在广告中过度承诺；在人员销售中过度承诺；通过有形展示线索过度承诺。四是水平沟通不充分。例如，在销售和运营之间沟通不足；在广告和运营之间沟通不足；在各分支机构之间存在差异。五是不恰当的定价。例如，高价格超出顾客期望；价格与顾客感知的价值不符。

第二节 地方政府扶持高新技术企业发展的公共服务质量改善机制设计

公共服务本质上是一种服务，地方政府可以根据服务质量差距模型构建出其扶持高新技术企业发展的公共服务质量改善机制，通过弥合高新技术企业发展的公共服务倾听差距（差距1）、高新技术企业发展的公共服务设计和标准差距（差距2）、高新技术企业发展的公共服务绩效差距（差距3）、高新技术企业发展的公共服务沟通差距（差距4）来提高地方政府扶持高新技术企业发展的公共服务质量。地方政府扶持高新技术企业发展的公共服务质量改善机制见图5-2。

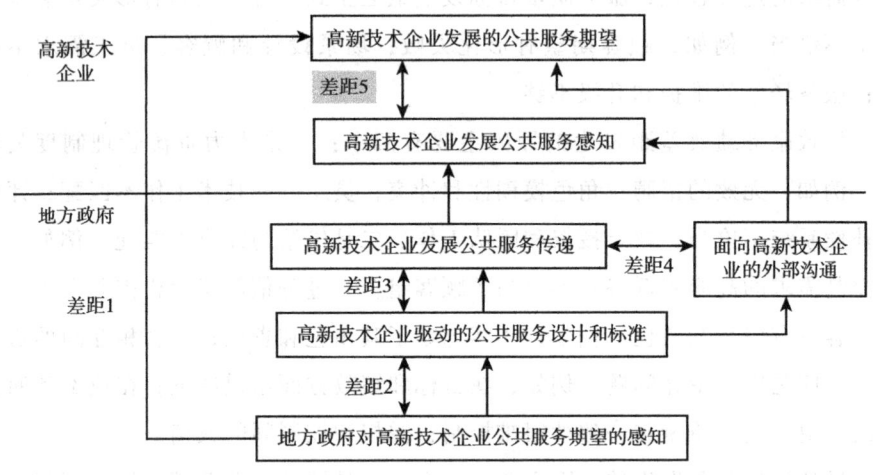

图5-2 地方政府扶持高新技术企业发展的公共服务质量改善机制

一、高新技术企业发展的公共服务四个差距产生的原因

（一）高新技术企业发展的公共服务倾听差距产生的原因

高新技术企业发展的公共服务倾听差距是指高新技术企业对地方政府扶持其发展的公共服务的期望与地方政府对这些期望理解之间的差别。高新技术企

第五章 "科技冷战"背景下地方政府扶持高新技术企业发展的公共服务质量提升途径

业发展的公共服务倾听差距产生原因主要有三点:

一是对高新技术企业的公共服务期望的关注和研究不够。新中国成立以来很长一段时间内所实行的计划经济体制对地方政府的管理行为有着较大影响。目前服务型政府已经是我国各级政府建设目标,不过由于存在"路径依赖",一些地方政府在满足高新技术企业期望过程中仍然有意无意以计划经济观念来指导其行为,没有把高新技术企业当作"顾客"看待,没有调查高新技术企业的需要,想当然地提供相关公共服务,从而造成了高新技术企业发展的公共服务倾听差距。即使地方政府在为高新技术企业提供相关公共服务之前调查了高新技术企业的公共服务期望,地方政府工作人员在调查中也可能因敷衍了事而导致调查结果无法反映客观实际。另外,地方政府工作人员还可能因不懂调查理论和方法而难以对高新技术企业的公共服务期望进行深入研究。

二是上行沟通梗阻。上行沟通本质上是下级主动作为信息发送者而上级作为信息接收者的沟通,有助于管理者听取下级意见、想法和建议。我国地方政府组织结构主要根据"组织理论之父"韦伯(Max Weber, 1904)提出的官僚制理论而构建。这种"经典组织范式"不仅过于强调层级节制的体系,忽视下级主动性和积极性,还过于强调专业分工与职能权限划分,忽视宏观协调和消除本位主义,从而造成地方政府形成封闭式行政文化,内部沟通机制不健全。政治学家康纳(Robert E. O'Conner, 1976)认为,"层级沟通机制可能在一定抽象意义上是理性的,但根据人类沟通理论,层级沟通不符合信息成功交换的基本规则"。[①] 封闭式组织文化会导致地方政府基层工作人员没有机会发出大量信息,内部沟通机制不健全会导致地方政府基层工作人员发出的信息要么需要大费周折才能到达高层管理者,要么石沉大海、无声无息。地方政府为高新技术企业提供公共服务的决策通常由地方政府部门管理者尤其是中高层管理者做出。虽然地方政府基层工作人员比管理者更加了解高新技术企业的情况,但是由于地方政府存在封闭式组织文化、内部沟通机制不健全等上行沟通障碍,造成地方政府提供的相关公共服务脱离了高新技术企业实际。

---

① Robert E. O'Conner. Communication Disturbances in a Welfare Bureaucracy: A Case for Self–Management [J]. Journal of Sociology and Social Welfare, 1976 (4): 182.

（二）高新技术企业发展的公共服务设计和标准差距产生的原因

随着"放管服"改革的不断深化，如何为企业提供有针对性优质公共服务已是当下建设服务型政府的重点。地方政府不仅要正确感知高新技术企业的期望，还要提供卓越的公共服务。为了提供卓越的公共服务，地方政府要科学地设计公共服务和制定服务绩效标准，以便能够对这些感知做出精准的反应。在服务业中，公司把顾客期望转变为服务质量标准往往会遇到一些问题，地方政府也不例外。高新技术企业发展的公共服务设计和标准差距，即地方政府对高新技术企业期望的理解与制定高新技术企业驱动的公共服务设计和标准之间的差别，就是这些问题的反映。

高新技术企业发展的公共服务设计和标准差距产生的原因主要有两点：一是高新技术企业发展的公共服务设计不良。例如，地方政府扶持高新技术企业发展的公共服务开发过程缺乏科学性；地方政府扶持高新技术企业发展的公共服务设计模糊、不明确。二是缺乏高新技术企业驱动的标准。与地方政府部门传统绩效标准不同，高新技术企业驱动的标准是根据高新技术企业需求建立且可以被高新技术企业觉察和评估的标准。高新技术企业驱动的标准缺乏会导致高新技术企业发展的公共服务设计和标准差距产生。例如，没有高新技术企业驱动的公共服务标准；缺乏关注高新技术企业需求的过程管理；没有设定公共服务质量目标的正式流程。

（三）高新技术企业发展的公共服务绩效差距产生的原因

高新技术企业发展的公共服务绩效差距是高新技术企业驱动的公共服务标准与地方政府工作人员的实际公共服务绩效之间的差距。地方政府即使设立高新技术企业发展的公共服务标准，也只意味着其步入了提供高质量公共服务的正轨，并不能确保提供优质公共服务绩效。如果地方政府没有协助、鼓励和要求工作人员达到公共服务标准，公共服务标准也就无法发挥作用。高新技术企业发展的公共服务绩效差距产生原因主要有三点：

一是缺乏绩效管理理念。绩效考核是绩效管理过程的一个环节。不过，许多组织把绩效考核等同于绩效管理，政府部门也不例外。地方政府部门主要根据《中华人民共和国公务员法》对工作人员进行绩效考核。由于《中

第五章 "科技冷战"背景下地方政府扶持高新技术企业发展的公共服务质量提升途径

华人民共和国公务员法》只对考核内容、考核频率、考核方式、考核等级、考核结果应用做了规定,导致多数地方政府部门在管理工作人员绩效时只关注上述五个方面,缺乏绩效管理理念。其实,绩效管理过程包括绩效计划、绩效实施与辅导、绩效考核、绩效反馈与改进等四个环节。绩效计划包括系统地阐述组织的预期和战略,绩效考核中绩效计划的缺失可能造成相关被考核者不能清晰理解自己在组织中所扮演的角色以及自己所提供公共服务对高新技术企业发展的重要性。绩效实施与辅导是根据绩效计划对被考核者工作绩效进行原始数据收集并监控、辅导和改进的过程。绩效实施与辅导的缺失导致地方政府无法协助、鼓励相关被考核者提供符合高新技术企业驱动的公共服务标准的公共服务。绩效反馈与改进的缺失造成被考核者难以改善自己的工作绩效。

二是绩效考核不科学。哈拉契米（Halachmi,1995）认为,员工绩效考核是管理者所面临最为困难的问题之一,很少有其他管理职能像绩效考核那样吸引这么多管理者的注意力,同样很少有其他管理职能像绩效考核那样难以解决。地方政府部门在对工作人员进行绩效考核时往往存在两个方面的问题：第一,考核方式不合理。在绩效考核中,平时考核的考核方法多为考勤,其次是自我总结、领导评议、民主测评。年终考核的考核方法多为自我总结、民主测评,其次是领导评议和出勤记录。自我总结虽然在一定程度上有助于促进被考核者自我技能开发,但是被考核者对其工作绩效所做评价通常高于他们的上级管理者或其他同事对其工作绩效做出的评价。领导尤其是直接领导通常是最熟悉下级工作情况的人,而且他们对下级的绩效考核内容也比较熟悉,故领导评议是大多数组织采用的考核方式。不过,领导评议会造成相关被考核者在服务高新技术企业过程中把其关注点放在其领导而非高新技术企业身上,漠视高新技术企业关切。民主评议的主观性比较强。如果单位人数较多,那么可能会出现考核者根本不了解被考核者情况而只凭印象打分的现象。另外,由于人际关系影响,民主评议时考核者可能无法客观公正地评价被考核者,导致被考核者形成"工作干得好不如人际关系搞得好"的认知。第二,考核指标不科学。由于政府部门工作人员的工作实绩通常难以量化,所以在绩效考核中,考核指标往往比较宏观和抽象。例如,地方政府部门喜欢用"完成目标任务符合要求,提出的工作措施、工作思路切合实际"等抽象指标来评价工作人员的工作实绩。这不仅难以有效评价工作人员的实际工作，也不能引导工作人员的行为向相关公共服务标准靠近。

三是高新技术企业发展的公共服务合同外包效果差强人意。随着新公共管理运动兴起和政府公共服务提供机制改革，西方政府部门在一些公共服务供给中摒弃了垄断性公共服务直接生产模式，而通过包括合同外包在内各种民营化方式来提供公共服务。休斯（Owen E. Hughes，2004）指出，"合同外包在很多国家早已超出了提供有限商品和服务的范围，覆盖了公共服务的所有设计和方式"。[①] 当下，我国一些地方政府也通过合同外包形式为高新技术企业提供相关公共服务。虽然在理论上公共服务合同外包不仅可以提高相关公共服务水平，还可以缩小地方政府规模，降低成本和节约开支，但是由于存在公共服务外包市场竞争不充分，合同履行中缺乏对承包商有效监测等问题，导致地方政府提供的相关公共服务绩效与高新技术企业驱动的公共服务标准之间存在一定差距。

（四）高新技术企业发展的公共服务沟通差距产生的原因

公共服务沟通差距是地方政府提供的公共服务与其所宣传公共服务之间的差别。高新技术企业发展公共服务沟通差距产生的原因主要有两点：

一是高新技术企业发展的公共服务信息整合传播缺失。精确、一致而恰当的公共服务信息传播是使高新技术企业感知高质量公共服务的关键，整合传播能够确保地方政府传达给高新技术企业一致的信息。然而，地方政府在信息传播中往往缺乏整合传播理念，造成高新技术企业有时会收到自相矛盾的信息。

二是过度承诺。有些地方政府部门领导干部为了搞政绩工程、形象工程，在服务内容、服务标准、服务程序或服务时限等方面向高新技术企业做出过度承诺。地方政府部门通过大众媒体、工作人员以及其他沟通手段做出的过度承诺会提高高新技术企业期望，以此作为高新技术企业发展的公共服务质量评价标准，地方政府实际提供的相关公共服务与承诺的公共服务之间的不一致造成了高新技术企业发展的公共服务沟通差距。

---

① 欧文·E. 休斯. 公共管理导论 [M]. 北京：中国人民大学出版社，2004.

二、弥合四个差距的主要途径

(一) 弥合高新技术企业发展的公共服务倾听差距途径

奥斯本 (David Osborne, 1993) 和盖布勒 (Ted Gaebler, 1993) 指出,"政府应该把服务对象——公民当作顾客对待,要具备顾客意识,质量只有由顾客来决定,要满足顾客的需要而不是官僚政治的需要"。[①] 显然,地方政府扶持高新技术企业发展的公共服务质量高低只能由高新技术企业来评价,地方政府提供的相关公共服务要满足高新技术企业需要而不是政府官员需要。为了弥合高新技术企业发展的公共服务倾听差距,地方政府要正确理解高新技术企业对地方政府扶持其发展公共服务的期望。高新技术企业对地方政府扶持其发展公共服务的期望有两个期望水平:一是最高级水平,即理想公共服务。它是高新技术企业想得到的公共服务水平——希望的绩效水平。理想公共服务是高新技术企业认为"可能是"和"应该是"的结合物。二是适当公共服务——高新技术企业可接受的公共服务水平。适当公共服务代表了"最低可接受的期望",即对于高新技术企业来说可接受公共服务绩效的最低水平。高新技术企业的公共服务期望是介于理想公共服务和适当公共服务之间一个范围内的水平,而不是单一水平来表示。可见,在建设服务型政府已是地方政府目标的当下,地方政府为高新技术企业发展提供的相关公共服务应该不低于高新技术企业可接受的公共服务水平,要尽可能接近理想公共服务水平。

地方政府弥合高新技术企业发展的公共服务倾听差距途径主要有两条:

一是通过公共服务期望调查倾听高新技术企业的公共服务期望。厘清高新技术企业的公共服务期望是地方政府为其发展提供优质公共服务的前提,公共服务期望调查是地方政府了解高新技术企业的公共服务期望和感知的重要手段。为了厘清高新技术企业的相关公共服务期望,地方政府可以借鉴顾客访谈、质量功能展开、焦点小组访谈、头脑风暴等一些工商管理领域的市场调查方法进行高新技术企业公共服务期望调查。另外,针对地方政府自己进行高新

[①] David Osborne, Ted Gaebler. Reinventing Government: How the Entrepreneurial Spirit is transforming the Public Sector [M]. New York: Plume Press, 1993: 245.

技术企业公共服务期望调查时存在调查人员责任心不强和调查水平有限等问题，地方政府也可以采取合同外包形式把高新技术企业公共服务期望调查委托给社会上专业调查公司去做。

二是改善上行沟通。上行沟通梗阻一直是困扰各类组织管理者的一个难题，官僚制缺点又加剧了地方政府中上行沟通梗阻现象。为了改善上行沟通梗阻现象，地方政府可以采取以下正式的上行沟通形式：第一，高新技术企业情况反馈箱。地方政府可以借鉴意见箱形式在部门内部设立高新技术企业情况反馈箱，以便让了解当地高新技术企业情况的地方政府基层工作人员能够及时反馈相关信息，并提出建议给政府部门内作出高新技术企业发展公共服务决策的管理者。为了鼓励基层工作人员积极反馈信息并提出建议，让组织分享群众无穷的智慧，地方政府部门可以建立相应奖励机制以使高新技术企业信息反馈者不仅得到金钱方面奖励，还获得心理方面的满足——参与感、成就感、认可感。第二，定期举行基层工作人员座谈会。定期组织熟悉高新技术企业情况的工作人员与作出高新技术企业发展公共服务决策的管理者召开座谈会是一种效果较好的上行沟通方式。在座谈会上，相关基层工作人员可以就高新技术企业情况畅所欲言，提出意见和建议。不过，为了确保座谈会取得良好效果，组织者应尽量把座谈会时间定在工作时间之外，确保座谈会在一种非正式气氛下举行，从而促使座谈人员能够打开心扉，各抒己见。

虽然上述两个正式的上行沟通渠道能够改善上行沟通梗阻，但是它们真正发挥作用的关键在于上下级之间建立良好的信任关系。经常呆在办公室，仅仅依赖正式沟通渠道的管理者可能得到失真信息。除了上述两个正式的上行沟通渠道，地方政府部门管理者还可以采取走动管理，鼓励非正式的上行沟通。各级管理者经常出现在基层工作人员的工作场所，自然可以与基层工作人员建立起比较融洽的关系，提高基层工作人员对管理者的信任度。共同进餐、四处走动、深入工作现场等都是可以采取的走动管理方式。

（二）弥合高新技术企业发展的公共服务设计和标准差距途径

设计扶持高新技术企业发展的公共服务是地方政府扶持高新技术企业发展过程中一个最重要环节，相关公共服务设计是否切实可行，直接影响到相关公共服务供给以及高新技术企业发展。地方政府要从两方面来弥合高新技术企业

第五章 "科技冷战"背景下地方政府扶持高新技术企业发展的公共服务质量提升途径

发展公共服务设计和标准差距：

一是地方政府设计高新技术企业发展的公共服务时要遵循以下原则：第一，信息完备原则。信息是公共服务设计的基础和依据，信息搜集、加工和处理应贯穿于公共服务设计整个过程。第二，系统协调原则。任何事物都处于普遍联系之中，扶持高新技术企业发展的公共服务本身不仅可以被看作一个系统，而且它也不是孤立存在，始终与其他公共服务相联系，处于一个公共服务体系之中。故地方政府在进行相关公共服务设计时不仅应从系统论视角进行综合分析，还应注意各项公共服务之间相互联系、相互影响、相互制约的关系，从而使各项公共服务成为一个有机整体，相互支持，协调配套。第三，科学预测原则。预测是公共服务设计的前提，也是公共服务设计过程中一个必不可少环节。对相关公共服务需求发展趋势做出判断的正确与否在很大程度上决定着地方政府扶持高新技术企业发展的公共服务成败。第四，现实可行原则。地方政府要根据现有人力、物力、财力、时间等主客观条件以及发展过程中种种变化，对相关公共服务设计方案进行政治、经济、技术、文化等方面可行性分析，使公共服务设计方案建立在牢固的现实条件基础上，使相关公共服务供给具有可操作性。第五，民主参与原则。民主的内涵是权力分享，地方政府可以邀请一些基层工作人员和高新技术企业参与地方政府扶持高新技术企业发展的公共服务设计，这不仅能够提高基层工作人员的工作积极性和责任心，还能够制定出高新技术企业驱动的公共服务标准。此外，地方政府在进行相关公共服务设计时要重视发挥专家智囊团作用。学有专长者在公共服务设计中能够以其客观立场、学术眼光、科学手段与方法对地方政府扶持高新技术企业发展问题进行详细探讨并提出合理建议。他们不仅可以为公共服务设计提供充分的理论依据，还能够使得公共服务供给的精确度大大提高。第六，稳定可调原则。地方政府扶持高新技术企业发展的公共服务要有一定连续性和稳定性，避免朝令夕改，影响高新技术企业发展。不过，任何公共服务系统又都是一个开放系统，始终与周围环境不断进行物质、能量和信息交换。高新技术企业所处环境变化了，影响高新技术企业发展的因素也可能会随之改变，那么地方政府扶持高新技术企业发展的公共服务也必须做出相应调整与变化。所以，地方政府要重视高新技术企业需求的过程管理。

二是地方政府要从效益、效率、回应性、可靠性、响应性、保证性、信息可获得性、可监督性等八个方面制定高新技术企业驱动的高新技术企业发展的公共服务绩效标准。效益标准是以促进高新技术企业发展程度作为衡量公共服务绩效尺度，所关注的是相关公共服务的实际绩效是否与预期的公共服务绩效相符合。效率标准是指公共服务效益与公共服务投入之间的比率，目的是寻求能够以最小投入获得最大产出的公共服务。回应性是指公共服务对高新技术企业需求的满足程度。可靠性是地方政府准确可靠地执行所承诺公共服务的能力，是公共服务质量感知最重要的决定因素。响应性是地方政府帮助高新技术企业及提供便捷服务的自发性，强调在处理高新技术企业要求、询问、投诉和问题时的专注和快捷。为了在响应性上做到优异，地方政府应该站在高新技术企业而不是自身角度来审视公共服务供给及处理高新技术企业要求的流程。保证性是指地方政府工作人员所具有的知识和谦恭态度及其让高新技术企业产生信任感的能力。在目前一些地方政府部门仍然存在"脸难看、事难办"现象背景下，保证性显得尤其重要。地方政府本质上是强制性权力使用者。如果没有地方政府支持，高新技术企业或其他组织难以对地方政府扶持高新技术企业发展的公共服务活动进行监督。地方政府为高新技术企业提供有效监督渠道和手段，既能够保证公共服务质量，又是公共服务质量的体现。信息和监督是体现地方政府支持的两个重要指标。信息可获得性反映地方政府提供公共服务信息的意愿、能力。信息可获得性可以通过地方政府信息公开化程度、地方政府提供信息渠道的丰富性以及地方政府提供信息渠道的可接触性等三个方面进行评价。可监督性反映地方政府主动接受监督的意愿，可以通过地方政府为高新技术企业提供的监督渠道与方法的丰富性和有效性等两个方面进行评价。

（三）弥合高新技术企业发展的公共服务绩效差距途径

弥合高新技术企业发展的公共服务绩效差距途径主要有三条：一是地方政府部门要区分绩效考核和绩效管理的差异，树立绩效管理理念，重视绩效计划、绩效实施与辅导、绩效反馈与改进等环节。在绩效计划中上级管理者要根据高新技术企业驱动的公共服务标准给相关工作人员确立目标并与其达成一致承诺，形成期望绩效。绩效管理是一项持续进行的活动，绩效计划的落实与完成依赖于绩效实施与辅导。

第五章 "科技冷战"背景下地方政府扶持高新技术企业发展的公共服务质量提升途径

  绩效实施与辅导在确保地方政府工作人员的实际公共服务绩效符合高新技术企业驱动的公共服务标准中具有举足轻重的作用。上级管理者在进行绩效实施时，要运用包括记录法、抽查法、评价法在内的多种数据收集方法收集并汇总相关工作人员的绩效原始数据，对于相关工作人员的公共服务达不到高新技术企业驱动的公共服务标准时要及时对其进行绩效辅导。绩效辅导是上级管理者记录工作人员绩效表现并分析产生绩效偏差的原因，为工作人员提供有针对性的辅导和帮助，主要有辅导、咨询等两种形式。辅导是上级管理者改善工作人员知识、胜任特征和技能的过程。上级管理者对实际公共服务达不到高新技术企业驱动的公共服务标准的工作人员进行辅导时，首先要确定其胜任工作所需要知识、技能，确保其理解学习的必要性并接受学习；其次要与其讨论应该学习的内容和最有效的学习方法，并确定其在哪个环节上需要帮助；最后要鼓励这些工作人员完成学习计划，并在其需要帮助时提供具体指导。咨询是绩效管理的一个重要部分。相关工作人员没有达到高新技术企业驱动的公共服务标准时，上级管理者可以借助咨询来帮助他们克服工作中遇到的困难。上级管理者在咨询中，首先要确定和理解存在的问题；其次上级管理者要鼓励产生绩效偏差的工作人员说出这些问题、思考解决问题的方法并采取行动；最后要向产生绩效偏差的工作人员提供解决问题所需要的资源。

  绩效反馈与改进是绩效管理的一个重要环节。通过绩效反馈面谈，上级管理者不仅能够与相关工作人员就其高新技术企业公共服务绩效考核结果达成共识，使其认识到在为高新技术企业提供公共服务中所取得的进步和存在的缺点，还有助于制订绩效改进计划。

  二是地方政府部门还要采取合适的考核方法和设计科学的考核指标。对于为高新技术企业提供公共服务的工作人员而言，360度绩效考核是一种适用于他们的绩效考核方法。[①] 360度绩效考核有三个优点：第一，与传统的绩效考核方法相比，它能够获得更多相关考核信息。高新技术企业作为考核者对服务于高新技术企业的工作人员进行评价能够更好地体现"公众就是顾客"的理

---

① 360度绩效考核也称为全视角考核，是由被考核者的上级、同事、下级和（或）客户（包括内部客户、外部客户）以及被考核者本人担任考核者，从多个角度对被考核者进行360度的全方位考核，再通过反馈程序，达到改变行为、提高绩效等目的。

念,能够有效弥合地方政府相关工作人员的实际公共服务绩效与高新技术企业驱动的公共服务标准之间的差距。第二,360度绩效考核能够促进地方政府部门团队精神形成。

设计科学的绩效考核指标是绩效考核的关键,绩效考核制度的行为引导作用和员工绩效促进作用能否发挥在很大程度上取决于考核指标选择和设计。为了弥合相关工作人员的实际公共服务绩效与高新技术企业驱动的公共服务标准之间差距,上级管理者应该根据高新技术企业驱动的公共服务标准设计考核指标。管理学大师德鲁克(Peter F. Drucker,1954)曾经说过,"不能量化,就无法管理",所以上级管理者要本着定量指标为主,定性指标为辅原则设计考核指标。对于实在难以量化的考核指标,上级管理者可以运用行为锚定量表法对考核指标进行细化。正如哈拉契米(Halachmi,1995)所说,"运用行为锚定量表法,考核者可以直接把观察对象与量表相对照而无须再去主观判断观察对象到底如何"。[①]

三是地方政府要改善高新技术企业发展公共服务合同外包效果。萨瓦斯(E. S. Savas,1999)认为,有效实施合同外包需要一些条件:其一是工作任务能够被界定清楚;其二是市场上有一些竞争者,存在竞争气氛;其三是政府可以监测承包商工作绩效;其四是合同文本中明确规定承包的条件和要求并可以确保落实。

为了改善高新技术企业发展的公共服务合同外包效果,首先,地方政府要根据以下原则确定适宜合同外包的高新技术企业发展的公共服务:第一,实施合同外包没有法律方面的障碍;第二,相关公共服务易于实施竞争性招标,且风险较小;第三,相关公共服务要易于列出详细质量要求或标准;第四,有经验丰富、负责任的投标者对该项公共服务感兴趣;第五;地方政府具有监督承包商绩效能力。

其次,地方政府要设法去促进相关公共服务外包市场竞争。目前,地方政府进行公共服务招标面临的困境之一是没有足够数量的投标商,有时面临着

[①] Halachmi, A. The Practice of Performance Appraisal. In J. Rabin, T. Vocino, W. Hildreth, & G. Miller (Eds.), Handbook of public personnel administration (pp. 330). New York: Marcel Dekker, 1995.

"霍布森选择"的窘境。所以，地方政府要大力发展生产性服务业和非营利组织，以确保市场上有足够数量的投标商。地方政府支付费用不及时是影响投标商积极参与公共服务合同外包招标原因之一，造成相关公共服务外包市场缺乏竞争。地方政府部门通常有一套繁琐、耗时的分权制衡机制以确保政府采购价格公平并防止腐败，这必然造成定标、订购和支付过程比较拖沓迟缓。为了促使投标商积极参与公共服务合同外包招标，地方政府要在防止腐败同时提高行政效率，及时支付相关费用。

最后，地方政府要监测、评估和促进相关公共服务外包合同的履行。高新技术企业发展的公共服务合同外包的有效实施需要建立系统的程序来监测承包商绩效，对承包商绩效与高新技术企业驱动的公共服务标准进行比较，并切实落实合同条款。地方政府可以采取高新技术企业投诉状况监测、承包商工作记录的审阅、定期实地考察、不定期巡视、阶段性抽样调查和评估等多种形式对承包商进行监测。

（四）弥合高新技术企业发展的公共服务沟通差距途径

传播学理论的香农（Claude Elwood Shannon，1949）模式指出，任何一种传播活动都可以简单地看成是由信源、编码、信道、解码、信宿、噪声等要素组成的一个过程，由发送者（信源）把要传递信息转换为信号（编码），然后通过媒介物（信道）传送至接收者（信宿），由接收者把收到的信号转译回来（解码）。在这个过程中，信息可能受到噪声干扰而产生某些衰减或失真。[①]为了避免出现噪声而造成高新技术企业发展公共服务信息传播失真，首先，作为信源的地方政府要尽可能把自己扶持高新技术企业发展的思想或想法转换为工作人员能理解的共同"语言"或"信号"，并采用包括书面媒介、会议、电话、公共媒介等在内的组织内传播媒介形式促使工作人员对其有充分、正确地理解，以确保相关工作人员能够向高新技术企业准确地传递相关信息。

其次，地方政府在重视传统大众传播媒介同时要重视新媒介运用。在我

[①] McQuail Dennis. Mass Communication Theory: An Introduction [M]. London: Sage Publication, 1994: 35.

国，包括电视、广播、报纸在内的大众传播媒介长期以来都是国家所有的事业单位，政府和大众传播媒介的这种特殊关系决定了大众传播媒介与政府利益的一致性，大众传播媒介成为我国政府进行信息传播的重要信道。与其他媒介相比，大众传播媒介具有传播速度快、传播范围广、传播量大、受众广泛、稳定、传播效果好的特点，故在公共信息传播中一直受到地方政府的青睐。不过，传统大众传播媒介的信息流本质上是一个单向流动过程，互动性很弱。随着信息技术的发展，包括网络媒介、手机媒介在内的一些新媒介陆续出现并在信息传播中日益发挥着重要作用。新媒介的传播过程颠覆了传统的传受关系而表现出交互性，信息的传播者与受传者之间能够进行及时或实时交流。所以，在采用传统大众传播媒介进行公共信息传播的同时，地方政府要充分运用政府网站、政务微博、政务微信等新媒介传播其支持高新技术企业发展的公共服务信息。这不仅能够及时地把高新技术企业发展的公共服务信息传播给高新技术企业，还能够与高新技术企业进行充分互动，及时为高新技术企业答疑解惑。

另外，地方政府在政府网站、政务微博、政务微信上就相关公共服务信息进行公开权威解答，不仅可以加深工作人员对相关公共服务的深刻理解，还可以减少工作人员因追求部门私利而向高新技术企业任意曲解相关公共服务的可能性，最终促进相关公共服务信息的整合传播。

为了弥合高新技术企业发展的公共服务沟通差距，除了避免出现噪声而造成高新技术企业发展的公共服务信息传播失真之外，地方政府还要加强对政府部门承诺高新技术企业公共服务行为的管理。地方政府部门对高新技术企业的公共服务承诺本质上属于社会服务承诺制。英国首相梅杰发起的公民宪章运动、布莱尔政府制定的《服务——新的承诺方案》有效地改善了英国的公共服务质量。随后，许多国家纷纷效仿。法国要求政府部门颁布"公共服务宪章"，比利时发动了"公共服务宪章"运动，美国克林顿总统签署了《设立顾客服务标准》的第 12862 号行政令。在中国，社会服务承诺制始于 1994 年山东省烟台市。1995 年国务院、建设部向全国推广烟台的社会服务承诺制成功经验，随后上海、济南、北京、杭州、天津等许多城市陆续实施了社会服务承诺制。社会服务承诺制的实施在一定程度上改善了我国地方政府部门的公共服务质量。当下，一些地方政府部门领导干部为了搞政绩工

第五章 "科技冷战"背景下地方政府扶持高新技术企业发展的公共服务质量提升途径

程、形象工程而向高新技术企业过度承诺，造成了高新技术企业发展的公共服务沟通差距产生。地方政府部门领导干部的过度承诺行为实际上是其公信力缺失的表现。为了消除地方政府部门领导干部的过度承诺现象，提高其公信力，地方政府要采取以下措施：

第一，加强领导干部诚信道德教育。领导干部诚信道德教育有助于把诚信道德规范转化为领导干部个人内在品格，促使他们自觉地遵守道德准则。对领导干部而言，廉政道德教育是诚信道德教育中最重要内容。一个清正廉洁的领导干部不会为了个人升迁而搞政绩工程、形象工程。另外，领导干部诚信教育也要重视提高其道德认知，促使其树立"执政为民、勤政报国、洁身自好"意识。

第二，加大领导干部诚信监督力度。对领导干部诚信进行监督是保障其公信力的重要手段，领导干部诚信监督不仅包括立法监督、行政监督、司法监督等内部监督，还包括民众监督、新闻媒体监督等外部监督。在当今建设服务型政府背景下，为民服务是领导干部的主要责任，地方政府更加要重视包括高新技术企业在内的社会民众外部监督。

第三，建立健全领导干部诚信考核机制。地方政府在对领导干部进行德、能、勤、绩、廉等方面考核基础上，要着重对其诚信状况进行考核。为了科学考核领导干部诚信，有效引导其采取诚信行为，地方政府要根据 SMART 原则制定诚信考核指标。S（Specific）意味着诚信考核指标要清晰、明确，让考核者和被考核的领导干部都能够准确理解目标；M（Measurable）意味着诚信考核指标要尽可能量化，实在无法量化就要细化；A（Attainable）意味着诚信考核指标要求既不能过高也不能过低，诚信考核目标应该是领导干部能够实现的；R（Relevant）意味着诚信考核指标必须要与诚信有相关性；T（Time-bound）意味着诚信考核指标是有时间限制的，所制定目标要在规定时间内完成。

第四，完善领导干部诚信奖惩制度。绩效考核效果好坏与绩效考核结果运用息息相关。如果地方政府对领导干部的诚信考核结果置之不理，那么诚信考核机制不仅失去了原有价值，而且还会加剧领导干部自身公信力丧失。为了激励领导干部提高公信力，地方政府要根据诚信考核结果对领导干部进行奖惩。对于诚信考核优秀的领导干部，地方政府可以给予物质的、精神的奖励或晋升奖励以激发他们继续严格要求自己，克服官僚主义、形式主义，提高自身公信力。对于诚信考核不合格的领导干部，地方政府可以实施惩罚以使他们产生人民公仆失信于民的耻辱感与内疚感，从反面鞭策领导干部要诚实守信、取信于民，提高自身公信力。

如前所述，山东、浙江、湖北、河北、湖南、安徽等省份的高新技术企业对地方政府扶持其发展的公共服务的期望与其感知的地方政府扶持高新技术企业发展的公共服务之间是有一定差距的，即存在高新技术企业发展的公共服务质量感知差距。为了改善山东、浙江、湖北、河北、湖南、安徽等省份扶持高新技术企业发展的公共服务质量，这些省份的地方政府可以依据上述弥合四个差距的具体途径，对高新技术企业发展的公共服务倾听差距、高新技术企业发展的公共服务设计和标准差距、高新技术企业发展的公共服务绩效差距、高新技术企业发展的公共服务沟通差距等四个差距进行弥合。在此不再累述。

第三节 地方政府扶持高新技术企业发展的公共服务质量提升措施

通过调查发现，"科技冷战"背景下山东、浙江、湖北、河北、湖南、安徽等省份的"人才获取公共服务""企业获取资金公共服务""提升高新技术企业管理水平"极大地影响着高新技术企业对地方政府扶持其发展的公共服务满意度。所以，在战术层面上，山东、浙江、湖北、河北、湖南、安徽等省份的地方政府要针对"人才获取公共服务""企业获取资金公共服务""提升高新技术企业管理水平"采取具体措施以提升相关公共服务质量。

一、人才获取公共服务的改善措施

对任何一个企业而言，人才对企业发展至关重要。通过对高新技术企业进行问卷调查和访谈后发现，高新技术企业在外部人才招聘中期望地方政府提供帮助。高新技术企业多为中小企业，人力资源管理水平不高。招聘工作是一个技术性较强的工作，不科学的人才招聘不仅会导致高新技术企业难以招聘到合适人才，还会增加企业成本。故高新技术企业在人才招聘中希望地方政府提供帮助。

山东、浙江、湖北、河北、湖南、安徽等省份的地方政府可以采取凭单制为高新技术企业提供人才招聘服务。凭单制是通过发放具有一定面值、非现金券的形式运作。凭单制的良好运行一般需要以下条件：第一，人们对服务具有不同偏好；第二，存在多个服务供应商之间竞争；第三，人们对服务质量、获取渠道等市场情况有充分了解；第四，使用者容易评判服务质量；第五，人们有积极性去购买服务。目前，社会上有很多人才服务中介机构，人才中介服务市场均存在多个服务供应商之间的竞争。在当今互联网时代，高新技术企业能够了解人才服务中介机构的服务质量、获取渠道等信息。高新技术企业对人才服务中介机构提供的服务质量能够容易地做出判断。可见，山东、浙江、湖北、河北、湖南、安徽等省份具备凭单制良好运行的条件，可以通过凭单制从经济上支持高新技术企业向社会上人才服务中介机构购买人才招聘服务。

具体而言，山东、浙江、湖北、河北、湖南、安徽等省份的地方政府向高新技术企业免费发放"人才招聘服务券"，然后从社会上人才服务中介机构中根据机构规模、机构声誉、专业水平等方面选取一定数量人才服务中介机构作为接受"人才招聘服务券"的机构。高新技术企业通过支付服务券自主决定向哪些人才服务中介机构购买相关服务。山东、浙江、湖北、河北、湖南、安徽等省份的地方政府根据人才服务中介机构收到相关服务券数量向其支付一定数额服务费。与直接给高新技术企业财政补贴相比，"凭单制"能够有效满足高新技术企业的相关需求。与直接给人才服务中介机构财政补贴相比，"凭单制"能够确保高新技术企业得到高质量服务。

二、企业获取资金公共服务的改善措施

通过对山东、浙江、湖北、河北、湖南、安徽等省份的高新技术企业实施问卷调查并进行访谈后发现，高新技术企业对"企业获取资金公共服务"不太满意。为了提高高新技术企业对企业融资公共服务满意度，山东、浙江、湖

北、河北、湖南、安徽等省份的地方政府应主要采取以下对策：

（一）大力发展高新技术企业投融资平台

高新技术企业获取资金需要多层面的金融支持，在国家鼓励中小企业创新创业的科技金融政策支持下，我国各类科技投融资平台快速发展起来。这些科技投融资平台的主要功能在于聚集科技和金融资源，通过信息沟通和增值服务提高投融资效率。科技投融资平台主要包括科技金融服务中心、科技金融信息服务平台、科技专家咨询服务系统、科技金融专业投资服务平台等。科技金融服务中心不仅为高新技术企业提供全方位、立体式、专业化、个性化的高效率融资服务，还为高科技企业推荐金融机构，提供金融产品咨询、企业管理咨询等。科技金融信息服务平台面向科技型企业和金融机构、创投机构，集成了科技企业、科技项目、科技人才、科技园区、科技平台、科技政策等优质资源，目的是促进金融、创投以及社会资本与科技型企业有效对接。科技专家参与银行的科技型中小企业信贷评审是化解银行与企业之间的信息不对称、促进科技和金融结合、缓解科技型中小企业融资难的重要措施。科技专家咨询服务系统是在整合国家和地方科技资源基础上，为银行业金融机构提供专业性技术咨询服务的系统。支持高新技术创新创业的科技金融专业投资服务平台不仅包括各个专业机构的中小企业金融管理和服务部门、基于民营资本的社会化的创新型网络金融服务平台，如阿里巴巴金融、宜信、众筹、融资城、全球网，还包括其他的一些具有金融服务功能的组织，如金融租赁公司、消费金融公司等。

（二）着力发展中小企业供应链金融

高新技术企业多为中小型企业，中小企业融资难是一个世界性难题。一般而言，造成中小企业融资难的企业内部原因主要在于其财务制度不规范透明、抵押担保缺乏、风险抵御能力弱，企业外部原因主要在于商业银行社会责任意识不强、专门服务于中小企业的政策性金融机构和商业性金融机构缺乏、信用担保体系不完善。

国务院于2017年10月出台的《关于积极推进供应链创新与应用的指导意见》指出，要"积极稳妥发展供应链金融"。供应链金融是借助供应链上

第五章 "科技冷战"背景下地方政府扶持高新技术企业发展的公共服务质量提升途径

核心企业信用和对交易过程控制向供应链上企业提供金融服务的一种融资模式。核心企业通常规模较大，实力较强，资金较雄厚，在供应链上处于绝对领导地位。中小企业生存模式有一个特点，即大多数中小企业依附于行业中的某个核心企业，处于供应链上游或下游。这个特点为福建省运用供应链金融解决中小企业融资难创造了条件。利用供应链金融，以核心企业为出发点，供应链上下游中小企业能够有效获得资金，解决中小企业融资难问题，银行信用能够融入供应链上下游中小企业的购销行为中，从而增强中小企业商业信用。对银行而言，银行为供应链提供金融支持时注重考察整条供应链的实力、资信和稳定性而不只是考察资金需求企业财务状况，不再对供应链上中小企业财务数据进行静态考量而是关注整个交易动态过程，能够通过中小企业的上下游企业获得中小企业真实交易信息以及与其他企业的合作信息，间接了解中小企业信誉度，从通过实物担保到对贸易资金流的控制来实现风险防范。对中小企业而言，供应链金融不仅淡化了中小企业融资中传统的担保、房地产抵押等要求，有效盘活了中小企业动产，解决了其抵押不足问题，还借助于核心企业信用"外溢"，消除了银行对中小企业信用歧视，解决了其信用担保问题。

供应链金融是基于"供应-生产-销售"而展开。中小企业生产经营过程一般分为采购阶段、生产阶段、销售阶段，故供应链金融主要分为三种模式：

一是采购阶段的预付款融资模式。预付款融资是商品买家在中小企业生产出商品前先把购买该商品货款预付给中小企业。中小企业采用预付款进行融资能够弥补银行贷款不足，满足其生产经营需要。

二是生产阶段的动产质押融资模式。在生产阶段，除了传统的设备抵押贷款之外，中小企业还可以使用原材料仓单融资、半成品仓单融资、存货仓单融资等动产质押融资模式。动产质押融资要求中小企业把货物存于银行指定或认可的仓库中，仓库给中小企业开具仓单，然后中小企业再拿着仓单向银行申请贷款。

三是销售阶段的应收账款融资模式。应收账款融资是持有应收账款的中小企业把应收账款作为抵押担保和金融机构签订合同以获取借款的融资方式。中小企业对资金需求具有短（期限短）、小（额度小）、高（频度高）、急（用款急）的特点，应收账款融资能最大限度解决中小企业的燃眉之急。

为了发展中小企业供应链金融，山东、浙江、湖北、河北、湖南、安徽等省份的地方政府要着力引导供应链上核心企业积极参与中小企业供应链金融。中小企业供应链金融中核心企业不仅能够为供应链上下游中小企业融资提供担保，还是供应链信息交换中心和供应链上物资集散枢纽，故核心企业参与供应链金融的积极性高低极大影响着中小企业供应链金融作用的有效发挥。对于供应链金融中表现积极的核心企业，地方政府可以根据斯金纳的强化理论采取税收优惠、给予企业负责人政治荣誉、运用大众传播媒介提高企业美誉度等措施强化核心企业积极参与中小企业供应链金融的行为。当下，企业社会责任理念逐渐深入人心。消费者在选购商品时日益关注商品生产企业承担社会责任情况，企业在选择商业合作伙伴时也比较关注对方承担企业社会责任状况。核心企业参与中小企业供应链金融，扶助中小企业发展在一定意义上是在承担社会责任。山东、浙江、湖北、河北、湖南、安徽等省份的地方政府可以对核心企业进行社会责任考核，把其参与中小企业供应链金融状况作为考核指标之一，并把企业社会责任考核结果定期在大众传播媒介上广而告之。企业的逐利性决定了大多数核心企业会比较重视其社会责任考核结果，故山东、浙江、湖北、河北、湖南、安徽等省份的地方政府对核心企业进行社会责任考核能够提高其参与中小企业供应链金融的积极性。

三、提升高新技术企业管理水平公共服务的改善措施

爱迪思（Ichak Adizes, 1988）的著作《企业生命周期》把企业生命周期与人的生命周期相比较，形象地将企业生命周期划分为孕育期、婴儿期、学步期、青春期、盛年期、稳定期、贵族期、官僚化早期、官僚期和死亡期等十个阶段。如前所述，高新技术企业多为中小企业。中小企业通常处于婴儿期、学步期或青春期。如果中小企业能够顺利度过青春期，那么它就发展成了大型企业。

在婴儿期，高新技术企业如果出现以下情况是正常现象：一是企业以产品为导向；二是企业的现金支出大于收入；三是企业缺乏管理深度和制度；四是企业负责人缺乏授权；五是企业负责人在企业管理中唱独角戏，不过能够做到

第五章 "科技冷战"背景下地方政府扶持高新技术企业发展的公共服务质量提升途径

从善如流;六是企业负责人经常针对企业危机进行管理;七是企业负责人的领导风格会有所变化。现实生活中,处于婴儿期的高新技术企业常常会出现以下问题:一是企业过早以销售为导向;二是企业出现意想不到的负现金流;三是企业过早制定了规章制度;四是企业负责人过早授权;五是企业负责人听不进不同意见;六是企业出现无法管理的危机;七是企业负责人的领导风格没有变化或者领导风格的变化没有达到预期管理效果。

在学步期,高新技术企业如果出现以下情况是正常现象:一是企业负责人比较自信;二是企业以销售为导向;三是企业努力寻找可以赚钱的产品项目;四是企业销售超出了生产能力;五是成本控制力度不够;六是薪酬管理随意化;七是员工岗位职责不明确;八是企业内部分化;九是企业存在能够发挥作用的因人设事的组织结构;十是企业负责人不可或缺。现实生活中,处于学步期的高新技术企业常常会出现以下问题:一是企业负责人盲目自大;二是企业只追求销售量而忽视利润;三是企业经营过于多元化;四是企业没有实施缓适营销;五是企业没有成本控制;六是企业员工工资过高;七是员工缺乏责任心;八是员工之间信任和尊重减少;九是因人设事的组织结构没有发挥作用;十是企业负责人仍然不可或缺,但是其在企业管理上已经不可救药。

在青春期,高新技术企业如果出现以下情况是正常现象:一是企业激励机制鼓励错误的行为;二是企业制定了制度,却没有坚持;三是董事会努力施加对企业的影响力;四是企业和具有企业家精神的领导机制之间产生了爱恨交织的关系;五是企业难以变革领导风格;六是企业缺乏控制;七是企业员工士气低落;八是企业没有利润分享计划;九是企业利润增加,销售平平。现实生活中,处于青春期的高新技术企业常常会出现以下问题:一是企业在不断地权力更迭中瘫痪;二是企业员工之间信任和尊重急剧流失;三是企业董事会解聘具有创新精神的领导;四是企业内部政治斗争过度;五是企业负责人拒绝用一种非个人化角色取代自己;六是实施过度且耗费巨大的控制;七是企业为了留住员工而给予过高的工资;八是企业过早地导入利润分享计划;九是企业的利润增加,销售下降。

可见,在高新技术企业发展过程中,其在管理上会面临诸多问题。高新技术企业如果不能提升企业管理水平,妥善解决这些管理问题,那么就可能发展停滞甚至倒闭。通过对山东、浙江、湖北、河北、湖南、安徽等省份的高新技术企业实施问卷调查并进行访谈后发现，高新技术企业对"提升高新技术企业管理水平"不太满意。为了提高高新技术企业对提升其管理水平公共服务的满意度，山东、浙江、湖北、河北、湖南、安徽等省份的地方政府应采取以下对策：

（一）对高新技术企业负责人进行企业管理理论培训

通常，中小企业负责人对企业影响巨大。高新技术企业负责人的管理水平直接决定了企业的管理水平，从而影响着高新技术企业发展。理论指导实践，多数高新技术企业负责人没有系统学习过企业管理理论，其企业管理理论的缺乏直接影响着他们的企业管理实践水平。为此，山东、浙江、湖北、河北、湖南、安徽等省份的地方政府可以每年免费资助一些当地重点发展行业的高新技术企业主去高校学习相关企业管理理论。为了确保对高新技术企业负责人的企业管理培训达到预期效果，首先，山东、浙江、湖北、河北、湖南、安徽等省份的地方政府要分析当地高新技术企业主的培训需求。其次，山东、浙江、湖北、河北、湖南、安徽等省份的地方政府要确定培训项目的目标，根据高校的学科优势甄选培训高校。最后，山东、浙江、湖北、河北、湖南、安徽等省份的地方政府要对培训效果进行评估并促进培训效果转化。

（二）大力发展行业协会以提升高新技术企业负责人的企业管理实践水平

管理不仅是一门科学，更是一门艺术。高新技术企业负责人的企业管理水平提升不仅取决于其掌握的相关管理理论，更取决于其企业管理实践经验。企业管理实践经验本质上属于企业管理隐性知识。企业管理隐性知识从隐性知识的功能角度可以分为技巧或诀窍、心智模式、处理问题的方式和组织惯例等四种类型。行业协会是在市场经济条件下，以行业等具有经济关联性的多数企业为主体，在自愿基础上结成的以保护和增进会员利益为目标的非政府社会组织。行业协会一般具有三种职能：一是行业代表功能。二是行业协调功能。当部分企业破坏正常市场秩序、大企业与中小微企业存在利益冲突、行业整体美誉度下降等情况出现时，行业协会会以维护行业长远利益为目标采取相应措施。三是行业服务功能。行业协会可以为会员企业提供行业信息分布、专业培

第五章 "科技冷战"背景下地方政府扶持高新技术企业发展的公共服务质量提升途径

训、企业管理研究和技术咨询等服务。可见，行业协会是一个使高新技术企业主有效获得企业管理隐性知识的合适平台。例如，行业协会可以定期邀请本行业中富有管理实践经验的企业负责人举办企业管理讲座。通过聆听企业管理讲座，高新技术企业负责人能够获得主讲人的一部分企业管理实践经验和认识。通过行业协会这个平台，高新技术企业负责人可以定期聚在一起就高新技术企业管理的某个共性问题运用头脑风暴法进行探讨。行业协会还可以组织中小高新技术企业负责人去大型企业参观，让高新技术企业负责人通过观察专家或师傅的操作来获得相关隐性知识。另外，通过行业协会组织的结构式访谈、行动学习、标杆学习、分析学习、经验学习、综合学习、交互学习等活动，高新技术企业主也可以获得企业管理隐性知识。

为了促进行业协会发展，首先，山东、浙江、湖北、河北、湖南、安徽等省份的地方政府要进一步放宽行业协会成立条件，鼓励各个行业自发成立行业协会。其次，山东、浙江、湖北、河北、湖南、安徽等省份的地方政府要给予行业协会尤其是那些高新技术企业众多的行业协会一定经费支持。经费支持不仅能够确保行业协会正常运行，还能够保持政府部门对行业协会具有一定控制力，从而避免行业协会沦为大企业谋利工具，充分保障中小高新技术企业权益。例如，山东、浙江、湖北、河北、湖南、安徽等省份可以采取向行业协会购买高新技术企业管理培训服务的方式资助行业协会。最后，山东、浙江、湖北、河北、湖南、安徽等省份的地方政府可以通过补贴尚未加入行业协会的高新技术企业会员费方式促使更多高新技术企业加入行业协会。行业协会是互益型组织，需要交纳会员费才可以加入。有些高新技术企业由于资金紧张，且暂未看到加入行业协会的好处而游离在行业协会之外。为促进高新技术企业发展以及行业协会发展，山东、浙江、湖北、河北、湖南、安徽等省份可以补贴相关高新技术企业会员费以促使其加入行业协会。

为了提高高新技术企业对提升其管理水平公共服务的满意度，除对高新技术企业负责人进行企业管理理论培训，以及借助行业协会提升高新技术企业负责人的企业管理实践水平之外，山东、浙江、湖北、河北、湖南、安徽等省份的地方政府还可以采取凭单制为符合其产业发展政策的高新技术企业提供企业管理咨询服务。

第四节 中资大型银行投贷联动模式探索

一、引言

科创企业基本属于高新技术企业,科创企业面临的融资难问题高新技术企业也会遇到。本章第四节和第五节对科创企业投贷联动进行相关研究。

自2012年起,我国GDP增长率在7.5%左右浮动,2015年GDP增长率更是降到7%以下。较2003年至2011年GDP增长率而言,2012年以后年份的GDP增长率下降显著。以投资、出口和消费为主的需求拉动型经济发展模式面临挑战。2015年11月,习近平总书记在中央财经领导小组会议上指出:"在适度扩大总需求的同时,着力加强供给侧结构性改革,着力提高供给体系质量和效率。"随着"大众创业,万众创新""互联网+""中国制造2025"等战略的广泛实施,传统行业纷纷通过商业模式创新、经营战略和人才引进等手段在产业转型和升级的道路上探索前行。与此同时,大批中小微科技型企业崭露头角。

随着中国利率市场化改革的逐步完成,商业银行存贷利差逐渐缩小。互联网金融的蓬勃发展加速金融脱媒,商业银行的存款资金持续被分流。与此同时,金融监管限制的逐渐放宽,金融行业限入门槛的逐渐下降,打破了金融服务业的竞争壁垒,迫使商业银行进入一个以竞争、创新和混业为主的大资管时代。"十三五"规划纲要提出要"发展多层次股权融资市场,深化创业板、新三板改革,规范发展区域性股权市场,建立健全转板机制和退出机制"。此规划纲要为银行开展股权投资提供了良好的资本市场体系。

不管是国民经济结构的转型升级,还是科创企业的创新创业,或是商业银行利润空间的拓展,或是投资机构利润增长点的寻求,中国经济新常态正在呼唤新金融,金融创新将助推经济新常态的可持续发展。2016年4月21日,国家银监会、科技部与中国人民银行联合发布了《关于支持银行业金融机构加大创新力度,开展科创企业投贷联动试点的指导意见》(简称《指导意见》),鼓励和指导银行对科创企业开展投贷联动业务。《指导意见》将科创企业定义

第五章 "科技冷战"背景下地方政府扶持高新技术企业发展的公共服务质量提升途径

为中小微科技型企业,为此下文所提及的科创企业都指的是科技型中小微企业。《指导意见》还确定了五个国家自主示范区,十家试点银行。试点银行包括了中资大型银行、股份制银行、城市商业银行、民营银行和中外合资银行。

二、商业银行投贷联动的研究现状

近几年,我国银行在借鉴国外投贷联动成功经验的基础上,根据本国的法律法规,开展了诸多探索。《商业银行法》第四十三条规定,商业银行在境内不得向非银行金融机构和企业投资,但国家另有规定的除外。《贷款通则》第二十条规定,不得用贷款从事股本权益性投资,国家另有规定除外。《关于严禁银行业金融机构违规投资参股非金融企(事)业或项目的通知》再次强调,除国家另有规定除外,各银行业金融机构及其境外子银行不得以任何形式向非金融企(事)业或项目投资。由于这些法律法规,我国银行投贷联动的尝试和探索只能"曲线借道",并衍生出多种模式。

(一)集团内部联动模式

银行可在获得人民币股权投资牌照后,将直投业务和商贷业务对接开展,从而实现投贷联动。虽然法律法规限制众多银行在境内直接进行股权投资,但国家开发银行获此特批。国开行可在境内直接通过国开金融或国开证券开展股权投资,由国开行给予债权投资。整个集团呈现国开行+国开金融或国开证券的一拖二混业经营模式。

银行可通过组建投贷联动子公司或资产管理公司绕道参与股权投资。除了国开行之外,其他银行需按照相关的法律法规在境外成立具有股权投资资质的子公司。银行可以通过与境外子公司协同或由境外子公司在境内成立股权投资机构进行股权投资。近年来,有银行通过收购优质信托等金融公司借此寻找并且投资合适的 VC 和 PE 项目,同时也扩展了自身混业经营的平台。例如,浦发银行控股 97.33% 的上海信托,招商银行控股 60% 的西藏信托。

(二)外部机构"联盟式"联动模式

银行与投资机构简单合作联动,投资机构主投,银行主贷。一方面,双方可采用松散合作方式,即两者形成战略合作协议,分别对双方共同推荐的企业按照各自风险评估和偏好开展调查和决策。这主要是在渠道上和业务前端的合作。对于银行而言,资金的投入方式依然按照传统的信贷模式。企业可以因此增加融资渠道,但很难直接提高企业融资水平。另外,银行信贷资金的加入会增加科创企业的成功率,投资企业有提高盈利的可能性。由于银行与投资机构对风险容忍度与风险评估方式不同,松散合作方式存在较大不确定性和较高的协调成本。另一方面,银行与投资机构还可以采用紧密合作方式,即银行对已有投资机构股权投入的企业进行授信贷款。商业银行在授信前需要对投资机构的历史投资经验、团队实力和投资策略等方面进行综合评估。一般情况下,PE机构投资的企业往往已基本进入成熟期,有些甚至是pre-IPO企业。所以,经过PE机构筛选过的企业很大程度上可被视为银行传统信贷标准下的"黄金客户"。

银行除了与投资机构合作联动外,还可开创"1+N+3"开放式创新创业投贷联动合作联盟。1指的是银行,N代表多种形式的创投,3为券商、会计、律所三类中介服务机构。银行主要是提供存款资金、客户资源、企业历史发展数据和完整有效的风控;创投在各细分行业进行较高效的产业资源整合,可帮助企业改善股权结构,优化公司治理;券商、会计事务所和律师事务所主要帮助企业上市,提供财务和法律咨询方面的专业服务。三大类机构在各自领域中发挥各自优势,相互协作,为企业提供一站式、多功能、覆盖整个生命周期的金融服务工作。

除了与不同行业的组织合作外,银行还可以与国外在投贷联动业务上有成功经验的金融机构联盟。通过借鉴合作股东的成功经验或共享合作股东的优质资源,我国商业银行可以更有效地探索合适的投贷联动方式。

商业银行为抵补风险也可采用选择权贷款方式实现投贷联动。选择权贷款是指银行在授信同时,与企业约定贷款转换成股权的比例,该股权期权多由投资机构代持。待企业上市,发生兼并收购或出现股权增值,投资机构将行使后的股权或未执行的期权抛售,银行除获得贷款利息外还可从中获得超额收益。当企业经营出现问题时,股权期权就失去价值,收益就只有贷款利息。此种投贷联动模式往往被应用在银行与VC机构的合作中。VC机构投资对象主要是早期的科创企业。这类企业通常具有较高的价值成长空间,较大的风险和缺乏抵押资产的特点。在这种投贷联动模式下,银行主要受益方式依然是贷款利息,但同时也可通过股权期权获得额外收益用以抵补科创企业的高风险。此种投贷联动方式操作原理类似于可转换债券,操作关键是债权与股权之间转换比例、期权执行期限约定和代持约定。

银行也可与投资机构以有限合伙的方式进行投贷联动。部分商业银行以理财等方式获取资金并通过信托公司等通道,认购优先级股权。此股权主要约定了退出年限、退出方式和回报收益率。这些约定其实是对企业的风险和回报的锁定。虽然从形式上看银行分享了企业资本利得,但其本质上仍然是债权投资。

三、中资大型银行投贷联动模式的创建

中资大型银行要实现投贷联动,与其他中小型商业银行思路相同,可以从资本和效益根本层面上有效协调债权投资和股权投资。然而,大型银行有其源远流长的企业经营文化,丰富的客户资源,多元的融资渠道等特点,使其在投贷联动具体操作中可以有更多的优化选择。

(一)组建产业投资平台

产业投资基金主要由境内外金融子公司和政府出资而成,是产业投资平台运行中股权资本的来源。由于产业投资基金一般具有政府背景,政府会给予一定的资金支持。政策性资助机构在产业投资平台中主要起到引导科创企业发展的作用。另外,由于产业投资基金的设立需经过国务院、发改委和银监会三部门的审批,门槛较高,往往只有资本雄厚的大型银行才能够参与其中。鉴于国内法律法规的限制,除了国开行外,中资大型银行无法直接参股或控股基金。于是,它们通过境外控股或投资的金融机构绕道参与产业投资基金的组成。大型银行还可以兼并或收购业绩不错的基金、信托等专业金融机构,从而优化内部股权投资职能。由境内外金融公司组合而成的投资机构在产业投资平台中执行风险投资和私募股权投资的职能,还可以以有限合伙人(LP)的身份参与产业投资基金以控制投资风险。

科创企业信贷发放部在联动中负责债权投资职能,是产业投资平台运行中不可或缺的部分。传统信贷业务的授信依据是企业过去经营过程中所形成的财

务状况，而科创企业的价值评估主要是受该企业未来经营前景影响，两者的授信依据存在很大差异。为此，大型银行需要组建专门用来执行科创企业信贷发放的事业部，做到人、财、物相对与其他授信部门保持一定的独立性，拥有专门的审批部门、审批通道和风控体系。大型银行存在纵向审批流程设置繁琐的问题，为提高审批效率，科创企业信贷部可以适当下放审批权。虽然科创企业信贷发放部保持相对独立，但依然要受到授信部门的监管以确保整个授信过程的合法合规。

产业投资平台除了协调各组织和谐联动外，还审核目标项目的可行性。该平台由营运团队和复合型专家团队两大部分组成。营运团队分别由创投机构和信贷发放部门的负责人组合而成，实行双边业务考核。通过营运团队内的紧密协作，从而带动信贷业务和投资业务高效和谐联动。除了营运团队外，产业投资平台还需要建立一支涵盖科技、财务、法律和投资等领域的复合型专家团队。大型银行可以从集团内的投行、信贷、风控等部门抽调骨干成员，或从高科技行业、专业投资机构、会计事务所引入人才，组建复合型专家团队。专家团队可以在利润和风险层面上对项目的可行性做出决策，具体的操作由产业投资平台的营运团队指挥各机构协调互动。

（二）持续为不同发展阶段的科创企业提供相应的金融服务

中资大型银行在投、贷、债、租、证行业上有较为全面的覆盖，尤其是国开行具有全项行业金融牌照。相对于中小型商业银行而言，中资大型银行更加有条件利用和协调内部资源提供综合的金融服务。科创企业的发展大致要经历初创期、成长期、扩张期和成熟期四个阶段。每个阶段企业面临的风险不同，因此融资的方式也会不同。通过贯穿科创企业整个生命周期的投贷联动，大型银行可以做到风险收益大致相匹配，减少因信息不对称造成的风控失误。

1. 初创期

在初创前期，科创企业往往处于研发阶段，前景不明朗，风险投资机构不会选择单独进入。另外，研发产品并未进入市场，所以没有现金的流入和应收账款的出现，也没有积累到足够可供债权融资的固定资产。根据传统信贷评估方式，该时期的科创企业根本无法获得抵押信贷。因此，科创企业在此阶段主要依靠所有者的资本支撑。产业投资平台可在此阶段介入，帮助企业获得政府资金支持。在初创期后阶段，科创企业在产品研发上取得阶段性成果，产业投资平台可以开始为科创企业引入风投资本。

2. 成长期

为了促成企业研发阶段的完成和高新技术成果尽快商品化、产业化，大型银行集团内的风投子公司继续对科创企业增加投入。大型银行可以配合增加一部分的信贷资金并附认股权证。如果科创企业能够成功上市，银行能够以低溢价股本获得高额资本收益，用以抵补成长期遭遇的高风险。当产品研发阶段完成时，大型银行还可以以知识产权或专利为担保，为企业提供量身定做的贷款产品，贷款金额上限应予以严格控制。在此阶段，虽然债权投资逐步跟进，但风投资本依然占据主导地位。

3. 扩张期

随着产品进入市场并不断地被消费群体接受，公司有了订单、应收账款和现金。这些资产可以替代知识产权或专利作为贷款的抵押物，同时银行可以提高抵押贷款金额。大型银行还可要求科创企业在本银行开户。银行可以通过监控企业账户中的现金流和要求企业账户内保持一定数量的流动现金实现风险抵御。在扩张期的末期，小微企业一般已累计一定量的资产可供债权融资。大型银行可以加大各种形态的信贷支持，比如小微企业打包贷款、科创企业债权融资等。在整个扩张期阶段，银行根据企业每一小阶段不同的经济发展特征采取不同的债权投资措施。债权投资比例在整个过程中呈现逐渐递增的趋势。

4. 成熟期

由于前三个阶段的股权和债权资本的交替注入和大型银行提供的综合一站式金融服务，中小企业在此阶段已然成为一个管理制度健全、盈利模式稳健、融资渠道多样的成熟企业。在此阶段，有前景的科创企业正在为上市做准备。此时，大型银行集团内的境内外金融子公司以 PE 形式向企业注入资本，帮助企业进行合规性改制，从而实现顺利上市。如果，科创企业上市成功，大型银行便开始执行认股权或出售期权，集团内的 VC 和 PE 资本开始逐渐退出股权资本，实现超额资本利得。应收账款贷款、流动资金贷款等非固定资产抵押贷款逐渐被按期收回。

四、中资大型银行开展投贷联动模式的对策

(一)理性开展投贷联动

中资大型银行应控制投资领域,设置模板化产业投资平台。成功的投贷联动能为科创企业、银行、投资公司,甚至整个国家经济供给侧结构性改革带来丰厚的红利。然而,目前投贷联动仍是小众业务。投贷联动模式正在被逐步试点探索。投贷联动主要面向科技型中小微企业,这些企业本身具有高风险的特点。本书创建的大型银行投贷联动模式将联动过程中面临的所有风险都内部化和集中化。相比较而言,中小型商业银行由于内部资源有限,往往直接与专业创投机构或中介机构联盟实现投贷联动。这种"联盟式"投贷联动能够将科创企业可能会发生的风险分散于各机构。面对投资对象风险高,风险内部集中化并且实务经验不足的业务模式,大型银行应该将投资的范围集中在少数几个熟知领域中。根据产业的特点,大型银行为该行业设置特定的产业投资平台。通过控制产业投资领域和产业投资平台模板化设计,大型银行可以在特定的产业中实现投贷联动的规模效应和经验效益。

中资大型银行应根据区域特点,加强信息管理,合理开展投贷联动业务。目前,很多银行处于想开展又不敢开展的两难境地。开展得当有利于银行重获利润增长点,开展不当会使银行经营雪上加霜。因此,直至目前为止银行投贷联动推行效果甚微。中资大型银行应当加强投贷联动业务管理信息系统开发,采集科创企业信息数据,掌握科创企业成长发展规律,通过产业投资平台充分把控科创企业投资风险,合理分配资源,从而积极、稳健地开展投贷联动。

(二)科学隔离投贷风险

大型银行投贷联动需要合理设置投贷比例,应当与企业生命周期相匹配。在初创期和成长期,科创企业有轻资产和高风险的特点。因此,股权投资在投贷联动中所占比例应当较高。在扩张期,企业产品大量进入市场,现金流入产生,应收账款增加,资产逐渐累积,企业经营风险逐渐下降。于是,投贷联动中资本主导地位转为由债权投资占有。本书创建的大型银行投贷联动模式以企业的生命周期为依托,通过控制投与贷之间的比例,做到风险与收益在企业整

个生命周期中相匹配。然而，外部机构"联盟式"投贷联动往往偏静态，各机构之间很难在企业不同发展阶段合理协调投贷比例。

根据风险等级不同，产业投资平台中的资金用途与来源应被严格予以分户管理。在文中创建的大型银行投贷联动模式中，科创企业信贷部和投资机构的资本根据不同风险容忍度被安置在不同的账户中。同时，资金的来源也可根据客户对风险容忍度的不同被存放在不同的账户中，比如高端理财、机构理财资金与公众存款分别存放。根据项目本身风险以及不同周期阶段的风险评估，项目各阶段被标以不同的风险系数。产业投资平台将资金来源的风险容忍度和资金项目用途的风险系数进行配对，从而达到风险和收益相匹配。虽然在风险控制方面可以达到比较理想的状态，但是账户管理的成本预算会高于其他的联动模式。

（三）有效整合资源，客观评估优势

中资大型银行可以通过创建的平台充分利用内部资源，注重人才培养，在有效开展投贷联动的同时，最大化综合效益。在大型银行投贷联动模式的构建过程中，平台所需要的人力资源均可向相关部门和机构借用。这样不仅可以让专业人员根据自身能力身兼数职，充分利用宝贵的人力资源，而且各组成部分因人员在平台中的交叉任命而有较强的联动性。联动模式发挥其比较优势，削减了直接融资和间接融资、资本市场和信贷市场间的壁垒，为资源优化配置提供了先决条件。在大型银行为科创企业提供投贷联动金融服务时，还可以为企业提供支付结算、资金托管、财务顾问等服务，从而提升银行的综合收益。相比较而言，中小型商业银行的投贷联动模式很难在综合效益方面超越大型银行。

中资大型银行不可因资源优势而单打独斗，机会合适时也需加强多方合作。中小型商业银行，通过与其他金融机构甚至国外金融公司的合作联动，弥补自身的不足。通过共享合作方的优势，中小型商业银行能够在较短的时间，以较少的资本累积抓住投贷联动业务带来的盈利机遇。大型银行应当客观认定外部专业机构的优势和国外金融企业的成功经验，以积极和包容的姿态与其合作，从而弥补经营方式或理念上的缺陷，抓住投贷联动业务发展的"先入优势"。

第五节 宁波市投贷联动的推进和模式研究

随着我国大众创业、万众创新的持续推进，科创企业的发展已逐渐成为拉动经济发展的新引擎。为了解决科创企业融资难的问题，全国上下开始积极探索和开展投贷联动模式。2016年4月21日，国家银监会、科技部和中国人民银行联合发布《关于支持银行业金融机构加大创新力度开展科创企业投贷联动试点的指导意见》，该指导意见定义投贷联动是一种科技金融服务模式，并为银行业开展投贷联动试点提出指导意见。同年6月14日，宁波市获批成为国家第二批科技金融创新试点城市，开始积极探索适合区域经济发展的投贷联动模式。另外，如前所述，浙江省高新技术企业对"企业融资公共服务"不太满意。所以，本书从推进条件、模式分类、问题分析和发展建议四个方面研究宁波市投贷联动业务，并提出推进投贷联动的对策建议，以期有助于改善宁波市乃至浙江省的高新技术企业融资公共服务。

一、宁波市投贷联动的推进条件

（一）地区依托条件

2016年8月18日，宁波市获批国家首个"中国制造2025"试点示范城市。这一试点的落地为宁波市在新材料、高端装备和新一代信息技术的重要领域和关键技术环节铺设了一条创业创新之路。同年10月14日，宁波市国家科技成果转移转化示范区获批。该示范区的建设对于宁波市全面推进建设全国一流的产业技术创新中心，加速科技成果转移转化，推动新兴产业培育具有重要意义。另外，国家小微企业创业创新基地示范城市、全国普惠金融综合示范区、国家跨境电子商务综合试验区等超大平台建设都为宁波市科创企业的发展提供了资源共享的空间。截至2017年9月，宁波市已初步建成一批创业大街、创业社区、专业化众创空间、科技孵化器等形式多样的新型双创载体平台，累计达300多家；基本建立"苗圃－众创空间－孵化器－加速器－产业园"全过程孵化体系。全市发明专利授权量最近五年年均增长28.7%，已备案创新型初创企业 9 657 家。

（二）政策基础配套

宁波市人民政府于 2011 年 4 月 19 日成立了宁波市市促进科技和金融结合试点工作领导小组。小组成员来自市政府、科技局、发改委、财政局、金融办、经信委、证监局、保监局、银监局、中国人民银行、宁波市国家高新区管委会等多个政府机构和部门。2016 年，宁波市出台《促进科技和金融结合试点方案》，在该方案的指导下，宁波市先后组建了科技金融协同服务、天使投融资公共服务联盟、创新联盟孵化、互联网金融服务等四大科技金融服务平台。2017 年 1 月 19 日，宁波市人民政府办公厅印发《宁波市市建设国家科技成果转移转化示范区实施方案》。该方案鼓励宁波市加快发展科技银行，吸引国内外银行机构在雨设立科技支行；加快引进集聚一批国内外知名天使人和天使投资机构，吸引国内外知名创业投资机构在雨注册和设立分支机构等。在扩大科技信贷风险池资金规模的同时，宁波市积极开展股权投资与信贷投资相结合的投贷联动融资服务试点。该方案还为宁波市投贷联动业务制定了 2020 年发展目标。

（三）金融基础环境

在股权投资方面，截至 2016 年底，宁波市天使投资引导基金累计签订投资项目 150 项，引导基金投资金额超过 1.25 亿元，累计引导社会资本投入 15.2 亿元，基金放大效应达到 12.2 倍。在基金的引导和服务下，一批宁波市科创企业成长壮大。23 家企业获得新一轮融资，金额总计 3.1 亿元；28 家企业快速步入资本市场，其中 8 家在新三板挂牌，20 家在区域性股权交易市场挂牌；累计 16 个已投项目顺利退出，实现平均收益率 26.1%，项目平均投资周期为 1.5 年，成功实现资金的滚动利用，为基金的可持续运行奠定了基础。截至 2018 年 1 月，宁波市天使投资引导基金已投资 180 家创新型初创企业，金额达 1.5 亿元，带动社会资本 20 亿元，基金放大效应达到 13.3 倍。截至 2017 年 2 月，宁波市已备案天使投资机构 300 家，可投资资本 85 亿元。

在银行信贷方面，宁波市于 2011 年成立了杭州银行宁波市科技支行、中国银行宁波市科技支行两家科技银行，主要为科创企业提供信贷。截至 2016 年底，中国银行宁波市科技支行科技信贷风险池业务放款 21 家，金额 4 280

万元；已还款 4 家，金额 800 万元，且无不良贷款。杭州银行宁波市科技支行科技信贷风险业务放款 9 家，金额 1 320.71 万元，暂无不良贷款。另外，农业银行、宁波银行、中信银行、宁波通商银行等都在宁波市成立了科技金融部，为科创企业发展提供金融支持。

二、宁波市投贷联动的模式分类

（一）商业银行集团内部开展投贷联动

内部投贷联动模式主要有三类：一是商业银行集团内直接设立境内股权投资子公司，负责股权投资；集团旗下的其他银行成员负责信贷投放。目前，仅国家开发银行获得人民币股权投资牌照，可采用此类内部投贷联动方式。未来，只有试点银行才有可能采取此类联动方式。二是商业银行集团在境外设立具有股权投资功能的分支机构，与境内银行成员联合开展投贷联动。三是商业银行集团旗下信托、基金等具备股权投资功能的成员与银行成员开展投贷联动。目前，国内很多非试点银行在境内外都已成立具有股权投资功能的子公司。

目前，宁波市银行业主要采用模式三的方式开展投贷联动。如宁波市银行在宁波市开展的投贷联动主要通过旗下的"浙江永欣资产管理有限公司"设立股权投资基金进行股权投资；宁波市银行另外向科创企业再提供贷款。通过这类联动方式，宁波市银行向科创企业提供多元化的融资服务，并在增值服务、品牌提升和业务拓展方面体现明显优势。截至 2017 年 10 月，宁波市银行运用该种投贷联动业务为 14 家科创企业投资 1.67 亿元。

（二）商业银行集团外部开展投贷联动

商业银行集团外部开展投贷联动是指商业银行机构与投资机构合作完成投放贷款和股权投资。在具体运作上可分为以下四种：一是商业银行在投资机构对企业进行评估和投资的基础上，对企业投放贷款。商业银行依托投资机构专业知识与丰富经验，可以有效控制贷款风险；通过与投资机构共享信息，可以跟踪并灵活介入进行投放贷款。二是银行在对科创企业提供传统授信产品的基础上，与投资机构约定把贷款作价转换为对应比例的股权期权。在科创企业实现 IPO 或股权增值时，银行有权从投资机构处获得约定好的股权数额。三是商业银行直接向风险投资机构发放专项贷款。此笔贷款只能满足目标客户的流动资金需求和固定资产需求，而股权投资需求由风险投资机构满足。四是银行通过产业基金进行投资并发放贷款。一般由政府、央企或大型国企成立产业投资母基金。商业银行运用高端理财或机构理财资金认购优先级股权，并约定退出年限和退出方式。项目亏损时，优先获得保证；项目盈利时，优先按事先约定的比例获得分红。基金发起人和管理人承担基金项目的最大风险。

宁波市各大银行普遍采用商业银行集团外部投贷联动的模式，尤其是"跟投模式"。如：宁波市 YT 光电科技有限公司是一家成立于 2013 年的新企业，该科创企业主营大功率 LED 灯具的散热器生产、检测及销售，拥有 7 项知识产权专利。截至 2016 年，该企业已获得宁波市天使投资 100 万元引导基金和伯乐开图创业投资合伙企业 200 万元的风险资金。中国银行宁波市分行采用"跟投模式"，利用企业主要股东的股权作质押，为该企业提供了 200 万元的贷款。

除了"跟投模式"，宁波市各大银行还在积极探索其他途径的投贷联动模式。2016 年 2 月，兴业银行宁海支行首次组织的工业产业基金——新能源汽车产业基金顺利落地。该基金由政府、银行和创投公司三方联手设立，基金总规模 20 亿元，全部用于扶持年产 10 万台规模的宁海知豆电动汽车项目。宁海县宁东新城开发投资有限公司代表政府出资 6 亿元，作为该基金额的劣后级出资人；兴业银行出资 14 亿元，作为优先级出资人；金沙江创投作为基金管理人。兴业银行在该产业基金融资过程中名为股权投资者实则债权投资者，采用"产业基金模式"为科创企业提供融资服务。

三、宁波市推进投贷联动业务过程中存在的问题和对策建议

（一）问题分析

宁波市已为投贷联动的需求主体搭建了众多平台，但是供给主体缺乏多元化，局限在银行集团、政府和创投公司范畴内。信托公司、金融资产管理公司、保险公司等金融机构几乎没有参与其中，这使得宁波市投贷联动推进比较缓慢。与此同时，宁波市投贷联动还存在相关法律规定不完善、监管职责不明

确的问题。首先，我国现行《商业银行法》第43条规定商业银行在境内不得从事信托投资和证券经营业务，不得向非自用不动产投资或者向非银行金融机构和企业投资，但国家另有规定的除外。此规定将影响非试点银行投贷联动的应用领域、实践效果和开展的积极性。其次，股权投资风险较高，会影响传统商业银行内部计量，现行《资产管理办法》和会计核算制度有待进一步改善。再次，国家银监会、科技部和中国人民银行联合制定的《关于支持银行业金融机构加大创新力度开展科创企业投贷联动试点的指导意见》和宁波市市政府制定的《宁波市市促进科技和金融结合试点方案》都只涉及银行，其他金融机构的投贷行为虽分别受到一些法律约束，但在联动情形下的行为并未有相应法律或指导意见进行规范。最后，投贷联动的开展涉及多个主体的行为。我国现有金融体系是分业监管，这意味着一笔投贷联动业务的开展会受多方机构监管，可能存在监管重叠，也可能存在监管漏洞。

此外，宁波市投贷联动模式比较单一，主要采取的是跟投模式和产业基金模式。分析其原因，一是因为宁波市金融体系离完善和发达程度尚有一段距离，难以控制和化解在实践某些投贷联动模型时所面临的风险。另一方面，商业银行的风控机制不允许银行冒险进入。为此，部分投贷联动模式很难在宁波市推广。二是因为宁波市高级金融人才和综合性人才资源缺乏，无法满足业务专业性和综合性的要求。宁波市投贷联动业务仅在资本方面对科创企业提供了初步的金融支持，而后续包括结算、财务顾问、外汇等在内的一站式、系统化金融服务却因人力资源的缺乏而无法涉及。像"投贷+财务顾问"之类的综合性联动模式就无法在宁波市推广。三是因为宁波市缺乏国内外或跨省市的合作与交流平台，制约了投贷联动业务的开展。

（二）促进发展的建议

第一，宁波市需要建立严重违法企业黑名单制度，探索失信预警和信用分类分级监管模式，加强公安、工商、税务、法院等多部门与金融系统信息联动和分享功能。这种方式可以形成"一处违法失信，处处受限"的失信联合惩戒机制，以此增强供给主体筛选科创企业的能力。其次，部分金融机构有较好的条件开展投贷联动业务，但是还是不愿参与，其中一个原因是退出机制不够完善。政府应当在政策和资本上支持完善退出机制，保证金融机构的退出和参与不影响科创企业的发展需求。这样可以为供给侧创造一个完全竞争市场,资本的分配由市场决定,金融机构的参与度也交由市场决定。

第二,宁波市各级政府应配合国家完善相关法律规定,增强地区投贷联动政策支持,全面反馈实施投贷联动过程中出现的问题,积极配合中央修改、完善相应的法律规范。另外,宁波市应加快推进投贷联动金融园区建设,在金融园区中实行特殊政策支持,为日后在宁波市全大市范围内呈辐射状推广投贷联动经验做好准备工作。

第三,宁波市应通过增强金融机构风险控制能力,培养高级专业人才和综合性人才,增加国内外和省市间合作和交流机会,促进投贷联动模式多样化发展,为科创企业提供更符合发展需求的融资支持。除此之外,宁波市还应鼓励社会各界组建专业的风险研究团队,对不同投贷联动模式的风险进行研究并制定出解决方案。宁波市高校应培养不同层面的金融人才,突出高端和综合的特色,组建校企实践基地,为投贷联动模式的探索和推广储备足够的人力资源。另外,在信贷人员绩效考核上,应根据科创企业的特点,采用有别于传统的考核方式,用好人才,留住人才。目前,我国已有很多城市开展投贷联动业务且累积了不少宝贵的经验,宁波市可以组建专业团队前往考察和学习交流。

第六节 国外政府促进中小企业自主创新的政策及启示

一、引言

他山之石,可以攻玉。高新技术企业多为中小企业,国外政府促进中小企业创新的政策对我国地方政府扶持高新技术企业发展有借鉴意义。创新、技术创新是外来语,其涵义早已为国际学术界和产业界所熟知,国际上并没有"自主创新"的提法。从纯学术意义上讲,创新是创新主体的一种行为,创新本来就是自主的。在这个意义上,"自主"只是附加的一个定语,并没有实质性含义。不过,中国提出自主创新有其深刻含义,其目的不是重新定义创新,而是想传达一种理念、意志和意图，表明中国想摆脱技术依赖，自强自立，实现经济社会发展的战略转型。根据"自主程度"的不同，自主创新的内涵也有所差别。通常有三种：（1）自主创新是在创新主体主导之下的、由该主体完成部分或全部创新活动的创新；（2）自主创新是在创新主体主导之下的、由该主体完成部分或全部创新活动且拥有自主知识产权的创新；（3）自主创新是在创新主体主导之下的、由该主体完成部分或全部创新活动且掌握核心技术并拥有自主知识产权的创新。考虑到中小企业的实际情况，本书根据涵义（1）来定义中小企业自主创新，即自主创新是在中小企业主导之下的、由其完成部分或全部创新活动的创新。

二、某些外国政府促进中小企业自主创新的主要政策

（一）美国

1. 颁布促进中小企业技术创新的专门法律法规

健全的法律法规是中小企业技术创新的基本法律保障、为使中小企业健康发展，促进中小企业技术创新，美国政府高度重视对中小企业技术创新的立法保护，颁布了一系列有关中小企业技术创新的法律法规。美国以《小企业法》（1953）作为其指导中小企业工作的主要依据，在此基础上，先后颁布了《小企业投资法》（1958）、《机会均等法》（1964）、《小企业经济政策法》（1980）、《小企业技术创新发展法》、《加强小企业研究与发展法案》（1992）、《减税法》（1992）、《新税法（1998）》（1997）。

2. 建立专门机构——小企业管理局

为了加强对中小企业技术创新的宏观管理和指导，经美国国会授权，美国政府于1953年成立了小企业管理局（SBA）。小企业管理局是美国政府的一个独立机构，其主要目标是帮助美国的企业家组建成功的小企业，并与各州成千上万的信贷、教育以及培训机构合作为它们提供财务、培训以及其他各种帮助。作为美国中小企业的最高政府管理机构，小企业管理局的主要职责是执行法律和政策，协调政府部门与中小企业的关系，为中小企业提供直接或间接的资金援助以及经济、技术、法律等方面的服务与指导。

3. 提供技术创新的金融扶持

根据中小企业技术创新的不同需求,美国政府向中小企业提供贷款担保的金融扶持。一是为中小企业提供创业资金和经营资金的"长期贷款担保""简化手续贷款担保""CAPline 贷款担保""Fastrak 贷款担保"及"微型贷款担保"。二是为中小企业提供国际贸易贷款担保、出口风险贷款担保以及向购买美国产品的外国进口商提供多种贷款担保。三是鼓励私营金融机构向中小企业贷款、投资,向从事小企业投资的私营投资公司提供贷款担保;开设第二市场、允许向小企业提供贷款的金融机构在该市场自由买卖政府的担保权,以提高资金的效益和流动性。

4. 大力发展社会中介组织

社会中介组织在促进中小企业技术创新过程中具有举足轻重的作用,美国为此建立了一批中介组织为中小企业技术创新提供信息、咨询、技术、人才培训等全方位服务。美国政府创办了小企业发展研究中心,以协调小企业与各中介机构、社会团体和政府关系的组织;建立了小企业信息中心,定期公布市场的最新发展动态,向小企业提供技术创新方面的计算机硬件、软件和资讯等信息;组织了退休经营服务队。

(二)日本

1. 建立完善的法律体系

从 1949 年以来,日本政府颁布了 30 多项有关中小企业的法律,形成了相对独立的、较完整的中小企业法律体系。例如,1949 年颁布的《中小企业协同组合法》,鼓励中小企业联合起来与大企业抗衡和竞争;1950 年颁布的《防止不正当竞争法》,禁止企业之间不择手段的过度竞争,确保中小企有更多的发展机会;1950 年颁布《中小企业信用保险法》,1953 年颁布《信用保证协会法》《中小企业金融公库法》,1955 年修改了《中小企业协同组合法》;1956 年制定了《中小企业振兴资金助成法》(1966 年改为《中小企业信用保险公库法》);而 1963 年颁布的《中小企业基本法》,是在总结战后日本的立法实践的基础上制定的,是中小企业发展的纲领性法规,被称为日本中小企业宪法。

2. 建立专门组织管理机构

1948年，日本政府设立了中小企业厅。其隶属于通商产业省，并在各级地方政府商工科内设有中小企业指导课。中小企业厅的主要任务是根据有关法律，对中小企业的经营管理、资金、技术、发展方向给予指导和扶持；同时，对国会和政府部门制订的中小企业的方针政策提出意见，反映中小企业的要求和愿望，保证中小企业得到政府订货机会，调解大企业和中小企业之间的矛盾以及中小企业内部劳资之间的矛盾等。此外，还有各种民间团体，如中小企业振兴事业团、中小企业共济事业团、中小企业团体中央会、日本商工会议等。形成了官民结合的中小企业扶持指导网络。

3. 实施税收优惠政策

日本主要在两个方面对中小企业创新实施税收优惠政策。一是增加试验研究经费的税额抵扣。该措施是1967年修改税制时出台的一项政策，侧重于对企业在各年度试验研究经费的增加部分给予税收上的优惠，其目的是促进企业的试验研究经费能够正常、合理地增加，增强技术开发能力。二是中小企业技术基础强化税制。该措施设立于1985年，目的是进一步调动中小企业开展试验研究的积极性，侧重在试验研究费用上给予税收优惠。

（三）欧盟

1. 实施金融扶持政策

一是欧盟举办中小企业与银行的圆桌会议，帮助建立良好的银企关系。中小企业与银行的圆桌会议开始于1995年9月，以后每年召开一次，请银行和各中小企业部门的专家就中小企业和商业银行的关系发表看法，以此建立中小企业与银行的良好关系。欧盟委员会在此扮演会议秘书和"催化剂"的角色，帮助解决彼此之间分歧，达成共识。二是成立针对中小企业的资本市场。1995年和1996年，欧盟执委会正式通过了两个关于"为中小企业服务的欧洲资本市场"的决议。自1995年以来，一些股票市场被建立起来以满足中小企业的需要，尤其是那些高速成长的中小企业。三是加大欧洲投资银行（EIB）对中小企业的政策支持力度。欧洲投资银行是欧盟的发展银行，其资金的90%用于欧盟不发达地区的资金项目，其余的10%用于东欧国家或者与欧盟有联系的发展中国家,欧洲投资银行通过"综合贷款"间接地为中小企业投资筹措资金,这是由负责研究中小企业项目的商业银行根据欧洲投资银行的指导原则做出的贷款。

2. 实施中小企业技术扶持政策

一是建立欧盟企业统一的质量技术标准和认证体系。欧盟成立后,欧盟各成员国企业缺乏统一的质量技术标准。欧盟委员会致力于统一中小企业的技术标准,并将其上升到增强中小企业国际竞争力的全球战略的高度。二是激励中小企业参与研发。为激励中小企业参与研发,欧盟委员会设立中小企业研发奖金,各成员国的中小企业提出一个为大家共同关注的课题均可获得一定的资助,一般可承担75%的所发费用或45 000欧洲货币单位。同时欧盟推出合作研究计划（CRAFT）,鼓励中小企业与大企业共同开发,欧盟的资助一般可达到50 000欧洲货币单位或承担50%的研发费用。三是组织技术交易,建立技术流通网络。另外,欧盟还成立创新传播中心。创新传播中心是非营利组织、创新传播中心有52个分中心,每个中心为当地的这些中小企业创新技术提供潜在的购买者的信息。

3. 改善中小企业生存环境

中小企业由于本身力量较弱,在市场竞争中往往处于不利地位,因此欧盟对中小企业的支持首先是改善中小企业生存环境。1997年欧盟委员会发起了一个题为BEST行动计划,以改善企业的生存环境。一是在行政上,简化行政机构和行政手续,避免给企业带来负担。二是在立法上,本着"先考虑小的"的原则保护中小企业利益。三是在财政上,实施财政补贴,制定统一税则,简化关税条例。四是在信息服务上提供积极的支持。

三、启示

公共政策是政府机构活动的产物、政府体制的函数,是政府进行公共事务管理的主要手段和方式。作为一种对全社会价值作权威性的分配的方式,任何社会的经济繁荣、政治发展和社会进步,均离不开一定的合理的公共政策的指导和调控。能否制定出切合实际的政策以及能不能有效地推进和贯彻这些政策,是衡量一个国家政府能力大小强弱的一个主要标准。

上述国家促进中小企业自主创新的成功经验告诉我们,为了有效支持中小企业进行自主创新,政府要健全立法,形成完善的法律支持体系;制定针对中小企业技术创新的相关政策,以扶持相关服务机构的发展;强化政府机构和行政职能在服务体系建设中的核心地位和协调功能;给予资金支持,同时注重资本市场建设与整合社会资金以帮助和解决中小企业在自主创新中的资金需求;整合各种社会资源以全方位促进相关服务机构的发展;通过具体的行动计划来实现支持中小企业自主创新的阶段性或战略性目标。

第七节 县域人才环境竞争力评价

在当前我国政治架构下,地方政府存在省(自治区、直辖市)、市、县(区)、乡四级。"郡县治而天下安",县域经济是国民经济的基础层次,直接影响区域经济乃至整个国家社会经济发展质量。县域中高新技术企业发展离不开人才和智力的支撑,人才需要优质的环境以充分发挥作用。人才环境也是各地区争夺优秀人才的关键条件,人才环境竞争力是量度人才环境建设水平的重要标杆。

如前所述,浙江省高新技术企业对"人才获取公共服务"不太满意。在这样的背景下,研究浙江省县域人才环境竞争力评价指标体系,对浙江省84个区县市的人才环境竞争力进行评价分析,并给出科学合理的对策建议,对制定浙江地方人才发展策略、培养人才竞争优势、优化和提升人才公共服务质量,乃至促进浙江省经济社会高质量发展和高新技术企业发展,有着非常重要的意义。

一、县域人才环境竞争力及其相关研究

基于人才环境的定义以及竞争力具有对比性、动态性和潜力性的属性,县域人才环境竞争力主要指县域所具备的吸引和发展人才的综合实力,这种综合实力受各种因素影响会产生变化。县域经济在空间、产业、要素等方面表现出

第五章 "科技冷战"背景下地方政府扶持高新技术企业发展的公共服务质量提升途径

其作为基本行政单元的独特性。在经济新常态化背景下,浙江省的县域经济在区域产业转移、新型城镇化、全面深化改革、共同富裕示范区建设等方面,享有诸多机遇以支撑其由速度发展转向质量发展的总体战略。县域经济的总体现状和发展趋势意味着县域对人才的需求、县域人才环境的现状和都市相比存在差异性:第一,县域对产业和技能人才融合的需求较大,但是现有相关人才的绝对数量较少且结构较为单一;第二,在设施、教育、医疗、发展空间、产业承载等资源环境存在差距,使县域对人才的"引育用留"处于劣势地位;第三,在既有的人才竞争大环境下,县域对人才的吸引力进一步降低,都市对人才的虹吸效应和具有竞争关系的县域互相挖才,造成县域人才流失进一步加剧,从而影响县域中高新技术企业发展。

国内外学者主要通过实证分析对人才环境竞争力展开研究,并针对不同研究对象构建人才环境竞争力评价指标体系,但研究范围主要集中在省市级层面。查奇芬(2002)通过人才环境影响因素,从经济实力、社会保障、人才创业、科研教育、人才交流等多方面分析并归纳人才环境的综合评价体系。包惠(2007)等通过因子分析,从人才的经济环境等五个方面,综合评价我国西部落后地区的人才环境。王见敏等(2019)从人才结构环境等三个维度,运用层次分析法,构建贵州省人才环境综合评价指标体系;赵炳起(2009)通过分析经济、政策等七个环境因素,设计出了适用于评价江苏省人才环境竞争力的指标体系。以上研究及模型成果对指导区域人才规划、提升人才环境、推动区域经济社会的整体发展具有前瞻且长远性的作用。

从现有的实证结果来看,评价模型中所使用的指标存在一定的差异,需要根据分析结果进行总结,找到共同点,在此基础上添加所需的其他指标元素,展开综合分析,并将研究结果延伸到其他相关领域。茆汉成(2006)从政府管理与公共政策的角度研究区域人才竞争力综合评价指标体系的应用,对苏州人才发展规划、引进政策等方面提出了建议。罗冬梅(2009)采用主成分分析法研究河北省科技人才环境竞争力,为促进河北省科技人才环境竞争力的发展提出了对策建议。沈立宏(2021)以人才集聚为研究对象,建立了人才集聚模型,通过对15个副省级城市的比较,重点分析了创新型城市建设背景下宁波人才集聚策略。阎永哲和敖丽红(2020)运用熵权法,比较和评价浙江四大新区人才创新环境并提出三方面的改善措施。

近年来，各地区县市行政区划陆续调整，将县、县级市和市辖区都纳入研究范围，进行全县域维度的调查对于加强县域人才环境竞争力问题研究、进一步提升县域人才环境竞争力、推动县域经济社会高质量发展具有重要的理论意义和现实作用。浙江省现设20个县级市、33个县（其中一个自治县）和37个市辖区，共计90个区县市。基于杭州市2020年行政区划的调整以及相关统计数据的可得性，从研究可比性角度出发，剔除杭州市六区（杭州市六区整体统计不利于比较），以剩余84个区县市为研究对象，展开全县域（含县、县级市、市辖区）维度的评价分析和比较。

二、全县域人才环境竞争力综合评价指标体系的建立

考量评价人才环境竞争力指标，遵循指标选取的科学性、可比性、可量化的基本原则，结合已有研究所提出的人才环境竞争力评价指标体系，选用了经济水平环境、事业科创环境、社会文化环境、生活保障环境4个二级指标。

选择具体三级指标，以县域人才需求和现状为线索，重点关注四方面因素：第一，经济是县域人才环境竞争力的首要影响因素，因此以体现全县域经济社会发展总体水平指标为主线，兼顾数量和质量相结合的总体思路。例如，选择人均第三产业增加值、人均社会消费品零售总额等反映区域经济水平质量的均量指标，以及地区生产总值、民用汽车拥有量等对人才整体环境起到重要作用的经济社会总体规模和水平的总量指标。第二，科创和就业环境为人才的发展与提升，特别是为产业与技能人才融合提供优质土壤。因此，选择与人才的创业和发展环境相关联的指标。例如，人均授权专利数、城乡居民人均可支配收入、工业企业数量等，这些指标也体现了人才环境对人才扎根县域发展的吸引力。第三，社会、生活、基建等环境是促进县域人才环境竞争力提升的动因，因此，选取人均一般公共预算收入、政府支出中教育支出所占比重、每万人普通小学生在校人数、空气质量优良天数比例等指标。第四，在具体指标选取中，针对县域环境特点做出细节调整。例如，人才环境的社会服务及保障状况方面，选取区域医生总数、病床总数而非人均值，因为这些指标在区县市之间能够形成一定的共享机制，而教育、文化方面的环境因素在现行行政壁垒、交通地理环境下还不能达到高度的共享和流通，因此选用人均值作为变量。

经过梳理，挑选出 22 个三级指标建立评价指标体系，评价比较浙江省 84 个区县市的人才环境竞争力，为提升和优化相关区县市人才环境竞争力提供参考与实证依据，具体见表 5-1。

表 5-1　　　　　全县域人才环境竞争力评价指标体系

一级指标	二级指标	三级指标	指标编号
全县域人才环境竞争力	经济水平环境	地区生产总值（亿元）	Var1
		人均生产总值（元）	Var2
		人均第三产业增加值（万元）	Var3
		人均社会消费品零售总额（万元）	Var4
		人均用电量（千瓦时）	Var5
		民用汽车拥有量（辆）	Var6
	事业科创环境	城镇居民人均可支配收入（元）	Var7
		农村居民人均可支配收入（元）	Var8
		工业企业个数（个）	Var9
		人均专利授权数（件/万人）	Var10
		人均发明专利授权数（件/万人）	Var11
	社会文化环境	人均一般公共预算收入（万元）	Var12
		基本养老保险参保人数（%）	Var13
		城乡居民基本医疗保险参保人数（%）	Var14
		每万人公共图书馆图书藏量（万册）	Var15
		政府支出中教育支出所占比重（%）	Var16
	生活保障环境	每万人普通小学生在校人数（人）	Var17
		医生数（人）	Var18
		床位数（个）	Var19
		空气质量优良天数比例（%）	Var20
		人均公路里程数（公里）	Var21
		城镇人均消费支出（元）	Var22

三、浙江省 84 个区县市人才环境竞争力的分析比较

选用因子分析法和聚类分析法，运用 Stata14.0 软件进行操作。因子分析法可以通过各指标的贡献度大小确定权重，客观地评价各区县市人才环境竞争

力的强弱,明确其省内整体排名;聚类分析法根据各区县市人才环境竞争力的得分,进行类型划分并予以评价。

(一)因子分析

根据所选取的 22 个指标,寻找相应的数据,按照因子分析法的步骤,对 2020 年浙江省 84 个区县市的人才环境进行因子分析。

1. 构建因子分析模型,采用最大方差正交旋转法对因子结构进行旋转

基于主成分法中特征值大于 1 的原则提取公共因子和计算各因子特征值及方差贡献率,发现前 4 个因子的特征值大于 1 且累积方差贡献率已经超过 74%。进行 LR 检验,卡方值为 1 965.992,且 P 值为 0.000,说明模型非常显著,具体见表 5-2。

表 5-2　　　　　　　　旋转后的模型因子载荷矩阵 1

成分	特征值	贡献	累计贡献
公共因子 1	6.124	0.278	0.278
公共因子 2	4.752	0.216	0.494
公共因子 3	3.108	0.141	0.636
公共因子 4	2.307	0.105	0.740

保留前 4 个因子,可以较好地反映原有 22 个变量中的主要信息,对于 4 个公共因子,为了让变量在因子上的荷载分布更加分散,采用最大方差正交旋转法对因子结构进行旋转,获得旋转后的成分矩阵,具体见表 5-3。

表 5-3　　　　　　　　旋转后的模型因子载荷矩阵 2

编号	指标	成分 1	成分 2	成分 3	成分 4
Var1	地区生产总值	0.833	0.398	0.044	0.239
Var2	人均生产总值	0.148	0.904	0.191	0.145
Var3	人均第三产业增加值	0.223	0.728	0.079	0.543
Var4	人均社会消费品零售总额	0.123	0.330	0.293	0.726
Var5	人均用电量	0.069	0.723	0.242	-0.372
Var6	民用汽车拥有量	0.887	0.078	0.116	0.177

续表

编号	指标	成分1	成分2	成分3	成分4
Var7	城镇居民人均可支配收入	0.614	0.398	0.466	0.307
Var8	农村居民人均可支配收入	0.579	0.547	0.451	0.184
Var9	工业企业个数	0.881	0.180	0.219	-0.136
Var10	人均专利授权数	0.240	0.050	0.598	-0.112
Var11	人均发明专利授权数	0.144	0.027	0.700	0.375
Var12	人均一般公共预算收入	0.285	0.828	-0.072	0.046
Var13	基本养老保险参保人数比例	-0.094	-0.261	-0.691	-0.115
Var14	城乡居民基本医疗保险参保人数比例	-0.462	-0.564	-0.535	-0.209
Var15	每万人公共图书馆图书藏量	0.803	0.094	0.075	0.042
Var16	政府支出中教育支出所占比重	0.540	-0.518	0.379	-0.026
Var17	每万人普通小学生在校人数	0.092	-0.687	-0.162	0.006
Var18	医生数	0.754	-0.035	0.106	0.566
Var19	床位数	0.586	-0.059	0.120	0.644
Var20	空气质量优良天数比例	-0.468	-0.456	-0.367	-0.040
Var21	人均公路里程数	-0.470	-0.220	-0.591	-0.131
Var22	城镇人均消费支出	0.622	0.184	0.371	0.348

注：数据来源于浙江省统计局和各地市统计局。

第1公共因子在Var1（地区生产总值）、Var6（民用汽车拥有量）、Var9（工业企业个数）等指标上的载荷大，定义为环境总量因子。这个因子得分越高，该地区经济发展的总体规模越大。第2公共因子在Var2（人均生产总值）、Var4（人均第三产业增加值）、Var5（人均用电量）、Var12（人均一般公共预算收入）等指标上的载荷大，定义为环境均量因子。这个因子得分越高，该地区经济发展人均水平越高。第3公共因子在Var7（城镇居民人均可支配收入）、Var8（农村居民人均可支配收入）、Var10（人均专利授权数）、Var11（人均发明专利授权数）等指标上的载荷大，定义为事业科创因子。第4公共因子在Var3（人均社会消费品零售总额）、Var18（医生数）、Var19（床位数）等指标上的载荷大，定义为生活消费因子。

2. 确定因子分析的适用性

除上述 LR 检验之外,对模型所使用的数据进行 KMO 检验,判断所选数据是否适合进行因子分析。检验显示其 KMO 值为 0.839,22 个变量之间存在着显著的相关性,很适合做因子分析,因此运用因子分析法进行评价是很适合的。

3. 计算 84 个区县市各公共因子得分及综合得分

比较各区市的人才环境竞争力有助于有关部门科学地制定人才环境优化规划。根据因子得分系数矩阵,列出各主因子得分函数。通过构建 4 个公共因子的相关系数矩阵可以看出,4 个公共因子之间没有什么相关关系,说明前序操作环节采用最大方差正交旋转方式是正确选择。由主成分分析法产生的 4 个公共因子 F_1、F_2、F_3、F_4 可得出 84 区县市人才环境的综合评价模型 $F = 0.278 \times F_1 + 0.216 \times F_2 + 0.141 \times F_3 + 0.105 \times F_4$。

其中 F 为各区县市的综合得分;F_1、F_2、F_3、F_4 前面的系数为各公共因子的方差贡献率。综合得分的数值体现浙江省各区县市人才环境竞争力的整体水平。通过比较综合得分的高低,对 2020 年浙江省 84 个区县市的人才环境竞争力进行排名,具体见表 5-4。

表 5-4　2020 年浙江省部分区县市人才环境竞争力评价

所在地市	区县市名称	因子得分				综合得分	综合排名	地市排名	评价
		F_1	F_2	F_3	F_4				
宁波	鄞州区	2.266	1.199	-0.632	1.979	1.008	1	宁波 1	领先
宁波	北仑区	0.388	4.593	-1.353	0.091	0.919	2	宁波 2	领先
杭州	余杭区	2.446	1.492	-1.813	0.640	0.814	3	杭州 1	领先
杭州	萧山区	3.428	0.343	-1.992	0.271	0.776	4	杭州 2	较好
宁波	慈溪市	2.585	0.475	-0.314	-1.018	0.671	5	宁波 3	中等偏上
绍兴	柯桥区	1.365	1.206	0.472	-0.886	0.614	6	绍兴 1	中等偏上
温州	鹿城区	0.381	-1.234	1.259	4.732	0.514	7	温州 1	中等偏上
金华	义乌市	1.643	-0.546	0.381	1.124	0.511	8	金华 1	中等偏上
宁波	镇海区	-0.216	2.361	1.037	-0.865	0.506	9	宁波 4	中等偏上
……	……	……	……	……	……	……	……	……	……
金华	磐安县*	-1.083	-0.689	0.055	-0.380	-0.482	76	金华 9	中等偏下

续表

所在地市	区县市名称	因子得分				综合得分	综合排名	地市排名	评价
		F_1	F_2	F_3	F_4				
丽水	龙泉市*	-0.883	-0.696	-0.761	-0.073	-0.511	77	丽水6	中等偏下
衢州	常山县*	-1.007	-0.250	-0.990	-0.374	-0.514	78	衢州5	中等偏下
温州	文成县*	-0.737	-0.930	-0.949	-0.420	-0.584	79	温州11	中等偏下
丽水	松阳县*	-1.081	-0.474	-1.229	-0.120	-0.590	80	丽水7	中等偏下
衢州	开化县*	-1.108	-0.402	-1.741	0.257	-0.614	81	衢州6	中等偏下
温州	泰顺县*	-0.616	-1.147	-1.656	-0.081	-0.662	82	温州12	较差
丽水	庆元县*	-1.139	-0.727	-1.441	0.041	-0.673	83	丽水8	落后
丽水	景宁县*	-1.265	-0.104	-2.726	0.705	-0.686	84	丽水9	落后

注：带 * 的为浙江山区26县；受篇幅限制表格省略。

4. 评价各区县市综合因子得分

为了更加详细地评价各区县市人才环境竞争力，通过 Stata 软件中的一般描述性统计分析，对浙江省 84 个区县市人才环境的综合得分进行定距变量统计分析，并将人才环境竞争力划分为 6 个区间进行评价（见表 5-5）。表 5-4 的最后一列是根据表 5-5 的环境水平评价区间得出的评价结果。

表 5-5　　　　　　　人才环境竞争力评价标准

%	综合得分	评价	评价区间
10	-0.662	落后	-0.686 ~ -0.662
25	-0.614	较差	-0.662 ~ -0.614
50	0.009	中等偏下	-0.614 ~ 0.009
75	0.776	中等偏上	0.009 ~ 0.776
90	0.814	较好	0.776 ~ 0.814
100	1.008	领先	0.814 ~ 1.008

5. 结果分析

从综合得分可见，宁波市的鄞州区、北仑区和杭州市的余杭区的综合得分靠前，人才环境竞争力在浙江省处于领先水平，人才环境建设取得优异的成绩。相对而言，丽水市的景宁畲族自治县和庆元县的综合分值较少，人才环境竞争力在省内处于落后水平。各区县市综合得分的差距较大，说明各区县市人才环境竞争力差异较为明显。虽然区位和经济发展条件等现实条件决定了各省市人才环境竞争力基础的不同，但是也从宏观层面上反映了各区县市人才环境发展的不平衡。浙江省各区县市人才环境呈现北强南弱、东强西弱的总体格局。人才环境竞争力较强的区县市主要集中在环杭州湾大湾区以及义甬舟开放大通道区域，人才环境竞争力较弱的区县市主要位于以山区26县为代表的省内发展相对落后地区。值得警惕的是在各地市内区县市的人才环境也呈现一定的差异，在人才环境总体较优的地市，也发现个别区县市处于相对落后位置。例如，宁波市的宁海、象山，绍兴市的新昌、上虞，杭州市的桐庐、建德等。

（二）聚类分析

聚类分析的结果能够对深入了解各区县市人才环境在各方面的优势和存在的不足有重要的意义。以因子分析提取的4个公共因子作为变量，首先对4个变量进行标准化处理，得出标准化处理后的4个变量 zf1、zf2、zf3、zf4，选择标准化处理是为了使变量的平均数为0并且标准差为1，可以避免使结果受到具有最大方差变量的影响。其次，运用沃尔德法进行系统层次聚类分析。

因为样本量较大，使用产生聚类变量的方法对样本进行有拟分类数的聚类，把样本分为四类，具体见表5-6。

表5-6　　　浙江省全县域人才环境竞争力评价分类

类别	区县市名称
第一类	平湖市、上虞区、嘉善县、秀洲区、龙湾区、海盐县、长兴县、德清县、富阳区、玉环市、奉化区、永康市、宁海县、临安区、南浔区、安吉县、黄岩区、东阳市、象山县、嵊州市、临海市、柯城区、莲都区、桐庐县、建德市、平阳县、金东区、永嘉县、洞头区、兰溪市、武义县、龙游县、浦江县、龙港市、江山市、三门县、天台县、云和县、淳安县、青田县、缙云县、苍南县、仙居县、衢江区、遂昌县、磐安县、龙泉市、常山县、文成县、松阳县、开化县、泰顺县、庆元县、景宁县
第二类	北仑区、镇海区、江北区、定海区、岱山县、嵊泗县、普陀区
第三类	鹿城区、海曙区、南湖区、吴兴区、路桥区、椒江区、瓯海区、新昌县、婺城区
第四类	鄞州区、余杭区、萧山区、慈溪市、柯桥区、义乌市、海宁市、越城区、诸暨市、桐乡市、余姚市、乐清市、温岭市、瑞安市

从以上四类分析结果可以看出，聚类分析不光根据综合得分的高低进行聚合分类，还考虑到各区县市的实际情况，把内涵与特点最相近的区县市归为一

第五章 "科技冷战"背景下地方政府扶持高新技术企业发展的公共服务质量提升途径

类,这就意味着在制定和实施提升人才环境规划和政策时,归为一类的区县市可以相互借鉴和参考对方的政策和经验,而不同类别的区县市也可以扬长避短寻求通过合作互补做到协同发展的可能性。

第一类区县市在人才环境竞争力的各项指标上都处于相对落后位置,其中生活消费因子得分多为负数,其余3个公共因子得分也不高,说明了这类地区对人才的吸引力严重不足。这一类型区县市的总体数量也值得警惕,总计53个区县市,占所有调查样本区县市比例的63%,说明浙江省内人才环境竞争力的内部差距较为显著,消除不平衡、环境提优提质的需求相当迫切。这些区县市主要是浙江省经济社会发展整体水平相对较为落后的地区,尚处在人才环境建设的洼地,在提升人才环境竞争力的道路上任重道远。从发展的角度来看,这一类区县市也可以发挥"洼地效应",利用生态等资源,打造具有差异化特色型的人才环境,形成独特的竞争优势,吸引外来人才资源和资金技术等在旅游、农业以及特色型工业产业方面向本地区集聚,从而推动人才环境竞争力的有效突破和提升。

第二类包括宁波市的北仑区、镇海区、江北区和舟山市下辖的4个区县市。这7个地方在环境均量因子总体排名较为靠前,但是其他因子得分处于劣势。总体来看,这类区县市在地理区位上相连,形成一个整体的片区,区域内工业基础好、海运物流业较为发达,以宁波舟山港世界级港口集群为核心的产业链是这一片区人才环境发展可以依托的主要基础。这一类型地区需要继续发展经济的总体规模,努力提升事业科创环境和生活消费环境,可以探索组团联片发展以打造海洋经济相关主题的人才新高地。

第三类主要为各地市的市辖区,如温州市鹿城区、宁波市海曙区、嘉兴市南湖区、湖州市吴兴区、台州市路桥区等。这些区域的事业科创因子和生活因子总体排名靠前,但是代表经济发展总体水平的环境总量因子和均量因子的排名未居前列。从本质来看,这些市辖区也是传统意义上的老城区,受资源、文化、交通等各项因素的制约正面临着继续向上发展的瓶颈,使老城区焕发新的活力也是这些地区人才环境建设的主要目标。因此,这些区域应该探索"旧瓶装新酒",在建设人才环境时也要特别注重做大做强区域经济,避免陷入经济增长放缓的困境导致其对人才的吸引力逐渐下降。

第四类是鄞州区、余杭区、萧山区、慈溪市等区县市。这些地区各因子得分都相较处于领先位置,其中环境总量因子的得分尤其突出,代表其人才环境竞争力整体领先。这一类型县域在人才环境建设和优化方面取得的经验值得进行进一步的研究分析。

四、人才环境竞争力强县案例分析

从上述聚类分析得出的第四类县域在人才环境竞争力上具有全面优势,其中又以鄞州区、余杭区、萧山区和慈溪市最为突出。具体来看,这些地区人才环境竞争力的获取得益于其地区的社会经济发展水平整体较高,但更离不开高质量人才工作与政策的推波助澜。以各具特色的人才工作与政策促人才环境优化,以人才环境促人才集聚,以人才集聚促高质量发展,从而形成了良好的循环局面。

宁波鄞州区始终围绕现代服务业和先进制造业产业发展方向,以国家级水平建设一流人才强区,着力完善人才引育留用各环节的短板弱项,招引高端人才,建设重大平台,开展人才落户、住房、子女就学等"关键小事"服务,打造"热带雨林式"人才生态。打造青年人才"重要首选地"是鄞州区人才的一大特色名片,通过人才引育新理念新战略新举措,以品牌、平台、生态"三个升维"为抓手,实现2021年高校毕业生引进总量和增量再创新高,助力宁波"青年友好城"建设。

杭州余杭区坚持人才优先发展战略,大力优化人才环境,加速打造"全球人才蓄水池",打造长三角国际化高端"人才特区"。2021年发布"未来之星"百千万人才引培计划,在区级层面设立招才局,联合成立国际青年科创联盟,高效率推进之江实验室、良渚实验室、湖畔实验室、中法航空大学等创新载体建设,大力引培海内外高层次人才、项目和头部企业,以最好的政策、最优的服务、最佳的环境,让余杭成为各类人才"近者悦、远者来"的创新创业热土。

杭州萧山区大力发挥党对人才工作的领导作用,以统战工作推动人才的支撑作用,形成"同心聚才""规范选才""分类用才""长效育才"的高效选人用人体系和具有萧山特色与辨识度的人才品牌。萧山区通过特色项目引才、重大活动纳才、重点计划聚才,打造人才集聚地;通过建设产业集聚园区、联手名校孵化科技创新载体、牵手名企建立博士后科研工作站，打造创新策源地；通多开放新人才新政、多元化评价机制、人性化服务模式，打造理想栖息地，从而促进人才"生产、生态、生活"三生融合转型，驱动区域经济高质量发展。

慈溪市立足本地特点、发挥制造产业优势，充分进行技能人才和当地特色产业的有机结合。慈溪市以人才工程"上林"系列人才计划落地为主线，"上林英才""上林工匠""上林储备"等"上林"系列人才计划推进为抓手，推动中科院慈溪中心和慈溪医工所、宁波大学科学技术学院与公牛、慈星、新海等民企共建产业学院、省内首个民企投资、政企共建的"上林英才"智能产业园等"上林英才"平台体系建成投用。形成"最懂人才心思"的全人才生态体系，领导联系服务人才实现常态化、制度化。创新出台人才新政，开通"一体化服务12条"线上线下平台、解决人才各类生活服务问题、推出人才公寓、建成人力资源生态产业园。这些政策有效保证慈溪人才环境持续优化，人才支撑高质量发展效果持续显现。

五、思考与建议

人才环境竞争力评价结果显示区域不平衡的整体现状，而这种不平衡与差异既是挑战更是机遇，缩小人才环境优劣差距的压力不仅有利于先进地区继续提升人才环境的质量，集聚更多人才，保持领先位置，也有利于为更多的周边落后地区的转移人口提供发展平台，推进先进地区和落后地区协同发展。例如，在同一地区高低技能劳动者之间能产生互补性，高技能人才的集聚能够为低技能劳动者提供更为充足的就业机会，有利于形成不同收入群体、不同技能群体之间的良性互动，催生潜在中等收入群体的越级，这也是扎实推进共同富裕和建设好共同富裕示范区的重要目标和关键举措。与此同时，也要谨慎面对先进地区的快速发展，特别是大城市的"虹吸效应"促使人才、资本、技术、信息等更多资源高度聚集，落后地区"空心化"趋势叠加，不断加大发展差距，降低落后地区发展能力，减少发展机会，加剧收入不平等、资源不均衡等问题的深化。欠发达地区的人才资源越少，人力资本水平越低，也会进一步制约欠发达地区后发优势的发挥，极易进一步增强区域发展的不平衡性。因此,要推动区域经济高质量发展,培育欠发达地区的发展能力是关键,其中首当其冲因从政策扶持上提高其人才环境竞争力,充实其人才资源的数量和质量。

基于以上分析,提升浙江省县域人才环境竞争力,可以依托浙江省高质量发展建设共同富裕示范区的政策优势,先做大做强形成规模效应,特别是继续提升先进地区的产业规模,优化其产业结构,在更宽领域更高层次转入创新驱动发展模式,更大力度实施人才强省、创新强省首位战略,以做大做强为推手,促进落后地区人才环境的改善。具体建议包括以下三个方面:

第一,划分区域,科学规划,尝试探索构建人才环境改善示范区。由于各区县市人才环境竞争力差别较大且具有明显的类别特征,因此可以根据研究结果对区县市进行合理分类,然后由省级层面牵头协调开展人才环境改善专项规划,根据各区县市当前不同的发展特点和发展阶段,给予适当的政策支持,鼓励竞争,敢于创新,重点打造几个具有代表性差异性的人才环境示范区或示范高地,如人才洼地环境改善示范区、海洋经济人才环境建设示范区等,以期达到可复制可推广的效果。

第二,注重结构,协作配合,通过扬长避短实现各区县市人才环境同步改善和优化。以消除发展环境不平衡为抓手,通过结对帮扶、相互支持等方式,打破区域行政壁垒带来的不利影响。一方面有类似基础、类似发展方向的区县市可以通过统筹资源联合发展以提升人才环境竞争力;另一方面,地理位置相邻区县市可以依托区位优势形成组团,发挥各自比较优势,错位打造人才环境。例如,通过提升交通互联来降低通勤时间和成本来促进人才在邻近的不同类型区县市异地生活和工作,达成相关区县市优势互补、联动发展、同城化的总体局面。

第三,实时监测,动态提质,继续加强人才环境竞争力的监控和评价。国内外环境因素持续变化,特别是2020年新冠肺炎疫情及其持续影响,以及国内外发展合作格局变化带来的影响,人才环境不断变化,人才竞争逐渐加剧,继续运用先进技术手段实时监测人才环境竞争力的整体变化,关注人才环境相关具体指标的提升与改善,通过协调统筹适时开展人才环境评价与监测活动,根据研判精准实施相关人才政策。

第八节 地方政府促进基层领导干部担当有为[①]的途径

地方政府出台和实施高质量扶持高新技术企业发展的政策离不开基层领导干部担当有为，扶持高新技术企业发展的政策的有效执行也离不开基层领导干部担当有为。故笔者对地方政府促进基层领导干部担当有为的途径进行研究。

自党的十八大以来，随着"八项规定"、反"四风"和反腐败的深入实施以及限权问责的持续推进，政府部门的行政效率和公共服务质量不断提升，人民群众对政府部门的满意度越来越高。虽然中央政府从严治吏深得人心，但一些领导干部尤其是基层领导干部的心态发生了微妙变化，出现了担当有为不足的倾向，主要表现为五种现象：一是基层领导干部碰到经济转型升级、企业关停并转、拆违拆迁等难题就想躲过去、绕过去。二是基层领导干部碰到治水治污、安全隐患治理等难题就想拖下去，留给后任解决。三是基层领导干部在急难险重任务面前退缩逃避、敷衍推诿，碰到难题就想推出去，推给别的部门单位科室、推给下属下级去处理。四是基层领导干部不愿到环保、安监等责任重、压力大的部门和岗位任职或不愿分管这方面的工作，喜欢到轻松的部门和岗位任职。五是基层领导干部在各类执法处罚、拆除违章、整顿治理等工作中不敢坚持原则，不敢得罪人，做老好人。

随着党的十九大宣告新时代的到来，中国进入决胜全面建成小康社会阶段。全面建成小康社会对地方政府职能的发挥提出了更高要求，需要领导干部尤其是广大基层领导干部积极担当有为。基层领导干部通常工作在改革发展稳定的第一线，处于经济社会建设的最前沿，是实际问题的解决者。当前，中国经济处于新常态，供给侧结构性改革正在深入推进，中美贸易摩擦持续升级，

[①] 习近平总书记分别于2013年和2018年在全国组织工作会议上指出，"敢于担当，党的干部必须坚持原则、认真负责，面对大是大非敢于亮剑，面对矛盾敢于迎难而上，面对危机敢于挺身而出，面对失误敢于承担责任，面对歪风邪气敢于坚决斗争"。本书根据上述习近平总书记讲话精神把领导干部担当有为定义为：领导干部担当有为，就是坚持原则、认真负责，面对大是大非敢于亮剑，面对矛盾敢于迎难而上，面对危机敢于挺身而出，面对失误敢于承担责任，面对歪风邪气敢于坚决斗争。

社会发展面临一些问题。经济形势的企稳、去产能的推进、社会力量的培育、社会民生的保障等等都离不开基层领导干部的担当有为。为了落实党的十九大精神，有效应对诸多挑战，党中央于 2018 年印发了《关于进一步激励广大干部新时代新担当新作为的意见》以期促进领导干部担当有为。然而，由于中央明确要求"领导干部担当有为"的时间不长，故各地方政府都在摸索有效促进基层领导干部担当有为的具体途径。

截至 2019 年 9 月，在中国知网（www.cnki.net）上以论文篇名"基层领导干部担当有为"作为检索条件进行模糊检索，没有发现 1 篇相关论文。于是放宽检索条件，以论文篇名"基层干部担当"作为检索条件进行模糊检索，只发现 5 篇相关论文。付来博（2016）指出了影响基层干部担当精神形成的原因，认为要从强化基层干部意志品质、健全管理制度、营造行政文化氛围等途径强化基层干部的担当精神。杨丽（2018）分析了"红船精神"中所蕴含的精神力量，认为基层干部要深入学习"红船精神"以推进基层干部改善作风。孙增余（2018）分析了容错纠错机制对基层党员干部担当的促进作用，认为在运用容错纠错机制时不仅要厘清容错纠错的界限，还要细化容错纠错的内容。李洋（2017）认为建设一支担当的基层干部队伍要采取以下措施：一是要坚持思想建党；二是提高基层干部干事创业的本领；三是完善奖惩管理机制；四是坚持从严治党。任志媛（2015）认为，培养勇于担当的基层优秀干部队伍要从以下几方面着手：一是匡正选人用人导向；二是重视培树基层干部的坚定政治品格；三是大力弘扬先进典型。

通过文献梳理可知，当下学术界对基层领导干部担当有为的研究有限，现有相关研究只对基层领导干部担当有为问题进行了定性分析，没有学者对该问题进行定量分析。定量分析是定性分析的深化，是认识的精确化。笔者以浙江省为例，在分析影响基层领导干部担当有为因素的基础上，向浙江省基层领导干部发放问卷调查诸因素对基层领导干部担当有为的影响程度，并运用层次分析法处理调查数据，最后根据定量分析结果从地方政府角度提出促进基层领导干部担当有为的具体措施。基层领导干部是指位居领导职务层次中县处级正职，或县处级副职，或乡科级正职，或乡科级副职的领导干部。

第五章 "科技冷战"背景下地方政府扶持高新技术企业发展的公共服务质量提升途径

一、新时代基层领导干部担当有为的必要性

地方政府职能通常包括政治职能、经济职能、社会职能、文化职能，地方政府职能决定了其基层领导干部需要承担的职责。新时代地方政府基层领导干部在工作中需要积极担当有为以应对以下主要挑战：

（一）政治方面

依法治国实践以及机构和行政体制改革的深化、人民当家作主制度保障的加强、社会主义协商民主作用的发挥、爱国统一战线的巩固和发展都需要基层领导干部积极担当有为。

（二）经济方面

供给侧结构性改革的深化、创新型国家的建设、乡村振兴战略和区域协调发展战略的实施、社会主义市场经济体制的完善、全面开放新格局的形成都需要基层领导干部积极担当有为。尤其是新时代要求地方政府进行经济建设时贯彻五大发展理念，更加注重经济发展质量，促使地方经济增长模式从粗放型转变为集约型。长期以来，基层领导干部习惯于粗放型经济增长模式，在这方面积累了不少心得和经验。由于"路径依赖"的存在，新时代如何实现地方经济发展提质增效对基层领导干部而言显然是一个挑战。另外，新常态下，许多中小企业发展缓慢甚至倒闭，中美贸易战更加恶化了中小企业的发展环境。中小企业是地方经济发展的基石，中小企业陷入发展困境无疑会拖累地方经济发展。如何有效支持当地中小企业发展也是基层领导干部不得不面临的挑战。为了应对这些挑战，基层领导干部更加有必要担当有为。

（三）社会方面

教育事业的发展、就业质量和人民收入水平的提高、社会保障体系的建立、脱贫攻坚战的持续、健康中国战略的实施、共建共治共享的社会治理格局的打造、国家安全的维护都需要基层领导干部积极担当有为。许多中小企业发展停滞甚至倒闭不仅影响地方经济发展，还会造成当地失业率增高，使一些老

百姓陷入贫困，造成社会动荡不安。新时代如何提高当地就业率、完善社会保障体系、维护社会稳定是基层领导干部必须面对的挑战。另外，新时代社会老龄化与少子化问题日益凸显。如何发展养老服务业，健全养老体系，创造良好的生育环境也是基层领导干部不得不面对的挑战。为了应对这些挑战，基层领导干部更加有必要担当有为。

（四）文化方面

社会主义核心价值观的培育和践行、思想道德建设的加强、发展社会主义文艺的繁荣、文化事业和文化产业发展的推动都需要基层领导干部积极担当有为。

（五）公共服务方面

当下，服务型政府已是我国各级政府的建设目标。长期以来我国政府一直是管理型政府，政府工作人员服务意识缺乏。这种情况造成地方政府的公共服务质量不高，公共服务水平有待改善。随着我国"放管服"改革的不断推进以及中国进入全面建成小康社会阶段，如何为老百姓提供更好的公共服务以满足当地人民日益增长的美好生活需要已成为基层领导干部亟须解决的问题，需要基层领导干部积极担当有为解决的问题。

二、影响基层领导干部担当有为的因素

基层领导干部担当有为不足不仅会降低政府部门的工作效率，还会直接影响到党和政府决策的执行，因为再好的政策措施最终还是需要通过基层领导干部去落实，否则都是空谈。基层领导干部担当有为不足的表现形式多种多样，影响基层领导干部担当有为的因素也是多种多样的，这些影响因素可以分为组织方面的影响因素和个人方面的影响因素。

（一）组织方面的影响因素

1. 绩效考核机制不科学

科学的绩效考核机制是引导基层领导干部担当有为的指挥棒，能够有效激励其干事创业。不过，绩效考核是管理者所面临的最为困难的问题之一。

第五章 "科技冷战"背景下地方政府扶持高新技术企业发展的公共服务质量提升途径

正如哈拉契米（Halachmi，1995）所说："很少有其他管理职能像绩效考核那样吸引这么多管理者的注意力，同样很少有其他管理职能像绩效考核那样难以解决。"① 目前，基层领导干部绩效考核存在以下主要问题：第一，基层领导干部考核在方法上多由组织部门进行专项考核、关门考核；第二，考核指标的涵义模糊，共性指标多、个性指标少；第三，考核结果缺乏运用，晋升和报酬与考核结果相关性弱，考核结果的奖惩作用不大。这些问题不仅打击了担当有为者的积极性，还导致担当有为不足者越来越多。

2. 晋升、淘汰机制失效

目前，在基层领导干部晋升上不同程度地存在着不良现象，如看学历、以人划线、迁就照顾等问题，使得那些学历高、有关系、会溜须拍马的基层领导干部得到重用，而那些埋头苦干、没有关系、不会溜须拍马的基层领导干部却不能晋升。赫茨伯格（Herzberg，1959）的双因素理论认为，晋升、赞赏、发展等因素是满意因素，能够使人们得到满足和激励。如果人们在工作中这些因素可以得到满足，那么其就会受到较大的激励。根据双因素理论，以上问题会造成基层领导干部不愿担当有为。另外，基层领导干部淘汰机制不健全。基层领导干部能"上"不能"下"，能进不能出，只要其不违纪违法，没有渎职出事，就能够不到退休不退位。这导致一些基层领导干部对职责、群众都没有敬畏之心，对担当有为不足的行为无所顾忌。

3. 报酬机制欠合理

通常，报酬的多少不仅从经济上，而且从社会上和心理上会对一个人产生影响。J. S. 亚当斯（J. S. Adams，1967）的公平理论认为，员工对分配上公正程度的感受决定了其工作积极性，而员工的公平感取决于一种社会比较或历史比较。当员工感到不公平时，他可能会采取以下行为来求得心理平衡：一是改变自己对工作的投入；二是改变自己工作的产出；三是歪曲对自我的认知；四是歪曲对他人的认知；五是选择其他参照对象；六是离开工作单位。在市场经济发达的当下，社会财富快速增加。与之成鲜明对比的是基层领导干部工资缓慢上涨甚至停滞。这种反差让部分基层领导干部觉得报酬制度不公平，心理失

---

① Halachmi, A. The practice of performance appraisal. In J. Rabin, T. Vocino, W. Hildreth, &G. Miller (Ed.), Handbook of public personnel administration. New York: Marcel Dekker.

衡。而且，在政府高压反腐的背景下基层领导干部的一些正常福利待遇被削减甚至取消。这些问题导致基层领导干部要么改变自己对工作的投入，要么改变自己工作的产出，最终造成其担当有为不足。

（二）个人方面的影响因素

1. 理想信念动摇，宗旨意识淡薄

基层领导干部担当有为不足的主要原因之一，在于其理想信念出现了动摇，为人民服务的宗旨意识淡薄，造成精神上"缺钙"，革命意志衰退。

2. 能力素质不适应

随着中国特色社会主义进入新时代，社会上各种新问题、新挑战层出不穷。基层领导干部的传统工作理念、方法越来越无力解决这些新问题和新挑战，需要其不断学习以提升能力素质。面对这种形势和要求，部分基层领导干部在工作中出现心有余而力不足的情况，自然无法担当有为。

3. 不良传统行政文化影响

几千年来，中国传统行政文化中的"鞠躬尽瘁，死而后已""位卑未敢忘忧国"等观念已深入人心。但是，我国传统行政文化中讲究的明哲保身、中庸之道等消极行政文化仍然有一定市场，成为少数基层领导干部的官场哲学和处世之道，导致这些基层领导干部在工作中缺乏担当精神和有为意识。

（三）影响基层领导干部担当有为的主要因素分析

为了减少基层领导干部担当有为不足现象的发生，有效促进其担当有为，需要厘清各因素对基层领导干部担当有为的影响程度，进而找到促进基层领导干部担当有为的着力点。层次分析法具有系统性、简洁实用性、所需定量数据信息较少的特点，常被用于非结构化的复杂决策问题。在一定程度上，各因素对基层领导干部担当有为的影响程度确定过程是一种非结构化的复杂决策过程，所以层次分析法比较适合厘清各因素对基层领导干部担当有为的影响程度。

1. 建立递阶层次结构

根据影响基层领导干部担当有为的因素，把影响基层领导干部担当有为因素体系分为三层，目标层是"基层领导干部担当有为影响因素"，准则层包括

"组织方面影响因素""个人方面影响因素",方案层包括"绩效考核机制不科学""晋升、淘汰机制失效""报酬机制欠合理""理想信念动摇,宗旨意识淡薄""能力素质不适应""不良传统行政文化影响"等6个因素。具体见表5-7。

表 5-7　　　　　基层领导干部担当有为影响因素体系

目标层	准则层	方案层
基层领导干部担当有为影响因素（A）	组织方面影响因素（B_1）	绩效考核机制不科学（C_1）
		晋升、淘汰机制失效（C_2）
		报酬机制欠合理（C_3）
	个人方面影响因素（B_2）	理想信念动摇,宗旨意识淡薄（C_4）
		能力素质不适应（C_5）
		不良传统行政文化影响（C_6）

2. 构建两两比较判断矩阵

判断矩阵见表5-8。标度的定义如表5-9所示。

表 5-8　　　B_i 和 B_j 对基层领导干部担当有为的相对影响程度矩阵

A_1	B_1	B_2	Λ	B_n
B_1	b_{11}	b_{12}	Λ	b_{1n}
B_2	b_{21}	b_{22}	Λ	b_{2n}
M	M	M	M	M
B_n	b_{n1}	b_{n2}	Λ	b_{nn}

表 5-9　　　　　　　　判断矩阵标度定义

标度 b_{ij}	含义
1	i 因素与 j 因素对基层领导干部担当有为具有同等影响程度
3	i 因素对基层领导干部担当有为的影响程度比 j 因素对基层领导干部担当有为的影响程度大
5	i 因素对基层领导干部担当有为的影响程度比 j 因素对基层领导干部担当有为的影响程度明显大
7	i 因素对基层领导干部担当有为的影响程度比 j 因素对基层领导干部担当有为的影响程度非常大
9	i 因素对基层领导干部担当有为的影响程度比 j 因素对基层领导干部担当有为的影响程度极端大
2, 4, 6, 8	为以上两相邻判断之间的中间状态对应的标度值
倒数	若 j 因素与 i 因素比较,得到的判断值为 $b_{ji} = 1/b_{ij}$

依据影响基层领导干部担当有为因素体系制作出《影响基层领导干部担当有为的因素调查问卷》。浙江省有杭州、宁波、温州、嘉兴、湖州、绍兴、舟山、金华、衢州、台州、丽水等11个地级市,在每个地级市向80位基层领导干部发放该调查问卷进行匿名调查,浙江省11个地级市共计发放880份调查问卷。回收调查问卷819份,回收调查问卷占全部发放调查问卷的93%,在819份回收调查问卷中又剔除了填写质量较差的调查问卷,最后实际有效调查问卷是792份,占回收调查问卷的90%。本书所采用的标度根据调研数据权衡后得出。

3. 层次单排序和一致性检验

相对于"基层领导干部担当有为影响因素"而言,"组织方面影响因素""个人方面影响因素"就其影响基层领导干部担当有为的程度进行比较。一致性检验通过。如表5-10所示。

表5-10　　　　　　　　B_1、B_2的权重

A	B_1	B_2	W_i	
B_1	1	3	0.750	λ_{max} = 2.000 CI = 0.000
B_2	1/3	1	0.250	RI = 0.000 CR = 0.000

相对于"组织方面影响因素"而言,"绩效考核机制不科学""晋升、淘汰机制失效""报酬机制欠合理"等指标就其影响基层领导干部担当有为的程度进行两两比较。一致性检验通过。如表5-11所示。

表5-11　　　　　　　　C_1、C_2、C_3的权重

B_1	C_1	C_2	C_3	W_i	
C_1	1	5	3	0.637	λ_{max} = 3.039 CI = 0.019
C_2	1/5	1	1/3	0.105	RI = 0.580
C_3	1/3	3	1	0.258	CR = 0.033

相对于"个人方面影响因素"而言,"理想信念动摇,宗旨意识淡薄""能力素质不适应""不良传统行政文化影响"等指标就其影响基层领导干部担当有为的程度进行两两比较。一致性检验通过。如表5-12所示。

第五章 "科技冷战"背景下地方政府扶持高新技术企业发展的公共服务质量提升途径

表 5-12　　　　　　　　C_4、C_5、C_6 的权重

B_2	C_4	C_5	C_6	W_i	
C_4	1	1/3	3	0.258	$\lambda_{max}=3.039$
C_5	3	1	5	0.637	$CI=0.019$ $RI=0.580$
C_6	1/3	1/5	1	0.105	$CR=0.033$

4. 层次总排序和一致性检验

C 层相对于 A 层的总排序见表 5-13，一致性检验通过。

表 5-13　　　　　　　　C 层总排序

	B_1	B_2	C 层总排序 （影响程度）
	0.750	0.250	
C_1	0.637		0.478
C_2	0.105		0.079
C_3	0.258		0.197
C_4		0.258	0.065
C_5		0.637	0.159
C_6		0.105	0.022
CI CR			CI 总 = 0.019 RI 总 = 0.580 CR 总 = 0.033

三、新时代地方政府促进基层领导干部担当有为的具体途径

我国不平衡不充分发展状况的改变和人民日益增长的美好生活需要的满足离不开广大领导干部尤其是基层领导干部的担当有为。关于担当有为，党的十九大报告指出要坚持严管和厚爱结合、激励和约束并重，完善干部考核评价机制，建立激励机制和容错纠错机制。通过层次分析可知，影响浙江省基层领导干部担当有为的诸因素中，"绩效考核机制不科学"对基层领导干部担当有为的影响程度最大，"报酬机制欠合理"对基层领导干部担当有为的影响程度位列第二，"能力素质不适应"对基层领导干部担当有为的影响程度位列第三。这三个影响因素的影响程度高达 0.831，可见它们是浙江省地方政府促进基层

领导干部担当有为的抓手。根据层次分析的结果以及党的十九大的相关精神，为了有效促进基层领导干部担当有为，浙江省地方政府要采取以下措施：

（一）大力提高绩效考核的科学性

考准、考实基层领导干部的业绩是晋升、淘汰机制和绩效工资制度有效运行的前提。地方政府要着力改善绩效考核的科学性。一是优化指标设计。地方政府要明确基层领导干部的岗位职责，细化职位说明书和岗位职责规范，构建完整的职责体系。在此基础上对基层领导干部进行考核。对基层领导干部的考核评价，除了职业道德、工作作风等共性要求外，还要根据基层领导干部的岗位分工和岗位职责，分类设计考核评价指标，明确不同岗位工作好、中、差的具体标准，确保对每个岗位、每名基层领导干部的考核具体化、个性化，而不是一个模式、一种标准，真正把每名基层领导干部的业绩考准，促使基层领导干部对岗位职责不敢懈怠、认真对待。另外，地方政府要明确不担当有为的负面清单，划定"一票否决"的行为禁区，设置担当有为不足的触底红线。

二是改进绩效考核方法。地方政府要更加注重平时考核，通过建立基层领导干部办事档案、实绩档案等形式，记载基层领导干部平常担当有为的情况，作为对基层领导干部全年工作评价的重要依据。对基层领导干部的考核评价，除了听取本单位干部职工意见外，还要根据与岗位相关联、有接触的原则，听取服务对象、基层群众的意见。

三是明确评判基层领导干部担当有为不足的标准，以便有据可依。地方政府要针对基层领导干部担当有为不足的各种表现，结合基层领导干部考核评价、干部监督管理，把担当有为不足的认定标准具体化、明确化，做到"对号入座、有据可依"。

（二）着力完善报酬机制

报酬包括物质报酬和精神报酬两部分，公务员的报酬制度不仅关系着公务员的激励力度，还影响着政府的行为和产出。物质激励是基层领导干部最基本、最现实的需求，地方政府必须在严格执行中央政策规定的基础上，以科学的绩效考核为基础，提供具有外部竞争性的报酬，最大限度发挥物质报酬激励的杠杆效应。民营企业薪酬分配制度的特点是按绩分配，地方政府可以借鉴民营企业的做法,在科学考核的基础上根据基层领导干部绩效考核的结果适度拉开报酬差距,调动其工作积极性。例如,地方政府可以改变基层领导干部的现有工资结构,增加绩效工资,使其占基本工资的30%左右,每月由单位集中管理并根据基层领导干部的绩效按月发放。这样能够通过切实加大经济方面的激励力度,促使基层领导干部对绩效考核结果不再等闲视之,积极担当有为。

在关注基层领导干部物质报酬的基础上,地方政府要善于运用精神报酬激励基层领导干部担当有为。一是建立分层、分级、分领域的定期表彰制度,以表彰担当有为的基层领导干部。二是出台担当有为的基层领导干部立功受奖具体办法。地方政府要对照公务员奖励适用情形,明确各种奖励具体条件,同时制定重大突出表现立功受奖细则。三是开展"担当有为"巡礼活动。地方政府要树立一批担当有为的基层领导干部榜样,运用新闻媒体和现代网络平台广泛宣传其先进事迹。这不仅能够激励基层领导干部担当有为,还有助于在全社会营造出"担当有为"受尊重、被认可的浓厚氛围。

(三)积极完善能力培训和信念培养机制

一是在培训前要进行培训需求评估,对培训项目进行科学设计,培训中要重视培训成果的转化,培训结束后要进行培训评估。二是明确学习内容。地方政府要根据不同岗位类别来确定专业知识等个性学习内容以及信念培养等共性学习内容,不断拓展基层领导干部的知识面。三是实施干部召回培训制度。组织部门根据基层领导干部在工作中出现的对工作不熟悉、不担当、信念不坚定等问题确定需要召回的人选,然后通过集中学习教育、组织座谈、专家心理疏导等措施,让基层领导干部"回炉淬火、加钢锻造",并根据召回期的考核情况对基层领导干部的职务进行调整。

(四)建立健全容错机制和信任保障机制

基层领导干部在干事创业中其工作结果有可能与预期出现偏差甚至造成损失。地方政府如果不问青红皂白,只是简单地追究其责任,那么可能会造成基层领导干部担当有为不足。为了促使基层领导干部担当有为,地方政府要建立健全基层领导干部容错机制。基层领导干部在工作中只要遵循了以下五项原则,那么即使其所作所为的实际效果未达到预期甚至造成了一些损失,基层领导干部也可以减责甚至免责。一是遵规守纪原则。基层领导干部所为是法律、法规没有明令禁止，或者基层领导干部在决策中遵守了民主集中制、"三重一大"事项集体决策等规定，对决策风险进行了充分评估和积极防控，最大限度实现了决策公开透明。二是服从部署原则。基层领导干部所为符合党委、政府决策部署，其目的是为保障重大决策部署、重点项目任务顺利实施，促进地方经济发展和社会稳定，维护最广大人民群众根本利益。三是鼓励创新原则。基层领导干部所为是为解决改革难题而进行的大胆探索。四是干净干事原则。基层领导干部所为没有为自己、他人或单位谋取私利，认真落实了党风廉政建设主体责任和监督责任。五是主动纠错原则。基层领导干部发现工作失误后积极采取了措施以最大限度挽回损失。

为了体现组织上对基层领导干部的信任，推动基层领导干部担当有为，地方政府还要建立信任保障机制。信任保障机制应包含两部分内容：一是建立老百姓信访举报甄别机制。基层领导干部是政府政策执行和落实的主要承担者，经常与广大老百姓直接接触，他们在政策执行中有时会为了公共利益而与部分老百姓发生冲突。个别老百姓可能因个人利益受损而通过恶意举报来打击报复相关基层领导干部，故要建立老百姓信访举报甄别机制以甄别核实相关情况和给被举报的基层领导干部解释的机会。二是建立组织部门约谈制度。多数基层领导干部的工作具有急、难、险、重的特点，承受着较大的工作压力。组织部门要经常找基层领导干部开展谈心、谈话，鼓劲打气，以促进他们担当有为。

（五）努力畅通能上能下渠道

一是要严格执行《党政领导干部选拔任用工作条例》，完善基层领导干部日常考核、履职跟踪监督管理制度，把基层领导干部担当表现纳入领导班子和领导干部年度考核内容，注重在工作中发现、考察、识别、使用基层领导干部。地方政府要按照重德才、重实绩、重基层的用人导向，关心、提拔思想素质较好、工作默默无闻、群众认可度高的一线基层领导干部、"老黄牛"式基层领导干部。二是要根据中央制定出台的《调整不适宜担任现职领导干部实施办法》，将基层领导干部不适宜担任现职的各种情形进行细化，为常态化治理"为官不为"提供操作性较强的措施。三是要对"下行"的基层领导干部实行"一人一档"跟踪管理，充分利用日常考察、届中考察、届末考察等契

第五章 "科技冷战"背景下地方政府扶持高新技术企业发展的公共服务质量提升途径

机,察看其工作劲头和精神面貌是否改观,工作业绩和群众口碑有否提升。对转变明显的基层领导干部,地方政府要及时予以表扬、谈话和鼓劲,对特别优秀者再次提拔重用;对进步不大的基层领导干部,让其进一步"下行"。

除此之外,为了进一步坚定基层领导干部的理想信念,营造良好行政文化,地方政府一方面要深挖包括"鞠躬尽瘁,死而后已""位卑未敢忘忧国"在内的传统行政文化资源瑰宝,加大对担当有为者的宣传力度;另一方面要采取以下措施消除消极行政文化中为官不为和不愿担当的因素。一是加大对担当有为不足反面典型的曝光力度,用舆论、用群众的眼睛迫使干部担当作为,见贤思齐;二是督促各级领导干部以身作则、以上率下。如果上级领导干部不敢担当,出了问题总把责任推给下级领导干部,自然会让下级领导干部寒心,从而导致各级领导干部不愿担当有为。

第六章 高新技术企业纳税服务优化路径研究

第一节 研究背景与意义

一、研究背景

为扶持高新技术企业发展，我国出台了一系列税收优惠政策。已出台的税收优惠政策涉及多项税种，覆盖了企业整个成长周期，为高新技术企业发展提供了强有力的保障。目前税务机关对高新技术企业的支持大多集中在相关税收优惠政策上，对高新技术企业的纳税服务质量没有同步提升，导致高新技术企业对税收优惠政策的理解不够透彻、对具体办税流程不够了解以及对相关资料的准备不够充分，未能正确享受税收优惠政策。税务机关在提升税收政策优惠力度的同时，要注重提高高新技术企业纳税服务水平，为高新技术企业享受税收优惠政策提供有力支持和保障。本章以浙江省G县税务局为例，通过对G县税务局的高新技术企业纳税服务现状进行分析，发现其存在的问题并分析原因，针对问题对G县税务局的高新技术企业纳税服务进行优化，从而提升G县税务局的高新技术企业纳税服务质量，让高新技术企业充分享受到政策红利，通过高质量的纳税服务扶持其更好更快发展。

二、研究意义

一是有助于帮助高新技术企业规避税收风险。高新技术企业可能面临高新资格认定和复审未通过、在有效期内"高新"资格被撤销和处罚的风险，因此高新技术企业的税务风险比一般企业更高，需要税务局为其提供纳税辅导，帮助其规避税务风险，顺利享受优惠政策。二是有助于提高税务局的纳税服务质量。高新技术企业的情况较为复杂，因此高新技术企业纳税服务对税务干部业务能力水平、与外部门的协作度、报表填写辅导服务、后续跟踪服务、信息技术服务的要求都比一般企业要高。因此，税务局需要提高纳税服务质量，以全面适应高新技术企业对纳税服务的高要求。三是有助于降低高新技术企业税收遵从成本。高新技术企业的时间成本、货币成本、心理成本、其他成本皆高于一般企业，导致高新技术企业更加需要税务局提供高质量的纳税服务，以降低其税收遵从成本。四是有助于满足高新技术企业纳税服务需求。目前，高新技术企业数量不断增长，企业相应的纳税服务需求在逐步扩大。因此，税务局应注重对高新技术企业纳税服务模式的升级创新，进一步扩大服务面以满足高新技术企业日益增长的纳税服务需求。

第二节　G县高新技术企业现状及纳税服务现状

G县位于中国大陆海岸线中段，属于浙江省Y市管辖，县域总面积为1 931平方千米，其中陆域面积为1 843平方千米，海域面积为88平方千米，地貌呈现"七山一水二分田"的格局。G县下辖4个街道、11个镇和3个乡，共有32个社区居委会和337个行政村。2021年末，G县常住人口70.8万人，户籍人口63.1万人。2021年G县地区生产总值为840.1亿元，按可比价格计算，比2020年增长8.8%，两年平均增长6.1%。近年来，G县始终认真贯彻落实市委市政府对于建设高水平创新型城市的总体要求，深入实施人才和创新的"栽树工程"，坚持推进全域科技自立自强，加快打造高水平的创新型强县。2021年荣获全国科技创新百强县（位居64位），入选Y市首批省可持续发展创新示范区建设单位。

一、G县高新技术企业现状

（一）数量规模

从2019年至2021年，G县高新技术企业数量从187家增长至285家，呈现出稳步增长趋势。2021年全县高新技术企业存量285家，比2020年增加19.25%，比2016年增长188%，实现翻番目标，其中规上工业企业中高新技术企业229家，占比达35.95%，居全大市县市（区）前列。具体变化趋势如图6-1所示。从图6-1中可以看出，G县高新技术企业数量呈现稳步上升的态势，且预计该数量还将继续增长。随着高新技术企业数量的不断增多，企业对纳税服务的需求量也在不断提升。不过，目前G县税务局对高新技术企业日益增长的纳税服务需求认识不足，仍以传统的纳税服务方式为高新技术企业提供纳税服务，未扩充纳税服务力量以满足高新技术企业日益增长的需求。因此，G县税务局应注重对高新技术企业纳税服务模式的升级创新，进一步扩大服务面以满足高新技术企业日益增长的纳税服务需求。

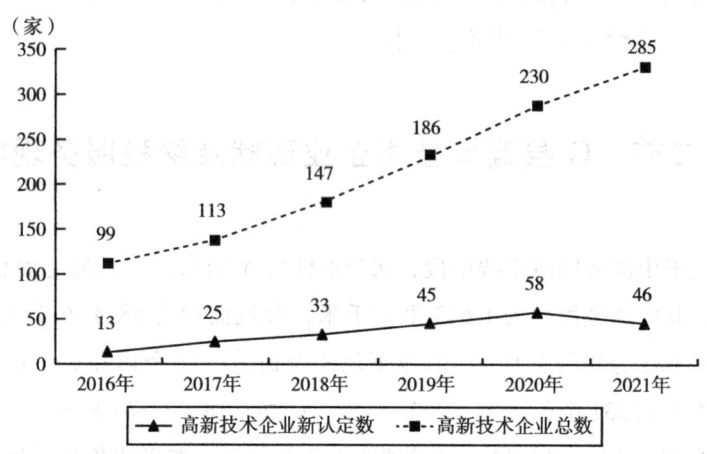

图6-1 2016~2021年G县高新技术企业数量变化

（二）行业分布

从行业分布来看，2021年G县高新技术企业从事制造业的有275家，占G县高新技术企业总数的96.5%；从事信息传输、软件和信息技术服务业的有5家，占总数的1.8%；从事科学研究和技术服务业的有3家，占总数的1%。具体行业分布见图6-2。从图6-2中可以看出G县高新技术企业的行业分布不均衡，集中分布在制造业，其他行业的高新技术企业数量较少。因此，G县税务局应加大对其他行业的政策宣传，提高其他行业的高新技术企业比重，进一步扩大高新技术企业税收政策的行业覆盖面。除此之外，G县税务局应该根据不同行业情况，结合行业特征，按行业开展专业化、针对性强的税收辅导。

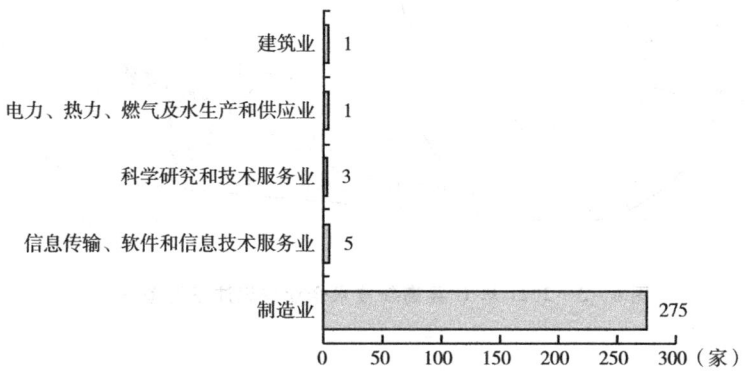

图6-2 2021年G县高新技术企业行业分布

（三）登记注册类型分布

2021年G县高新技术企业中，有250家企业的登记注册类型为内资企业，有23家为港澳台商投资企业，有12家为外商投资企业，分别占总数的87.7%、8.1%和4.2%。在250家内资企业中，有224家为私营有限责任公司，占G县内资高新技术企业总数的89.6%，占G县高新技术企业总数的78.6%；11家为私营股份有限公司，占G县内资高新技术企业总数的4.4%，占G县高新技术企业总数的3.9%；有6家为其他有限责任公司，占G县内资高新技术企业总数的2.4%，占G县高新技术企业总数的2.1%；有6家为非国有控股非上市企业，占G县内资高新技术企业总数的2.4%，占G县高新技术企业总数的2.1%；有3家为非国有控股上市企业，占G县内资高新技术企业总数的1.2%，占G县高新技术企业总数的1%。具体分布见图6-3。虽然G县高新技术企业的登记注册类型以私营有限责任公司为主，但外商投资企业、非国有控股上市企业、其他有限责任公司等类型也占据了较大比重。因此，G县税务局在为高新技术企业提供纳税服务时要考虑不同登记注册企业的实际情况。比如，在为外商投资企业进行纳税辅导时，若企业的研发人员中有境外人员，则辅导人员需要同时辅导与境外研发人员相关的税收政策，保证让企业正确享受税收优惠政策。

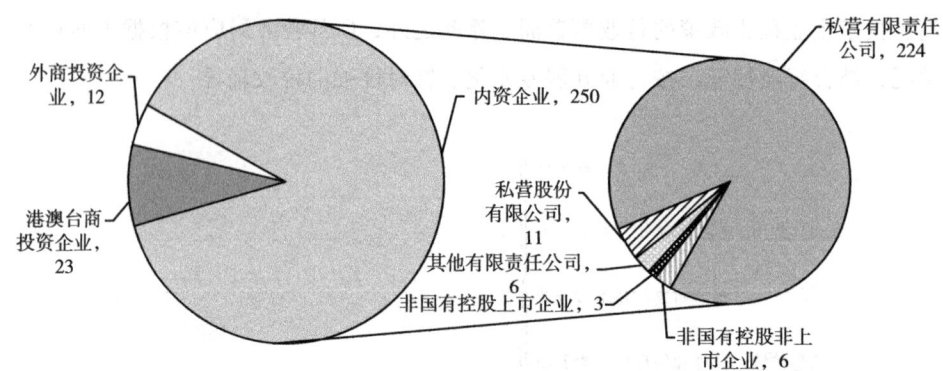

图6-3 2021年G县高新技术企业登记注册类型分布

(四) 地域分布

从地域分布来看,G县地貌呈现"七山一水二分田"的格局,平原主要集中在北部地区。因此,2021年G县高新技术企业主要分布于北部地区,达到了115家,占高新技术企业总数的40.4%;南部和西部地区分布71家,占高新技术企业总数的24.9%;东部地区分布高新技术企业28家,占高新技术企业总数的9.8%。具体分布见图6-4。平原地势有利于企业发展,因此G县北部地区的高新技术企业数量高于其他地区,G县税务局在为高新技术企业提供纳税服务时应考虑这一实际情况,将更多的纳税服务力量分布在北部地区以充分满足各地区的纳税服务需求。

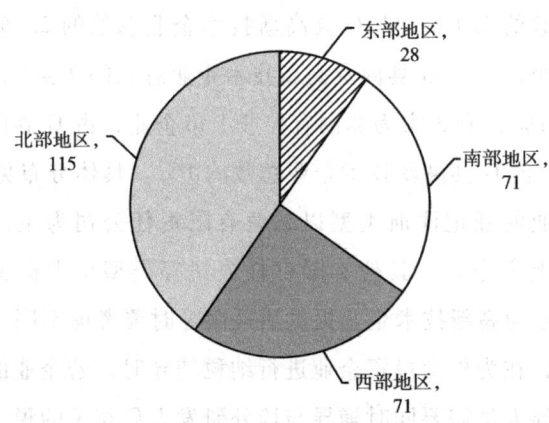

图6-4 2021年G县高新技术企业地域分布

（五）纳税服务需求

为详细了解 G 县高新技术企业对纳税服务的需求，发现目前 G 县税务局为高新技术企业提供的纳税服务与企业纳税服务需求之间存在的差距，笔者对 G 县高新技术企业的法人、财务人员和科技人员等进行了访谈调查。

1. 访谈方式与内容

在每个基层税务所管辖的高新技术企业中各随机抽取新认定的 5 家、以前认定的 5 家，共 50 家高新技术企业。通过上门访谈、电话访谈等方式对企业纳税服务需求进行详细了解，并对搜集到的信息进行梳理总结。

访谈内容主要由三部分组成，第一部分是基础信息问题，包括询问被访谈人员担任的职务以及企业经营范围、经营状况、主要研发产品等企业基本信息，通过企业背景问题初步了解企业情况，有助于之后结合企业实际情况识别纳税服务需求问题。第二部分是纳税服务需求问题，主要从税收政策服务、专业化服务、信息化服务、个性化服务等方面询问企业的纳税服务需求是否得到满足。其中税收政策服务包括税务机关提供全面的税收政策辅导、对新出台的税收优惠政策进行及时宣传辅导、对不同口径的研发费用归集要求进行比较分析、与多部门联合开展政策辅导等。专业化服务包括联合科技局组织召开高新技术企业座谈会、建设高新技术企业专业服务团队、开设高新技术企业专业咨询解答渠道等。信息化服务包括线上精准推送并提醒企业享受优惠政策和其他政府部门加强信息互通、完善高新技术企业纳税申报系统等。个性化服务包括制定高新技术企业税务风险规避操作指引、帮助企业提高"银税互动"贷款额度、开通高新技术企业绿色通道等。第三部分是意见建议，询问企业对提高高新技术企业纳税服务是否有好的意见建议。

2. 访谈结果分析

在对 50 家高新技术企业进行访谈调查后，总结出 G 县高新技术企业对纳税服务的需求主要有以下几方面没有得到满足。

一是税收政策服务需求方面。高新技术企业涉及的税收优惠政策较多且政策内容较复杂，因此在访谈过程中企业普遍希望税务局能够提供更为全面、详细的政策解读，最好能结合实际案例，帮助企业更好地理解政策享受条件，避免出现企业未按要求享受政策的情况。另外，由于与高新技术企业相关的税收优惠政策更新较快，参与访谈的企业希望税务局在新的税收优惠政策出台后能够及时通过短信等方式提醒企业关注并开展针对新政策的纳税辅导以帮助企业尽快享受政策红利。除此之外，企业希望税务局多和科技局等部门联合开展辅导培训会，避免让企业分头参加不同部门各自单独举办的辅导培训会，增加企业的时间成本。

二是专业化服务需求方面。高新技术企业在享受税收优惠政策时会遇到许多"疑难杂症"，因此企业希望税务局能建立专业的税务团队来帮助企业解决遇到的问题。同时企业还希望该税务团队能利用其专业的税收知识和丰富的工作经验帮助企业完善内部控制机制，使企业能及时发现账务处理等涉税环节中存在的问题，提前规避税收风险。

三是信息化服务需求方面。在访谈过程中企业普遍反映在通过电子税务局进行纳税申报时经常出现系统崩溃或卡壳的情况，因此企业希望优化申报系统，进一步提高企业办税效率。另外，企业希望税务局能建立税企信息交互平台，方便税务局与企业之间、企业与企业之间就高新技术企业相关业务进行信息交互和沟通交流。除此之外，企业希望税务局能通过电子税务局推送最新的高新技术企业税收政策，并在企业登录后自动跳出提示以提醒企业及时进行关注。

四是个性化服务需求方面。首先，企业希望税务机关能结合企业的实际情况为高新技术企业提供"一对一""点对点"的精准服务，手把手辅导企业享受税收优惠政策。其次，高新技术企业涉及的税收风险点较多，且大多数风险点引发的后果较为严重。因此，企业希望税务机关能总结日常管理经验，为高新技术企业专门制定税务风险管理指引，从而帮助企业根据指引做好整改工作，提前规避税收风险。最后，因为新冠肺炎疫情影响等原因，企业经营较为困难，且企业进行研发创新需要投入大量资金。因此，企业希望税务局能联合银行为高新技术企业开通绿色通道，提高高新技术企业的贷款额度，减轻企业的资金压力。

二、G县高新技术企业纳税服务现状

（一）G县纳税服务机构设置和职能划分

G县税务局设有6个派出机构、1个事业单位、12个内设机构，现有正式干部 286 人，与纳税服务相关的部门包括纳税服务科以及各基层税务所的办税服务厅。纳税服务科的主要工作是组织开展本单位纳税服务（含缴费服务）工作；组织开展政策宣传、办税服务、纳税辅导、纳税咨询以及权益保护等工作。各基层税务所的办税服务大厅则主要承担辖区内税收、社会保险费和有关非税收入的征收管理和服务工作。

（二）G 县高新技术企业纳税服务方式

1. 线下纳税服务

办税服务厅是 G 县税务局提供线下纳税服务的主要场所，企业可以在办税服务厅窗口办理税务登记、申报纳税、申领发票等涉税业务。办税服务厅设有导税台、自助办税区、窗口办税区、后台处理中心、休息等候区，其中自助办税区配有外网电脑、自助领票机和发票代开机，并有导税人员辅导纳税人网上办理业务和自助领购发票、代开发票。除办税服务厅外，G 县税务局还与银行合作，依托各大银行营业网点，智能布局自助办税区，方便纳税人就近办理领购增值税发票等涉税业务。除此之外，G 县税务局还会进行多种线下纳税服务工作，比如定期组织企业举办线下纳税辅导培训会，对税收政策进行详细解读并现场解答企业提出的疑问；提供上门服务，实地考察企业情况，帮助企业发现并改正存在的税收问题；通过分发税收宣传册等多种形式开展税收宣传活动，提高税收政策的知晓度，扩大税收政策的覆盖面。

2. 线上纳税服务

随着金税三期系统的上线，以及大数据、云计算等信息技术的不断发展，智慧税务的建设取得了很大进展，税务机关纳税服务的手段发生了很大改变。高新技术企业作为科技创新的重要组成部分，适用的税收优惠政策较复杂，涉及的纳税环节较多，因此对信息技术的要求更高。G 县税务局目前大力推广线上办税方式，即鼓励企业可通过电子税务局办理税务登记、优惠备案等业务，通过自然人扣缴客户端办理个人所得税申报业务，通过增值税开票系统自行开具增值税发票，以及通过手机 APP 办理纳税申报等税收业务。同时，G 县税务局注重利用 12366 热线和微信公众号等线上工具帮助纳税人了解税收政策以及方便纳税人进行线上纳税咨询，为纳税人提供了更快捷便利的纳税服务。

（三）G县高新技术企业纳税服务内容

1. 取消高新技术企业资料报送

按照国务院"放管服"政策的要求，国家税务总局公告（2018年第23号）发布了修订后的《企业所得税优惠政策事项办理办法》，明确企业享受税收优惠时，采取"自行判别、申报享受、相关资料留存备查"的办理方式，即企业在申报企业所得税年报以及享受税收优惠政策前，无须再进行优惠备案和备案资料的报送，备案资料由企业自行留存备查。因此，G县高新技术企业在享受涉及企业所得税的税收优惠政策时无须到税务机关备案并报送相关资料，只需将资料留存备查并于企业所得税年报时填写相关附表即可享受税收优惠政策。

2. 多种渠道开展税收政策宣传和辅导

为鼓励企业研发创新，进而带动社会可持续发展，国家税务总局出台了一系列支持企业进行研发创新的税收优惠政策。高新技术企业作为研发创新的主体，同样适用这些政策。我国目前出台的支持科技创新的政策基本覆盖了企业生命周期，涉及增值税、企业所得税、个人所得税等多个税种，以税基式减免、税额式减免、税率式减免等多种优惠形式让企业切实享受政策红利。其中，企业所得税优惠政策中的研发费用加计扣除政策和高新技术企业优惠税率政策的适用面最广。我国为促进高新技术企业科技研发的税收优惠政策详见表6-1。

表6-1　　　　我国现行高新技术企业税收优惠政策

成长周期	优惠项目	优惠内容	政策依据
初创期	创业就业平台税收优惠	对科技企业孵化器和众创空间免征增值税、房产税、城镇土地使用税	财税〔2018〕120号
		对大学科技园免征增值税、房产税、城镇土地使用税	财税〔2018〕120号
	创业投资税收优惠	创投企业、有限合伙制创业投资企业法人合伙人投资未上市的中小高新技术企业按比例抵扣应纳税所得额	国税发〔2009〕87号
		公司制创业投资企业投资初创科技型企业抵扣应纳税所得额	财税〔2018〕55号
		有限合伙制创投企业法人合伙人、个人合伙人投资初创科技型企业抵扣从合伙企业分得的所得	财税〔2018〕55号
		天使投资个人投资初创科技型企业抵扣应纳税所得额	财税〔2018〕55号

续表

成长周期	优惠项目	优惠内容	政策依据
初创期	金融支持税收优惠	创新企业境内发行存托凭证试点阶段增值税、企业所得税、个人所得税优惠政策	财政部 税务总局公告（2019年第52号）
成长期	研发费用加计扣除政策	企业研发费用加计扣除比例提高到75%的政策扩大至所有企业；制造业企业、科技型中小企业研发费用企业所得税100%加计扣除	财税〔2018〕99号、财政部税务总局公告（2021年第13号）、财政部 税务总局公告（2022年第16号）
	进口科研技术装备用品税收优惠	重大技术装备进口免征增值税	财关税〔2020〕2号
		科学研究机构、技术开发机构、学校等单位进口免征增值税、消费税	财关税〔2021〕23号
	科技成果转化税收优惠	技术转让、技术开发和与之相关的技术咨询、技术服务免征增值税	财税〔2016〕36号
		技术转让所得减免企业所得税	财政部 税务总局公告（2013年第62号）
	科研创新人才税收优惠	科研机构、高等学校股权奖励延期缴纳个人所得税	财税字〔1999〕45号
		高新技术企业技术人员股权奖励分期缴纳个人所得税	财税〔2015〕116号
		中小高新技术企业向个人股东转增股本分期缴纳个人所得税	财税〔2015〕116号
		企业以及个人以技术成果投资入股递延缴纳所得税	财税〔2016〕101号
		由国家级、省部级以及国际组织对科技人员颁发的科技奖金免征个人所得税	《中华人民共和国个人所得税法》第四条
		职务科技成果转化现金奖励减免个人所得税	财税〔2018〕58号
成熟期	高新技术类企业税收优惠	高新技术企业减按15%税率征收企业所得税	《中华人民共和国企业所得税法》第二十八条
		高新技术企业和科技型中小企业亏损结转年限延长至10年	财税〔2018〕76号
		技术先进型服务企业减按15%税率征收企业所得税	财税〔2017〕79号

G县税务局为帮助高新技术企业切实享受到税收优惠，利用多种渠道开展了税收政策宣传和辅导工作。一是在微博、微信公众号等网络平台上对高新技术企业相关的税收政策进行纳税宣传；二是定期开展高新技术企业纳税辅导培训会，通过培训会对研发费用加计扣除政策、高新技术类企业税收优惠等政策

内容进行详细讲解和比较分析，帮助企业正确享受税收优惠政策；三是制作高新技术企业税收优惠政策宣传手册并在工业园区、展览会等场所进行分发，提高高新技术企业税收优惠政策的知晓度，扩大税收优惠政策的宣传普及力度。

3. 申报系统智能提示

G县高新技术企业在享受企业所得税优惠政策时，需要填写企业所得税年报中的相关附表，申报系统则会根据企业填写的内容对企业应享未享或未正确享受优惠政策进行提示。

一是对科技型中小企业和高新技术企业未享受研发费用加计扣除政策提示。企业申报企业所得税年报时需要填写《A000000企业所得税年度纳税申报基础信息表》（以下简称基础信息表），若企业为科技型中小企业或高新技术企业则需自行于"210科技型中小企业"或"211高新技术企业申报所属期年度有效的高新技术企业证书"中填写相关信息。符合条件的高新技术企业和科技型中小企业一般也同时符合研发费用加计扣除政策的享受条件，若企业在企业所得税年报申报时未同时享受研发费用加计扣除政策，申报系统会自动跳出提示以提醒企业。

二是对企业未正确选择研发费用加计扣除比例的提示。目前研发费用加计扣除政策的加计扣除比例有两个档次，分别为75%或100%，只有制造企业或科技型中小企业可以享受100%的加计扣除比例。企业在申报企业所得税年报时，基础信息表中的"105所属国民经济行业"会自动跳出企业税务登记的主营行业，申报系统以此为依据来判断企业是否为制造业企业。若企业非制造业企业且非科技型中小企业却在填写研发费用加计扣除明细表时选择了100%的加计扣除比例，则申报系统会自动跳出错误提示，企业可及时发现错误并选择正确的加计扣除比例。

（四）G县高新技术企业纳税服务成效

G县税务局为高新技术企业提供的纳税服务，让G县高新技术企业切实享受到了税收优惠政策红利，使得企业税负得以减轻，为提升企业收益、增加研发投入、提高科技产出提供了助力。

1. 高新技术企业税负减少

G县高新技术企业2021年合计缴纳税费10.78亿元，同比下降了5.85%，其中增值税合计入库 4.79 亿元，同比下降了 15.37%。高新技术企业所得税合计入库 2.63 亿元，同比下降了 38.69%。2021 年 G 县高新技术企业享受税收优惠政策减免税款 1.98 亿元，同比增加 5.88%；2020 年研发费用加计扣除金额为 13.55 亿元，2021 年增加到了 25.06 亿元。这在一定程度上减轻了高新技术企业的税收负担。详见表 6-2。

表 6-2　　　　2020~2021 年 G 县高新技术企业税负情况

年度	入库税额（亿元）	增值税入库税额（亿元）	企业所得税入库税额（亿元）	高新技术企业税收减免税额（亿元）	研发费用加计扣除金额（亿元）
2020	11.45	5.66	4.29	1.87	13.55
2021	10.78	4.79	2.63	1.98	25.06
增长率	-5.85%	-15.37%	-38.69%	5.88%	84.94%

2. 高新技术企业收益增加

2021 年度 G 县高新技术企业取得营业收入 898.06 亿元，同比增长 60.3%，其中高新技术产品和服务收入 801.15 亿元，同比增长 58.8%。G 县高新技术企业的利润总额为 43.56 亿元，同比增长 185.08%，其中 62% 的高新技术企业盈利水平与 2020 年同期相比有所增长。G 县盈利千万以上的高新技术企业有 86 户，比 2020 年同期增加 28 户；盈利额超过 100 万元的有 231 户，比去年同期增加 89 户。同时，高新技术企业中盈利企业占比与去年同期相比也有所增长，从 2020 年的 85.0% 增长至 2021 年的 87%。由此可见，G 县高新技术企业的盈利水平有所提升，受疫情影响的经营困境有所缓解。详见表 6-3。

表 6-3　　　　2020~2021 年 G 县高新技术企业盈利情况

年度	营业收入（亿元）	利润总额（亿元）	盈利千万以上户数	盈利百万以上户数	盈利面
2020	560.22	15.28	58	170	85%
2021	898.06	43.56	86	231	87%
增长率	60.30%	185.08%	48.28%	35.88%	2%

3. 高新技术企业研发投入增多

高新技术企业研发活动的开展离不开充足的资金保障，但企业在研发过程中经常出现资金短缺问题。G县税务局通过提供高质量的纳税服务，保证高新技术企业税收政策能够得到贯彻落实，切实降低企业税负，这在一定程度上减轻了企业的资金压力，使企业能将更多的自由资金投入到研发活动中去。2021年G县全县规上工业企业研发费用支出31.4亿元（全市排名第7位），同比增速25.8%，研发费用支出占GDP比重预计3.0%。除此之外，目前我国出台了许多针对科研创新人才的税收优惠政策，比如高新技术企业技术人员获得的股权奖励可以分期缴纳个人所得税，且其取得的职务科技成果转化成现金奖励可以减免个人所得税等。G县税务局为高新技术企业提供的纳税服务使得上述政策能够得到贯彻落实，帮助企业吸引了更多研发人才。G县2021年高新技术企业有研发人员1.15万人，同比增幅25.25%。

4. 高新技术企业科技创新成果涌现

2021年，G县完成专利授权4 965件，其中发明专利209件，有效发明专利拥有量1 350件，新获省科学技术奖1项、市科学技术奖7项，新增专利导航项目3项。技术交易额首次突破10亿元，增长19.6%，其中发明专利转让27件，专利许可75件，推介技术成果31项。

第三节　G县高新技术企业纳税服务存在的主要问题

一、纳税辅导服务质量有待提高

纳税辅导是税务机关提供纳税服务的重要环节，是企业正确享受税收政策的重要保障。G县税务局目前为高新技术企业提供的纳税辅导服务包括政策辅导、财务辅导、纳税申报辅导等多项内容，但G县税务局为高新技术企业提供的纳税辅导服务质量仍有待提高，主要表现在以下几点。

（一）政策辅导存在不足

根据对G县高新技术企业纳税服务需求的访谈调查，可以发现企业对G县税务局提供的税收政策服务存在较大需求，包括希望G县税务局能提供全面、及时的政策辅导,以及希望辅导内容能与实际案例相结合等。但目前 G 县税务局提供的政策辅导服务存在不足,与企业的需求仍有一定差距,主要体现在以下两点:

一是政策辅导内容存在不足。首先,G 县税务局的纳税辅导范围未包括全部税收优惠政策。G 县税务局在对高新技术企业进行政策辅导时,主要针对企业所得税中的研发费用加计扣除政策和高新技术企业税率优惠政策这两大政策内容进行讲解。但除了这两大税收优惠政策,高新技术企业还可以享受许多其他税收优惠政策。比如,在企业所得税方面,高新技术企业还可享受技术成果转让所得减免政策、创投企业税收优惠政策、企业所得税职工教育经费税前扣除优惠政策等;在增值税方面,高新技术企业可享受创业就业平台税收优惠政策、科技成果转化税收优惠政策等;在个人所得税方面,高新技术企业可享受科研机构创新人才税收优惠政策等。但辅导人员却未对上述所列的税收优惠政策进行详细讲解,导致高新技术企业对这些政策了解较少,从而无法足额享受政策红利。其次,G 县税务局政策辅导内容缺乏实际案例。G 县税务局在对高新技术企业进行政策文件内容讲解时未结合实际案例,增加了企业深入了解税收政策的难度。比如按照政策规定,企业在归集研发人工费用时,若存在员工既参与研发环节又参与生产环节的情况,则该员工的工资费用需要在制造费用和研发费用间以合理的方法进行分摊。但在对高新技术企业进行辅导时,辅导人员只对分摊要求做了简单介绍,未结合实际案例就分摊依据、计算方法等内容进行详细的讲解,不利于企业在实践中正确精准地计算应分摊至研发费用的金额。

二是政策辅导不及时。高新技术企业涉及的税收政策的推陈出新速度较快,但 G 县税务局未对新出台的税收政策及时进行纳税辅导。比如,国家税务总局(公告 2021 年第 28 号)增设简化版研发支出辅助账和研发支出辅助账汇总表样式(以下简称 2021 版研发支出辅助账样式,如表 6-4、表 6-5 所示),国家税务总局公告(2015 年第 97 号)发布的研发支出辅助账和研发支出辅助账汇总表样式(以下简称 2015 版研发支出辅助账样式)继续有效。2021 版研发支出辅助账样式简并了 2015 版研发支出辅助账样式,委托境外研发、"其他相关费用"限额计算方法等内容皆发生了变化,企业可以于企业所得税年报的基础信息表中的"224 研发支出辅助账样式"自主选择适用的辅助账样式。但 G 县税务局未针对新政策的内容对企业财务人员进行纳税辅导，导致企业在申报企业所得税年报时未选择正确的辅助账样式，从而在填写相关表单时出现了许多问题。

表 6－4　　　　　　　　　2021 版研发支出辅助账

凭证信息				会计凭证记载金额	税法规定的归集金额	费用明细（税法规定）					委托研发费用	
						人员人工费用	直接投入费用	折旧费用	无形资产摊销	新产品设计费等	其他相关费用	委托境内机构或个人进行研发活动所发生的费用	委托境外机构进行研发活动所发生的费用
日期	种类	号数	摘要										
合计金额													

表 6－5　　　　　　　　2021 版研发支出辅助账汇总表

项目编号	项目名称	完成情况	支出类型	允许加计扣除金额合计	人员人工费用	直接投入费用	折旧费用	无形资产摊销	新产品设计费等	前五项小计	其他相关费用及限额		委托研发费用及限额			
											其他相关费用合计	经限额调整后的其他相关费用	委托境内机构或个人进行研发活动所发生的费用	允许加计扣除的委托境内机构或个人进行研发活动所发生的费用	委托境外机构进行研发活动所发生的费用	经限额调整后的委托境外机构进行研发活动所发生的费用
				1	2	3	4	5	6	7.1	7.2	8.1	8.2	8.3	8.4
资本化金额小计																
费用化金额小计																
其中：其他事项																
金额合计																

（二）财务辅导有待改进

一般企业在账务处理时不需要设置研发支出辅助账，但高新技术企业在享受研发费用加计扣除政策时，需按照国家财务会计制度要求，按研发项目设置研发支出辅助账以便准确核算当年实际发生的各项研发费用。研发支出辅助账分为总表与项目明细表，企业在总表中需要填写各研发项目每年发生的人员人工费用、直接投入费用、折旧费用等费用的总金额，在项目明细表中则需填写各研发项目每月发生的人员人工费用、直接投入费用等费用的金额以及每一笔支出对应的会计凭证号。由于研发支出辅助账的填写要求较为复杂，企业财务人员在填写研发支出辅助账时经常因不了解费用明细的填写规则而引发一系列问题。以 G 县 DWRS 新能源有限公司为例，该企业主营业务为光伏组件的生产销售，企业财务人员在填写研发支出辅助账时误将研发活动中发生的水电费等费用填入了"其他相关费用"一列，实际应填入"直接投入费用"一列中，从而导致该企业的其他相关费用占全部研发项目的五项费用之和的比例超过了政策规定。G 县税务局在对高新技术企业进行纳税辅导时，经常忽略对研发支出辅助账的设置等财务知识的辅导，未能帮助企业避免类似这种错误的发生。

（三）纳税申报辅导有待完善

一般企业在纳税申报时不需要填写与高新技术企业税收优惠政策相关的附表，但高新技术企业需要在申报增值税报表、企业所得税报表、个人所得税报表等报表时填写相关附表来享受相关的税收优惠政策，且不同政策需要填写的附表内容与相应的填写要求皆不一样。因此，税务人员在为高新技术企业提供纳税服务时，辅导企业填写申报表成为了一项重要且复杂的工作。以企业所得税为例，高新技术企业需要在申报企业所得税年度汇算清缴申报（以下简称企业所得税年报）时填写《A107041 高新技术企业优惠情况及明细表》（以下简称高新技术附表）的相关内容以享受高新技术企业 15% 优惠税率的税收政策，填写《A107012 研发费用加计扣除优惠明细表》（以下简称研发费用加计扣除明细表）的相关内容以享受研发费用加计扣除优惠政策，填写《A107030 抵扣应纳税所得额明细表》的相关内容以享受创业投资税收优惠，且不同的附表填写内容和要求皆不一样,甚至还需注意不同附表之间的逻辑关系,否则容易出现税收政策享受错误的问题。

除此之外,根据税收遵从理论,从时间成本上看,高新技术企业需要制作并保存研发项目书等备案资料,同时高新技术企业纳税申报表的填写内容比一般企业更多、填写要求更为复杂,因此高新技术企业付出的时间成本比一般企业更高。

综上所述,与一般企业相比,高新技术企业更为需要税务干部做好对其报表填写辅导工作,帮助其正确填写相关主附表,进而降低高新技术企业的时间成本。但目前G县税务局在辅导企业填写申报表时仍存在以下有待完善之处:

首先,未辅导企业修改高新技术附表中的营业收入数据。比如,企业于2021年度享受高新技术企业税收优惠时,需在申报2021年企业所得税年报时填写高新技术附表,并于高新技术附表的第29行"八、销售(营业)收入"中填写连续三个年度的营业收入,即2019年、2020年、2021年的营业收入,且这三个年度的营业收入需分别与2019年、2020年、2021年企业所得税年报的《A100000中华人民共和国企业所得税年度纳税申报表(A类)》(以下简称主表)中的第1行"一、营业收入"一致。假如企业修改了2020年度企业所得税年报中主表的营业收入数据,2021年高新技术附表中的2020年营业收入的数据不会自动同步更新,从而导致2021年高新技术附表与2020年主表之间的营业收入数据不一致。因此,需要税务人员在辅导企业修改报表时提醒企业同步修改2021年高新技术附表中2020年的营业收入的数据。

其次,未辅导企业正确计算填写减征企业所得税额数据。高新技术企业在申报企业所得税年报时可以享受15%的优惠税率,但因享受优惠税率而减征的企业所得税税额需要企业自行计算并填入高新技术附表的第31行"十、国家需要重点扶持的高新技术企业减征企业所得税",系统无法自动计算填写。因此,需要税务人员辅导报税人员正确计算并填写减征企业所得税额数据,否则将导致企业后续需要到办税服务厅更正报表。

最后,未辅导企业了解会计口径、高新技术口径、研发费用加计扣除口径的研发费用的填写要求。符合条件的高新技术企业可以同时享受企业所得税中的研发费用加计扣除政策和高新技术企业15%优惠税率的政策,故企业需同时填写《A104000期间费用明细表》(以下简称期间费用明细表)的第19行

"十九、研究费用"、研发费用加计扣除明细表的第45行"六、允许扣除的研发费用合计"以及高新技术附表的第15行"七、归集的高新研发费用金额"。这三张附表中的研发费用合计金额分别为按照会计口径、研发费用加计扣除口径以及高新技术口径归集的研发费用,因会计核算要求、研发费用加计扣除政策规定和高新技术企业认定条件中对研发费用的归集要求不一样,使得这三个口径的研发费用金额有所差异,三者金额的大小一般为会计口径的研发费用≥高新技术口径的研发费用≥研发费用加计扣除口径的研发费用。若上述三个口径的研发费用大小不符合这一规律,则很可能存在企业未剔除不符合归集条件的研发费用的问题。但企业在纳税申报时申报系统不会对三个口径的研发费用金额大小进行监控比对,因此需要税务干部辅导企业关于会计口径、高新口径、研发费用加计扣除口径的研发费用的填写要求。

(四)"跟踪式"辅导欠缺

高新技术企业的研发项目一般要经过数年才能取得研发成果,因此税务机关需要根据企业的研究开发进度为高新技术企业提供长期持续的纳税辅导服务。税务机关需要跟踪关注企业研究开发的动态变化,以便根据企业发生的变化及时提供相应的纳税辅导,以保证企业能够正确、全面地享受税收优惠政策。但目前G县税务局对高新技术企业的"跟踪式"辅导欠缺,对企业的研发动态没有持续进行关注,导致无法为高新技术企业提供及时的纳税辅导。比如,企业在研发过程中委托外部单位或个人完成研发任务,研发费用加计扣除政策对因此产生的研究费用比例有相应的标准要求,但税务局并未发现企业的这一动态信息,因此未及时地对企业进行纳税辅导,使得企业未能正确享受税收政策。

20世纪80年代中期到90年代初,美国营销学家帕拉休拉曼、赞瑟姆和贝利等首次提出服务质量差距模型。该模型区分了导致服务质量问题的五种差距,可以用来分析服务质量问题产生的根源,进而帮助管理者研究改进服务质量的措施以提高服务质量。上述G县税务局纳税辅导服务质量有待提高的问题属于服务质量差距模型中的服务传递差距,即在生产和供给过程中表现出的质量水平,未能达到服务企业制定的服务标准的要求。结合G县税务局工作实际情况,利用服务质量差距模型对上述G县税务局高新技术企业纳税辅导服务质量问题进行分析后,发现主要原因是:

1. 税务干部辅导能力欠缺

根据服务质量差距模型，导致服务传递差距产生的原因之一为公务员的能力欠缺，无法胜任按服务质量标准提供服务。高新技术企业纳税服务对税务人员的业务能水平要求较高，首先，高新技术企业纳税服务对税务人员的政策掌握度要求高。由于科技创新相关的税收优惠较多，政策内容较为复杂，政策更新速度较快，因此需要税务人员能够熟练掌握所有税收政策的内容和条件，如此才能更为专业地做好政策宣传工作和纳税辅导工作。其次，高新技术企业纳税服务对税务干部的财务知识和行业知识储备要求高。高新技术企业在享受研发费用加计扣除优惠政策时需要按照国家财务会计制度要求按研发项目设置研发支出辅助账，以便更为精确地对研发费用进行归集。因此需要税务人员能够熟练掌握研发支出辅助账的设置以及其他相关的财务知识，从而能够更为深入地理解税收政策并做好对企业的辅导工作。最后，税务人员对高新技术企业所在行业的知识也要有一定了解，从而能够更加深入地了解企业的情况，并根据企业具体情况做好纳税服务工作。但目前G县税务局的税务人员中能熟练掌握以上全部知识的复合型人才屈指可数，无论是数量上还是质量上都无法满足高新技术企业对纳税辅导的需求。主要体现在以下几方面：

一是老税务人员学习积极性不高。目前G县税务局45周岁以上税务人员占全部正式税务人员的49.3%，老税务人员对计算机等设备操作不熟练，且部分老税务人员极易有"佛系""求稳"的思想，思维固化、安于现状，年龄到杠、职务到顶就产生"歇歇脚"的想法。另外，高新技术企业的相关业务知识较为繁杂，学习难度大，需要花费的精力多，这使得部分老税务人员容易产生畏难情绪。上述原因导致老税务人员对学习高新技术企业业务知识积极性不高，无法为高新技术企业提供高质量的纳税辅导服务。

二是对青年税务人员的学习培养仍有欠缺。高新技术企业的税收业务较为复杂，同时高新技术企业的研究开发技术性、专业性比较强。因此，要求为高新技术企业提供纳税服务的税务人员要熟练掌握高新技术企业适用的税收政策内容，具备扎实的财务基础，同时还要了解一定的行业知识，如此才能全面、专业地为企业解决纳税需求。但目前G县税务局在培养这类素质能力兼具的复合型人才上仍有所欠缺。目前G县税务局35周岁以下的税务人员有102人，占全部正式税务人员的35.66%，青年税务人员所学专业覆盖经济学、管理学、理学、工学、法学、文学等。目前G县税务局培养青年税务人员的方式主要有两种，第一种是指导老师制度，即建立以指导老师为主导、青年税务人员为主体、工作岗位为平台的工作机制。通过"传帮带"，让指导老师对青年税务人员因材施教，言传身教，分阶段、按步骤、有重点地进行指导，最终建设一支宏大的人才队伍。第二种是青年理论学习小组，即面向全县税务系统40周岁以下的全体青年税务人员，组建9个理论学习小组，每个小组通过"我讲你谈"月享会、"岗位赛马"季比武、"锋领论剑"年展示等形式互相交流学习，全面提升青年税务人员的综合素质。但在实际操作过程中以上两种培养方式对提高青年税务人员在高新技术企业方面的业务水平收效甚微，主要体现在两方面：一是现行培养方式缺乏对高新技术企业相关政策内容系统的学习，高新技术企业涉及的税种较多、政策较杂，青年税务人员在学习时没有专门针对高新技术企业相关政策进行系统的梳理，学习内容较为分散，故而无法将不同税种、不同政策之间的内容融会贯通。二是现行培养方式缺乏与高新技术企业相关的实践经验。不管是指导老师制度还是青年理论小组制度都缺少带领青年税务人员去高新技术企业进行实地走访学习的机会，导致青年税务人员对企业的研发流程、研发辅助账的设置、高新技术企业纳税申报表的填写等实践知识缺少了解，实践经验相对不足，难以对高新技术企业提供良好的纳税辅导服务。

三是临聘人员学习积极性不高。目前G县税务局在办税服务厅提供纳税服务的大多数为没有正式编制的临聘人员，他们的劳务报酬相对较低，故而对业务知识的学习积极性不高，且高新技术企业相关的税收知识较为复杂，学习难度高，临聘人员更加不愿意花费时间进行学习，因此在为高新技术企业进行纳税辅导时容易出现辅导不专业的问题。

2. 缺乏高新技术企业服务信息平台

根据服务质量差距模型，导致服务传递差距产生的另一原因为政府的技术设备和管理体制不利于基层政府服务人员按服务标准来操作。G县税务局缺乏高新技术企业服务信息平台帮助其及时获取高新技术企业在研发过程中发生的全部动态信息，从而无法及时有效地根据企业的动态变化提供相应的纳税辅导服务。除此之外，G县税务局还需要通过高新技术企业服务信息平台帮助其从科技局、街道乡镇等外部门获取企业研发信息，进而尽早对企业实施税收政策宣传与辅导。

二、风险规避服务欠缺

高新技术企业需要单独接受税务机关的高新核查，而一般企业则不需要。随着税务机关的征管体制日益完善，G县税务局对高新技术企业的税收风险管理日益严格。一方面，G县税务局在对高新技术企业资格认定和复审进行核查时，核查内容更为全面仔细，核查标准更为严格苛刻。另一方面，G县税务局对高新技术企业的日常风险管理力度持续加大，对于在后续管理中发现不符合条件的高新技术企业，会取消其享受高新技术企业税收优惠政策的资格，并要求其补缴相应地税款和滞纳金。因而，高新技术企业面临的核查压力日益增大，被取消享受高新技术企业税收优惠政策资格的风险日益提升。目前，高新技术企业面临的税收风险主要有以下三种：

一是高新资格认定和复审未通过的风险。根据相关政策文件，对高新技术企业的科技人员、研发费用、高新技术产品收入等方面均设定了具体的标准。随着G县税务局在实践中对高新技术企业标准日趋严格，企业在未取得高新资格或在复审过程中被取消高新资格的风险不断增大。

二是在有效期内高新检查的风险。除了通过对新认定高新资格的企业进行核查来控制高新技术企业总数量，G县税务局在不断加强对已经取得高新资格企业的后续监管和检查力度。因此，高新技术企业在日常经营中需要时刻做好被税务机关核查的准备。

三是"高新"资格被撤销的风险及处罚。若高新技术企业在被税务局检查时发现存在不符合认定条件的情况，则将被取消享受高新技术企业税收优惠政策的资格，同时还需面对五年内不得申请高新技术企业、补税和缴纳滞纳金的处罚。

综上所述，可以发现高新技术企业面临的税收风险比一般企业更高。除此之外，根据税收遵从理论，高新技术企业面对的税务风险及处罚大大增加了企业紧张焦虑的情绪，使高新技术企业的心理成本远高于一般企业。因此，高新技术企业更为需要G县税务局提供风险规避服务帮助其规避税务风险，降低心理成本，顺利享受优惠政策。但目前G县税务局更多的是通过风险核查方式对高新技企业的税收风险进行管理，而不是通过纳税服务来帮助高新技术企业规避税收风险。

以JX汽车部件制造有限公司为例。该企业为制造业企业，于2019年被认定为高新技术企业，主要经营汽车零部件的制造，该企业的研发项目内容主要是对汽车零部件制造工艺的改进。根据规定，对于已经认定为高新技术企业的企业，G县税务局需要每三年对其资格进行复评核查，若在核查过程中发现企业存在不符合高新技术企业认定条件的情况，则将取消其享受高新技术企业税收优惠政策的资格。G县税务局在对该企业进行高新技术企业资格核查时发现该企业的研发项目书内容存在问题，同一年度的不同研发项目的研发时间、研发进度、研发设备等内容全都一致，且在研发人员名单中有几位研发人员实际为车间制造人员，上述研发项目书内容存在的问题导致税务机关对企业研发项目的真实性存疑。除了研发项目书问题外，核查人员在对企业研发设备进行实地核查时还发现该企业存在生产部门与研发部门共用设备的问题。按照政策规定，企业应对生产与研发共用设备的使用情况进行详细记录，并将设备产生的折旧摊销费用按实际工时占比等合理方法在研发费用和生产经营成本费用之间进行分摊，但实际该企业未按照规定对设备的折旧费用进行合理分摊。

对于在核查中发现的上述问题，税务机关其实可以通过风险规避服务帮助该公司纠正错误。首先，税务机关可以提前对出具项目书的第三方机构进行纳税辅导，解决企业研发项目书中存在的问题。目前G县大多数高新技术企业的研发项目书等资料皆聘用DC科技咨询有限公司代为制作出具，而该第三方机构出具的资料中经常出现内容不规范问题。比如，研发项目书套用同一模板导致企业所有研发项目的研发内容、研发时间等内容全都一模一样。税务机关可以提前对该第三方机构进行纳税辅导，提高其资料出具的质量与准确率，从而避免高新技术企业的留存资料再出现类似错误。其次，税务人员可以提前上门为企业提供实地辅导，帮助企业规避设备折旧费用未按规定进行分摊的问题。最后，税务机关可以将历年高新技术企业资格核查中发现的各种风险问题进行归纳总结，并在举办高新技术企业纳税辅导培训会时对这些风险问题进行强调，以引起企业重视，避免企业再犯类似错误。

对于G县税务局风险规避服务欠缺的问题，究其原因，主要有以下两个：

一是"服务"的观念尚未完全树立,主要体现在以下两方面:一方面是税务人员的服务观念尚未完全树立。服务型政府的建设要求政府部门必须定位好"服务者"这个角色,即政府的职责是为人民、为社会提供服务,始终坚持"公仆意识",站在公众立场思考问题。目前G县税务局45周岁以上的老税务人员有141人,占全部正式税务人员的49.3%。老税务人员的税务工作年限较久,传统的征管理念已经根深蒂固,向"服务"观念转变较为困难,因此,大部分老税务人员仍将纳税人仅视为被征管对象,以"管理者"自居,没有形成"管服一体"的观念,只注重对纳税人的管理和监督,忽视了对纳税人的服务。具体的表现是部分老税务人员在办公室等纳税人过来而不是积极主动地上门提高纳税服务;对纳税人态度较为严肃,没有将纳税人视为地位平等的一方进行对待。同时他们认为为企业提供风险规避服务等工作应由纳税服务科和办税服务厅的工作人员负责,因此主动为企业提供风险规避服务的积极性不足。另一方面是企业缺乏"服务"的观念。纳税人长期处于被管理的弱势地位,税务机关"执法者"的形象已经深入人心,且税务机关会对高新技术企业进行资格核查,导致纳税人对税务机关的惧怕心理更甚。除此之外,由于高新技术企业的税收政策和账务处理都较为复杂,受传统观念影响企业很少对税务机关的纳税服务质量抱有期望。上述原因导致高新技术企业缺乏"服务"的观念,不会主动向税务机关寻求风险规避服务。

二是高新技术企业风险规避服务监督考核机制不完善。服务型政建设的重要内容之一就是责任政府的建设,责任政府的建设要求政府部门要接受来自全方位的监督以保证责任的落实。但目前G县税务局对高新技术企业风险规避服务的监督考核机制不够完善,主要体现在以下两方面:一方面是内部考核不完善。首先,目前的考核机制注重对高新技术企业税收风险管理的考核,忽视对风险规避服务的考核。G县税务局制定的绩效指标中,在高新技术企业方面只规定了对研发费用加计扣除政策享受优惠金额、享受企业户数、高新技术企业占比情况以及核查高新技术企业风险问题的绩效考评,未设置专门针对高新技术企业风险规避服务的考核指标。其次,现有的内部考核指标未起到督促基层税务所贯彻落实高新技术企业风险规避服务的作用。正如六西格玛管理所言,"没有测量就没有管理",标准必须能够客观测量。服务实施必须对照标准进行监督,并且必须明确目标。但G县税务局现有的内部考核指标过于抽象，无法进行具体衡量。比如，2022年G县税务局制定的关于优化税收营商环境的指标内容是"落实税务总局2022年便民办税春风行动方案，聚焦解决纳税人缴费人急难愁盼问题，更好优化税收营商环境，符合总局及市局工作要求的，得基准分0.8分"。帮助高新技术企业有效规避税收风险是优化高新技术企业营商环境的重要组成部分，但该指标对优化企业营商环境的成效没有制定可以客观衡量的标准，可能导致出现基层税务所因缺乏具体标准而敷衍了事的情况，无法起到督促基层税务所提供高新技术企业风险规避服务，进而帮助其优化营商环境的作用。最后，现有的内部考核指标未提高干部个人提供高新技术企业风险规避服务的积极性。目前G县税务局制定的考核绩效指标只对科室、税务所等单位组织产生直接影响，对税务干部个人的考核绩效影响较小，且由于公务员体制的特殊性，绩效考核结果对税务人员的薪酬待遇等影响不大，导致部分税务人员认为绩效考核是单位的事情，和自己没什么关系，本着"能少干就少干"的思想对于主动帮助高新技术企业进行风险规避的积极性不高。另一方面是外部监督不完善。目前，对G县税务局高新技术企业风险规避服务的社会监督不足。虽然税务机关定期会通过纳税满意度调查、问卷调查等形式来了解纳税服务质量，但没有专门针对高新技术企业风险规避服务的满意度调查。除此之外，企业的投诉行为也受到角色认识和社会规范的影响。高新技术企业认为自己在税收风险管理中处于"弱势"地位，其表达不满情绪的可能性小。因此，企业往往在被询问税务机关的风险规避服务质量水平时都是选择好的评价，导致最后得出的风险规避服务质量评价结果水分较大，大大降低了可信度，也使得对风险规避服务的社会监督只是流于形式。

三、个性化服务缺乏

高新技术企业相关的税收政策较多较杂，政策的更新换代速度较快，同时高新技术企业本身的生产经营情况、会计核算也较为复杂，从而导致高新技术企业对个性化纳税服务的需求更为紧迫。根据对G县高新技术企业纳税服务需求的访谈调查，发现企业对G县税务局提供的个性化服务存在较大需求，包括希望G县税务局能为高新技术企业提供"一对一""点对点"的精准服务，能联合银行提高高新技术企业的贷款额度等。但目前G县税务局缺乏针对高新技术企业的个性化纳税服务措施,没有全面满足高新技术企业的个性化需求。

(一)缺乏高新技术企业政策推送和查询服务

一是缺乏高新技术企业政策推送服务。随着"互联网+税务"的推广,企业纳税申报的网上申报率逐步提高,目前绝大多数企业的纳税申报工作皆在电子税务局上进行,税务局也会通过电子税务局的"政策速递"模块在首页向企业推送最新税收政策。但由于电子税务未对新政策进行筛选分类,只是将全部新政策进行推送,包括许多不适用于高新技术企业的政策。久而久之,导致企业不常去看"政策速递"中的推送内容,从而错过真正适用企业的政策。

二是缺乏高新技术企业政策查询服务。企业可以在税务局官方网站的"政策文件"模块查询想要了解的政策文件,但是不管是Y市税务局官网还是G县税务局官网,在"政策文件"模块皆没有专门设立高新技术企业税收政策文件专栏,导致企业想了解高新技术企业相关的税收政策文件需要一个个进行查询,增加了企业的时间成本。

对于上述缺乏高新技术企业政策推送和查询服务的问题,究其原因是G县税务局未设立高新技术企业税收政策专栏。G县税务局没有单独把高新技术企业相关的税收政策进行归类整理并设置成专栏,利用专栏对高新技术企业进行有针对性的政策推送,并帮助企业快速查询所需要的高新技术企业税收政策。

(二)缺乏高新技术企业纳税咨询渠道

目前,G县税务局没有开通专门的高新技术企业电话专线或者高新技术企业微信群、QQ群等网络渠道以方便企业进行纳税咨询。虽然企业可以通过电子税务局进行智能客服咨询、人工咨询解答,但是高新技术企业一般需要解决的问题都较为复杂,无法进行精准的文字描述。因此,目前高新技术企业若有相关税收问题需要咨询,大多数企业仍会选择拨打办税服务厅的电话或者12366热线进行咨询。但由于大厅工作人员和12366接听人员在高新技术企业相关税收政策和操作流程方面的专业程度不够,需要向税收管理员等了解高新技术企业相关业务的税务人员进行询问,等详细了解解决方法后再回复企业。因此,若能建立专门针对高新技术企业的纳税咨询渠道将大幅节省企业的等待时间。

导致上述G县税务局缺乏高新技术企业纳税咨询渠道的原因是没有建立

高新技术企业专业服务团队。高新技术企业涉及的税收政策较复杂，企业在享受这些政策的过程中会遇到许多问题，但是目前G县税务局缺乏专业的服务团队对企业遇到的问题进行专业、及时、准确的解答。除此之外，高新技术企业涉及的新政策变化较快。比如，2022年针对科技型中小企业新出台了进一步提高科技型中小企业研发费用税前加计扣除比例的政策。该政策涉及面较广，覆盖了大量高新技术企业，却没有专业的纳税服务团队在第一时间对相关高新技术企业进行政策宣传和解读，提前帮助企业解决对于政策内容的疑问。

（三）缺乏与其他部门的个性化合作

服务型政府建设要求政府部门要转变职能，变"全能政府"为"有限政府"，善于吸纳社会资源为社会提供其所需要的公共产品和服务。但G县税务局在为高新技术企业提供纳税服务的过程中与其他部门的个性化合作缺乏，主要体现在以下几方面：

首先，缺乏与政府其他部门的个性化合作。与一般企业相比，高新技术企业纳税服务对与政府其他部门的协作度要求更高。在高新技术企业的认定工作中，需要所属地科技管理部门会同财政、税务部门对企业提交至"国网"和"地方网"的申报材料进行审查，研究提出初审意见。因此，在初步审核时税务部门需要和科技局、财政局等部门互相协作。除此之外，税务局在对企业进行政策宣传辅导时离不开和科技局、街道乡镇等政府部门的合作。但目前G县税务局与县科技局、县经信局等相关部门之间的合作方式过于单一，对提升高新技术企业纳税服务质量的作用不大。这主要体现在以下两方面：一是在政策辅导合作方式单一。目前G县税务局与县科技局、县经信局等相关部门之间的政策辅导合作仍以合作开展线下辅导培训会为主，即组织高新技术企业召开辅导培训会，由各部门的业务骨干轮流上台为企业讲解相关政策内容。但受新冠肺炎疫情影响，近两年都未合作举办过高新技术企业的辅导培训会。二是政策宣传合作方式单一。目前G县税务局与县科技局、县经信局等相关部门之间的政策宣传合作仍以合作举办线下企业座谈会为主，即组织有研发潜力的企业召开座谈会，对相关政策进行宣传并听取企业的意见。组织该种培训会需要协调各方时间以及需要企业的大力配合，难度较大、成本较高。因此，G县税务局与相关部门合作举办座谈会的次数有限。综上所述，可以发现G县税务局应尽快开发与政府其他部门的新形式个性化合作方式。

其次，缺乏与社会力量的个性化合作。一是"税银互动"力度有待提高。由于目前出台的扶持企业开展研发创新活动的税收优惠政策以企业所得税为主，主要体现在生产投入和成果转化应用，而对初创型科技企业缺乏有力的税收支持。初创型企业由于花费大额资金投入研发项目，基本没有利润甚至亏损，因此对资金的需求更为急迫。但目前银行根据企业纳税信息、增值税发票信息等数据推出的"税银互动"的贷款产品主要有针对小微企业的"小微易贷"、针对纳税信用等级为 A、B、M 级企业的"云税贷"、针对出口企业的"退税贷""出口贷"等，缺少科技贷等类似支持企业科技研发的贷款产品。因此，税务机关与银行在解决高新技术企业等自主研发企业融资难问题上的合作仍有很大的改善空间。二是未充分利用中介机构。目前，绝大多数的纳税服务仍由税务机关向高新技术企业提供，中介机构参与度不高。除此之外，企业对中介机构具有认识误区，认为中介机构是为了赚钱，日常的涉税业务事项自己就可以到办税服务厅进行办理，没有必要再花钱请涉税中介机构。

上述 G 县税务局缺乏与其他部门的个性化合作的问题，究其原因是税务局与其他部门间缺少合作机制。首先，与政府其他部门缺少合作机制。虽然 G 县税务局与县科技局、银行等外部门间有不定期的联络，但由于没有完善的合作互动制度保障，导致科技局、银行等外部门主动协税护税的主动性不高。其次，与社会力量缺少合作机制。目前 G 县税务局的高新技术企业纳税服务工作主要以"单打独斗"的模式开展，未认识到银行、中介机构等社会力量对提高高新技术企业纳税服务质量的重要作用，故不注重建立与社会力量的合作。

第四节　G 县高新技术企业纳税服务优化的具体路径

一、全面提高纳税辅导服务质量

（一）"下沉式"学习提高税务人员的纳税辅导能力

近年来，青年税务人员已成为税务队伍中数量增长最快、所占比重越来越高的群体。因此，不断提高青年税务人员的业务水平是 G 县税务局的当务之急。针对目前 G 县税务局青年税务人员在高新技术业务方面实践经验不足的问题，可以通过指导老师制度解决，即由业务指导老师带领青年税务人员"下沉"至高新技术企业，让青年税务人员亲身参与实践，从而加深对理论知识的理解。

首先，让青年税务人员了解企业研究开发全过程。通过让青年税务人员了解研发原材料的采购、研发设备的使用、研发人员的实验、研发成果的形成等环节，让其对各项研发费用的内容有一个更直观的感受，对研发所需要经历的环节有一个更全面的了解，从而让青年税务人员对相关政策规定内容的制定和执行有一个更深入理解。

其次，让青年税务人员了解企业账务处理全过程。可以让青年税务人员跟随企业财务人员一起编制研发费用的会计凭证和研发支出辅助账，从而让青年税务人员对账面中各项研发费用的来源统计、计算分摊方法、填写方式有一个更系统、更深刻的认识，也能够让青年税务人员对在财务处理过程中需要注意的问题进行经验总结，使其在以后的工作中不仅能为高能新技术企业提供政策上的辅导，还能提供财务上的指导。

最后，让青年税务人员了解企业纳税申报过程。高新技术企业想要享受研发费用加计扣除等企业所得税相关的税收优惠政策，需要填报企业所得税年报的相关附表，但是附表内容较多且填写要求较为复杂。通过让青年税务人员亲身参与企业纳税申报的全过程，能够让其对纳税申报表的内容以及主附表之间的逻辑关系有一个全面认识，同时对在填写报表过程中的注意点有一个更为深刻的印象，使得青年税务人员在以后的工作中能够为企业提供更好的纳税申报辅导服务。

（二）创建高新技术企业服务信息平台

顾客关系管理理论认为，服务提供者可以通过 CRM 系统获取顾客信息，然后在不同的接触点上为顾客传递服务。从顾客角度看，有效实施 CRM 系统可以在同一接触界面上为顾客提供个性化和定制化的服务，极大地提升服务质量，并为顾客创造更高的价值。从服务提供者角度看，CRM 系统使得服务提供者能够更好地了解客户，更有针对性地提供服务。税务局可以参照 CRM 系统创建高新技术企业服务信息平台，从而解决"跟踪式"辅导欠缺的问题。

目前，税务局已利用区块链等技术进行了"区块链+电子发票"的试点工作并取得了一定成效。税务局可以进一步深入应用区块链技术，与科技局、财政局、经信局等外部门合作开发高新技术企业服务信息平台，利用该平台从以下两方面帮助落实"跟踪式"辅导工作：

一是根据企业动态信息发布纳税辅导任务。由于使用了区块链等技术，服务信息平台可以将不同涉税部门的信息进行共享，从而实现对企业的经营状况数据、经济行为数据以及所有渠道的税源信息的自动配对，同时服务信息平台可以自动获取高新技术企业的所有原始交易记录，帮助税务干部更为了解企业的交易情况。服务信息平台可以根据获取的企业动态信息发布纳税辅导任务，从而督促税务人员及时主动地为企业提供高质量辅导服务。比如，高新技术企业发生了专利技术转让交易，服务信息平台获取到该笔交易的情况后将发布相关辅导任务，从而督促税务人员及时主动地为该企业提供与技术转让相关的政策辅导。

二是根据外部门信息发布纳税辅导任务。税务局与科技局、财政局、经信局等部门合作开发的高新技术企业服务信息平台可以让税务局与科技局等部门的横向数据得以共享，加强彼此之间的信息交互，并且参与各方的权利对等，能够互相监督、互相信任，从而解决了部门间信息不畅、处理结果反馈不及时等问题。服务信息平台可以根据共享的外部门信息发布纳税辅导任务，进而督促税务人员根据外部门信息及时主动地为企业提供纳税辅导服务。

二、着力改善风险规避服务欠缺状况

（一）通过"周二夜学"提高税务人员服务意识

为进一步巩固拓展"不忘初心、牢记使命"主题教育成果，推动开展"大学习大调研大抓落实"活动，提升机关干部的政治理论素养和专业能力水平，Y市自2020年开始全面启动"周二夜学"。全市政府部门的在编工作人员于每周二晚上采取"线上+线下"的模式，通过专题讲座、观看教育片、主题宣讲、学习研讨、交流发言等形式学习党的路线、方针、政策、法律法规以及必备业务知识和实用技能。税务局可以通过"周二夜学"提高税务人员为高新技术企业提供风险规避服务的意识。首先，可以请领导进行讲话发言，由领导发挥好"头雁效应",带头提高对高新技术企业风险规避服务的重视度。其次,可以组织全体税务人员学习优秀高新技术企业服务者的先进事迹,展示帮助高新技术企业规避税收风险取得的成果以及企业对税务机关的感谢,号召税务人员向这些榜样学习,不断提高自身业务能力和风险规避服务意识,转变思想观念,全力做好"服务者"的角色定位。

(二)完善高新技术企业服务监督考核机制

一是完善内部考核机制。首先,增加个性化考核。在税务局内部考核指标中可以增加对高新技术企业风险规避服务的个性化考核指标。比如,每年需定期更新制作高新技术企业风险规避操作指引、每月需为几家高新技术企业提供上门风险规避服务等个性化考核指标。其次,抽查考核,对高新技术企业纳税风险规避服务的成果进行抽查。比如,随机抽取几家高新技术企业进行实地查看并现场对财务人员进行访谈,从而对企业的研发费用账务处理是否规范、是否存在未发现的税收风险问题等情况进行考察。最后,个人追责。对于在风险规避服务中税务人员出现的失职行为进行追责,从而提高其对风险规避服务的重视程度,以更严谨负责的态度对待风险规避服务工作。

二是完善外部监督机制。税务机关可以在税务局官网、微信公众号等网络平台开通高新技术企业投诉建议端口,让企业匿名提交对于税务局风险规避服务的投诉建议,同时也可以通过电视、报纸等媒体公开举报电话、岗责设置等信息,方便公众随时监督投诉。

三、积极为高新技术企业提供个性化纳税服务

(一)积极设立高新技术企业政策专栏

一是打造电子税务局的政策专栏。对电子税务局的"政策速递"中的政策推送进行分门别类,将高新技术企业相关的政策单独分类,以及时让高新技术企业关注到最新的税收政策。二是打造税务局官网的政策专栏。将高新技术企业涉及的税收政策进行打包整理,在税务局官网的"政策文件"中设立高新技术企业专栏,企业进入专栏后即可看到所有与高新技术企业相关的税收政策,方便企业查询政策文件。

（二）成立高新技术企业专业服务团队

由熟练掌握高新技术企业业务的税务骨干组成高新技术企业专业服务团队，通过该团队提供以下几项专业服务：一是"坐诊"服务。在12366热线中设置高新技术企业专线，同时在电子税务局的线上咨询中单独设置一个高新技术企业相关税收政策问题咨询栏目，由团队成员轮流坐诊解决企业的疑难杂症。企业可以直接与了解业务的税务人员进行沟通，省去了中转等待的时间。二是宣传辅导服务。建立高新技术企业微信群、QQ群，同时团队成员全部入驻群聊。如果出台了高新技术新政策，税务人员则通过群聊实时发布政策信息，同时税务业务骨干可以在线解决企业关于新政的疑问。对于有辅导需求的企业，专业团队还可以上门服务，提供"一对一"帮扶，辅导企业建账建制，把握政策要求，确保应享尽享，零距离消除企业享受税收优惠过程中的"堵点""痛点"与"难点"。三是"靶向"服务。让服务团队全程关注高新技企业的重点研发项目，实施全周期跟踪服务，根据企业研发进程，实施"靶向"服务，确保政策落实落细。

（三）积极建立与其他部门的合作机制

一是建立与政府其他部门的合作机制。2021年，G县制定出台了《G县高新技术企业培育五年行动计划（2021—2025年）》和《G县加大全社会研发投入专项行动计划（2021—2023年）》，这两份文件强调要加强政策引导，推动统筹协调，完善服务体系，深化开展对高新技术企业的培育工作，同时有效地推动企业加大对研发活动的资金投入、促进企业不断提高科技创新能力。这两份文件体现了G县政府对培育好、服务好高新技术企业工作的重视，为促进G县税务局与县科技局、县经信局等政府部门之间的协作共享、共同提高服务质量提供了支持保障。G县税务局可以以此为契机与县科技局、县经信局等政府单位建立合作机制。首先，建立政策落实工作联动机制，联合县科技局、县经信局等职能部门，打造高新技术企业交流平台，组建专家团队，在高新企业申报认定、税收优惠享受等方面实行多边合作，形成工作合力。其次，建立政策宣传工作联动机制，与县科技局等部门合作在报纸、电视、广播等传统媒体上开设高新技术专栏，对专利技术申请、税收优惠政策享受等内容进行宣传，提高政策宣传的覆盖面。

二是建立与社会力量的合作机制。第一，建立税银合作机制。持续加大银税对接洽谈力度，进一步发挥以税授信效能，鼓励银行等社会经济组织为高新技术企业提供"低门槛、低成本"科技信贷支持，最大限度撬动社会资本转化为支持创新创业的产业资本。第二，建立与税收志愿者的合作机制。将税务人员、中介人员以及享受高新技术企业优惠政策的老企业财务人员组成一支税收志愿者队伍对企业进行网格化服务，即由税收志愿者担任各街道"辅导员"，与片区企业建立"点对点"帮扶，及时消除政策享受过程中的盲点与风险，从而实现服务前移，全程指导高新技术企业练好"内功"，规范财务核算，建立健全研发活动相关配套资料。通过税收志愿者的服务，可以有效解决纳税辅导培训会没有满足高新技术企业财务辅导需求的缺点，同时也有利于加深企业与税收中介机构的联系，使企业遇到税务问题时可以更加便利地向涉税中介机构进行咨询。

参考文献

[1] 李金华. 中国中小企业的发展现实及政策思考 [J]. 财经问题研究, 2020 (9): 78-85.

[2] 陈振明, 耿旭. 中国公共服务质量改进的理论与实践进展 [J]. 厦门大学学报 (哲学社会科学版), 2016 (1): 58-68.

[3] 林闽钢, 杨钰. 公共服务质量评价: 国外经验与中国改革取向 [J]. 宏观质量研究, 2016 (3): 90-98.

[4] 陈文博. 公共服务质量评价与改进: 研究综述 [J]. 中国行政管理, 2012 (3): 39-43.

[5] 张锐昕, 董丽. 公共服务质量: 特质属性和评估策略 [J]. 北京行政学院学报, 2014 (6): 8-14.

[6] 沈亚平, 陈建. 虚化与重塑: 公共服务质量评价的价值理性研究 [J]. 长白学刊, 2017 (2): 72-77.

[7] 李晓园, 张汉荣. SERVQUAL 模型下县域公共服务质量的改进——基于江西省六县公共服务的调查分析 [J]. 南昌大学学报 (人文社会科学版), 2009 (4): 63-68.

[8] 朱国玮, 刘晓川. 公共部门服务质量评价研究 [J]. 中国行政管理, 2010 (4): 24-26.

[9] 李彩云. 中小企业融资模式研究 [M]. 南宁: 广西人民出版社, 2015.

[10] 王凤荣. 中小企业成长的金融支持制度研究 [M]. 北京: 中国经济出版社, 2006.

[11] 王晨. 区域软环境对中小企业创新能力的影响机理研究 [D]. 哈尔滨: 哈尔滨工程大学, 2018.

[12] 彭靖里,Jeanne·杨,谭海霞.解读中美贸易摩擦背后的竞争情报较量——以中美科技战双方的技术情报工作得失为例[J].竞争情报,2020(4):9-16.

[13] 赵刚.警惕和防范"技术冷战"思维冲击和影响我国创新驱动战略[J].求知,2018(8):35-37.

[14] 孙海泳.论美国对华"科技战"中的联盟策略:以美欧对华科技施压为例[J].国际观察,2020(5):134-156.

[15] 张东.美国对我国科技战的思维逻辑与策略[J].全球科技经济瞭望,2019(8):1-4.

[16] 刘伯超.我国大型科技企业物流外包问题研究[J].特区经济,2010(10):292-293.

[17] 张涛,桂萍.中小企业人力资源管理的问题与对策[J].科技管理研究,2003(5):85-87.

[18] 张萍.中小企业成长与组织结构演进的协调性[J].生产力研究,2004(9):143-144.

[19] 陈文博.公共服务质量评价与改进:研究综述[J].中国行政管理,2012(3):39-43.

[20] 陈志琴,程结晶.基于服务质量差距模型的数字图书馆服务质量分析[J].图书馆学研究,2013(8):73-79.

[21] 孙顺利.基于服务质量差距模型的高等教育服务质量改进研究[J].现代教育管理,2011(5):62-64.

[22] 王啸岱,李莉.基于服务质量差距模型提升社区卫生服务质量的研究[J].中国卫生经济,2010(12):72-74.

[23] 丁洪福,王溢涵,董晓东.服务质量差距模型在商业银行服务质量改进中的应用[J].浙江金融,2009(3):36-37.

[24] 瓦拉瑞尔·A.泽丝曼尔,玛丽·乔·比特纳,德韦恩·D.格兰姆勒.服务营销[M].北京:机械工业出版社,2012.

[25] 王骚.公务员绩效考核中的问题及对策分析[J].山东大学学报(哲学社会科学版),2011(1):25-31.

[26] 冷军.创业板上市公司技术创新与绩效的相关性研究——基于全要素生

产率的实证研究［J］．科技与经济，2015（5）：31－35．

［27］唐果．基于层次分析和模糊综合评判法的事业单位员工绩效考核研究——以360度绩效考核为例［J］．科技与管理，2010（3）：115－119＋123．

［28］李彩云．高新技术企业融资模式研究［M］．南宁：广西人民出版社，2015．

［29］赖志花，王必锋．基于面板分位数模型的我国高技术产业影响因素分析［J］．企业经济，2020（5）：132－139．

［30］George A. Boyne. Concepts and indicators of local authority performance: an evaluation of the statutory frameworks in England and Wales［J］. Public Money and Management, vol. 22, no. 2 (2002), pp. 17－24.

［31］David Osborne, Ted Gaebler. Reinventing government: how the entrepreneurial spirit is transforming the public sector［M］. New York: Plume Press, 1992.

［32］Emanuel S. Savas. Privatization and public-private partnerships［J］. Chatham House, vol. 87, no. 1 (2000), pp. 21－23.

［33］李峥，张磊．美国《2019财年国防授权法案》主要特点及影响［J］．国际研究参考，2018（9）：22－24．

［34］黄汉权．美对华技术封锁阻挡不了中国发展［N］．经济日报，2019－06－23．

［35］李俊久．美国特朗普政府对华贸易冲突的权力逻辑［J］．东北亚论坛，2019（2）：65－81．

［36］魏简康凯．美国出口管制改革对中国的影响及应对［J］．国际经济合作，2018（11）：33－36．

［37］靳风．美国出口管制体系概览［J］．当代美国评论，2018（2）：117－120．

［38］Galbraith, J. K. America in the world economy: a strategy for the 1990s［J］. Challenge, 1989, 32: 63－64.

［39］James Harding. Commercial imperialism? Political influence and trade during the cold war［M］. New York University Working Paper, 1997.

［40］Zhang, J. L. Sino-US trade issues after the WTO deal: a Chinese perspective［J］. Journal of Contemporary China, 2000, 9 (24).

[41] Arndt, S. W., and Kierzkowski, H. Framework for fragmentation: new production patterns in world Economy [J]. Oxford University Press, 2001, 12 (4): 17-34.

[42] Sundaram, A., and Richardson J. Sizing Up US Export Disincentives for a New Generation of National Security Export Controls [J]. Policy Briefs, 2013, 67 (1): 173-175.

[43] 姜辉. 美国出口管制的贸易损失效应及对我国的启示 [J]. 上海经济研究, 2019 (3): 120-128.

[44] 樊纲. 瓦尔拉斯一般均衡理论研究 [J]. 中国社会科学院研究院学报, 1985 (8): 23-30.

[45] 张阳. 中国企业所得税税负归宿的一般均衡分析 [J]. 数量经济技术经济研究, 2008 (4): 131-141.

[46] Wally, T., and Farzad. T. Study: Soybean Production, Exports Would Fall If China Imposes Tariffs [EB/OL]. https://www.purdue.edu/newsrom/releases/2018/Q1.

[47] Guo, M., L, Lu., and L. Sheng. The Day after Tomorrow: Evaluating the Burden of Trump's Trade War [J]. Asian Economic Papers, 2018, 17 (1): 101-120.

[48] Balistreri, E. J., and R. H. Hillberry. 21st Century Trade Wars [R]. Purdue University Working Paper, 2017.

[49] Rosvadi, S. A., and T. Widodo. Impact of Donald Trump's Tariff Increase against China on Global Economy: Global Trade Analysis Project Model [R]. MPRA Paper, 2017.

[50] Bouet, A., and D. Laborde. US Trade Wars with Emerging Countries in the 21st Century [R]. IFPRI Discussion Paper, 2017.

[51] 刘元春. 中美贸易摩擦的现实影响与前景探究——基于可计算一般均衡方法的经验分析 [J]. 学术前沿, 2018 (8): 6-18.

[52] 娄峰. 中美贸易摩擦政策模拟分析: 基于动态GTAP模型 [J]. 重庆理工大学学报 (社会科学), 2019 (1): 20-26.

[53] Hertel, T. Global Trade Analysis Using the GTAP Model [M]. NEW York:

Cambridge University Press, 1997.

[54] 刘威. 中美贸易摩擦中的高技术限制之"谜"[J]. 东北亚论坛, 2019 (2): 82-96.

[55] 孙海泳. 美国对华科技施压战略: 发展态势、战略逻辑与影响因素 [J]. 现代国际关系, 2019 (1): 38-45.

[56] 赖志花, 王必锋. 京津冀高新技术产业集群协同创新模式与路径研究 [J]. 统计与管理, 2019 (2): 62-65.

[57] Filatotchev I, Liu X, Lu J, Wright M. Knowledge Spillovers through Human Mobility across National Borders: Evidence from Zhongguancun Science Park in China [J]. Research Policy, 2011, 40 (3): 453-462.

[58] 冒佩华, 周亚虹, 黄鑫, 夏正青. 从专利产出分析人力资本在企业研发活动中的作用——以上海市大中型工业企业为例证 [J]. 财经研究, 2011, 37 (12): 118-128.

[59] 支燕, 白雪洁. 我国高技术产业创新绩效提升路径研究——自主创新还是技术外取?[J]. 南开经济研究, 2012 (5): 51-64.

[60] 何向武, 周文泳. 区域高技术产业创新生态系统协同性分类评价 [J]. 科学学研究, 2018, 36 (03): 541-549.

[61] 张肃, 封伟毅, 许慧. 基于创新过程的高技术产业创新效率比较与关联研究 [J]. 工业技术经济, 2018, 37 (03): 37-43.

[62] 吕承超, 商圆月. 高技术产业集聚模式与创新产出的时空效应研究 [J]. 管理科学, 2017, 30 (02): 64-79.

[63] 孙早, 许薛璐. 前沿技术差距与科学研究的创新效应——基础研究与应用研究谁扮演了更重要的角色 [J]. 中国工业经济, 2017 (03): 5-23.

[64] 张云, 赵富森. 国际技术溢出、吸收能力对高技术产业自主创新影响的研究 [J]. 财经研究, 2017, 43 (03): 94-106.

[65] Hauknes J, Mark K. Embodied Knowledge and Sectoral Linkages: An Input-Output Approach to the Interaction of High- and Low-tech Industries [J]. Research Policy, 2009, 39 (3): 459-469.

[66] 张同斌, 高铁梅. 财税政策激励、高新技术产业发展与产业结构调整 [J]. 经济研究, 2012 (5): 25-29.

[67] Wang H M, Yu H K, Liu H Q. Heterogeneous Effect of High-tech Industrial R&D Spending on Economic Growth [J]. Journal of Business Research, 2013, 66 (10): 1990-1993.

[68] 刘和东. 高新技术产业创新系统的协同度研究 [J]. 科技管理研究, 2016 (4): 58-62.

[69] 刘斌斌, 左勇华. 资金来源、创新模式对高新技术产业创新绩效影响研究 [J]. 江西社会科学, 2016 (7): 94-100.

[70] 张肃, 封伟毅, 许慧. 基于创新过程的高技术产业创新效率比较与关联研究 [J]. 工业技术经济, 2018 (3): 104-110.

[71] 陈柯. 高新技术产业布局优化研究 [J]. 山东社会科学, 2015 (2): 33-38.

[72] 杜文忠, 崔艳丽. 我国高新技术产业发展时空格局演变分析 [J]. 工业技术经济, 2016 (10): 77-79.

[73] 朱启荣, 王玉平. 特朗普政府强化对中国技术出口管制的经济影响——基于"全球贸易分析模型"的评估 [J]. 东北亚论坛, 2020 (1): 54-68.

[74] 何向武, 周文泳. 区域高技术产业创新生态系统协同性分类评价 [J]. 科学学研究, 2018 (3): 87-89.

[75] 吕承超, 商圆月. 高技术产业集聚模式与创新产出的时空效应研究 [J]. 管理科学, 2017 (2): 84-88.

[76] Koenker R, Bassett J G. Regression Quantiles [J]. Econometrical, 1978 (7): 33-50.

[77] Koenker R. Quantile Regression for Longitudinal Data [J]. Journal of Multivariate Analysis, 2004, 91 (1): 74-89.

[78] Lamarche C E. Quantile Regression for Panel Data [M]. Ann Arbor: ProQuest, 2006.

[79] Lamarche C E. Robust Penalized Quantile Regression Estimation for Panel Data [J]. Journal of Econometrics, 2010, 157 (2): 396-408.

[80] 孙早, 许薛璐. 前沿技术差距与科学研究的创新效应——基础研究与应用研究谁扮演了更重要的角色 [J]. 中国工业经济, 2017 (3): 142-146.

[81] Hauknes J, Knell M. Embodied knowledge and sectoral linkages: An input +

output approach to the interaction of high – and low – tech industries [J]. Research Policy, 2009, 38 (3): 459 – 469.

[82] 张同斌, 高铁梅. 财税政策激励、高新技术产业发展与产业结构调整 [J]. 经济研究, 2012 (5): 58 – 70.

[83] 张海洋. 外资技术扩散与湖北高新技术产业的发展——以武汉光通信产业为例 [J]. 科学学研究, 2006 (1): 67 – 73.

[84] Wang H M, Yu H K, Liu H Q. Heterogeneous effect of high – tech industrial R&D spending on economic growth [J]. Journal of Business Research, 2013, 66 (10): 1990 – 1993.

[85] 刘和东. 高新技术产业创新系统的协同度研究——以大中型企业为对象的实证分析 [J]. 科技管理研究, 2016, 36 (4): 133 – 137.

[86] 刘斌斌, 左勇华. 资金来源、创新模式对高新技术产业创新绩效影响研究——以江西省为例 [J]. 江西社会科学, 2016 (7): 68 – 72.

[87] 陈柯. 高新技术产业布局优化研究 [J]. 山东社会科学, 2015 (2): 153 – 158.

[88] 杜文忠, 崔艳丽. 我国高新技术产业发展时空格局演变分析——基于 2010 – 2014 年 29 个省市简板数据的实证研究 [J]. 工业技术经济, 2016, 35 (10): 125 – 132.

[89] Marshall L C. Incentive and output: a statement of the place of the personnel manager in modern industry [J]. Journal of Political Economy, 1920, 28 (9): 713 – 734.

[90] Arrow K J, Hurwicz L. Competitive stability under weak gross substitutability: nonlinear price adjustment and adaptive expectations [J]. International Economic Review, 1962, 3 (2): 233 – 256.

[91] Romer P M. [Why Is Japan's Saving Rate So Apparently High?]: Comment [J]. Nber Macroeconomics Annual, 1986, 1 (1): 211 – 220.

[92] Romer P M. Endogenous technological change [J]. Journal of Political Economy, 1990, 99 (5): 71 – 102.

[93] Iammarino S, McCannc P. The structure and evolution of industrial clusters: transactions, technology and knowledge spillovers [J]. Research Policy,

2006, 35 (7): 1018 – 1036.

[94] Porter M E. The competitive advantage of nations [M]. New York: Free Press, 1990.

[95] Hitt M A, Hoskisson R E, Kim H. International diversification: Effects on innovation and firm performance in produce – diversified firms [J]. Academy of Management Journal, 1997 (4): 67 – 98.

[96] Adman A R, Pfleiderer P R. Financial contracting and the role of venture capitalists [J]. Journal of Finance, 1994, 49 (2): 371 – 402.

[97] Bosworth & Rogers. Market Value, R&D and intellectual property: An empirical analysis of large Australian firms [J]. The Economic Record, 2001, 77 (239): 323 – 337.

[98] 梁莱歆, 张焕风. 高科技上市公司 R&D 投入绩效的实证研究 [J]. 中南大学学报: 社会科学版, 2005 (2): 232 – 236.

[99] 王玉春, 郭媛嫣. 上市公司 R&D 投入与产出效果的实证分析 [J]. 产业经济研究, 2008 (6): 44 – 52.

[100] 张济建, 李香春. R&D 投入对高新技术企业业绩的影响 [J]. 江苏大学学报: 社会科学版, 2009 (2): 73 – 78.

[101] 朱卫平, 伦蕊. 高新技术企业科技投入与绩效相关性的实证研究 [J]. 科技管理研究, 2004 (5): 7 – 9.

[102] Scherer F M. Corporate inventive output, profits and growth [J]. Journal of Political Economy, 1965 (73): 290 – 297.

[103] Comanor W S, Scherer F M. Patent statistics as a measure of technical change [J]. Journal of Political Economy, 1969 (77): 392 – 398.

[104] 周煊, 程立茹, 王皓. 技术创新水平越高企业财务绩效越好吗? ——基于16年中国制药上市公司专利申请数据的实证研究 [J]. 金融研究, 2012 (8): 166 – 179.

[105] Mansfield E. Patents and innovation: An empirical study [J]. Management Science, 1986, 32 (2): 173 – 181.

[106] Criliches Z, Hall B, Pakes A. R&D, patent, and market value revisited: Is there second technological opportunity factor [J]. Economics of Innova-

tion and New Technology, 1991（1）：183 - 201.

[107] Ashish Arora, Marco Ceccagnoli, Wesley M. Cohen. R&D and the patent premium［J］. International Journal of Industrial Organization，2008，26（5）：1153 - 1179.

[108] 李文鹅，谢刚. 中国电子及设备制造公司的专利活动、战略与绩效贡献［J］. 科学学与科学技术管理，2006（4）：155 - 158.

[109] 赖志花，王必锋，刘月娜. 我国高技术产业技术创新效率行业差异性研究——基于三阶段 DEA 模型［J］. 统计与管理，2020（1）：74 - 79.

[110] 苑泽明，严鸿雁，吕素敏. 中国高新技术企业专利权对未来经营绩效影响的实证研究［J］. 科学学与科学技术管理，2010（6）：166 - 170.

[111] 张波涛，李延喜，架庆伟，包世泽. 专利研发中"加速化陷阱"现象的实证研究——以机械制造业上市公司三种专利产出为例［J］. 科研管理，2008（3）：89 - 97.

[112] Cuzmdn I, Reverte C. Productivity and efficiency changed and shareholder value：Evidence from the Spanish Banking Sector［J］. Applied Economics，2008，40（15）：2037 - 2044.

[113] Kumar M, Charles V. Productivity growth as the predictor of shareholders' wealth maximization：An empirical investigation［J］. Journal of Centrum Cathedra，2009，2（1）：72 - 75.

[114] 袁堂军. 中国企业全要素生产率水平研究［J］. 经济研究，2009（6）：52 - 54.

[115] 章祥荪，贵斌威. 中国全要素生产率分析：Malmquist 指数法评述与应用［J］. 数量经济技术经济研究，2008（6）：111 - 122.

[116] 刘伟. 考虑环境因素的高新技术产业技术创新效率分析——基于 2000 - 2007 年和 2008 - 2014 年两个时段的比较［J］. 科研管理，2016，37（11）：118 - 126.

[117] 赖志花，王必锋，牛晓叶. 我国高新技术产业影响因素异质效应研究［J］. 数学的实践与认识，2020（7）：127 - 135.

[118] 王惠. 机遇、环境与高技术产业创新效率研究［J］. 经济经纬，2017（1）：26 - 31.

[119] 吴卫红,李娜娜,张爱美. 京津冀省市间创新能力相似性、耦合性及多维邻近性对协同创新的影响[J]. 科技进步与对策,2016,33(9):24-29.

[120] 刘和东,谢婷. 高新技术产业研发效率的三阶段DEA分析[J]. 科技管理研究,2017(14):135-142.

[121] 冷军,饶诗琪. 智力资本集聚与中小企业创新绩效——基于宁波高新技术企业的调研[J]. 财经界,2020(10):240-243.

[122] 裘千里,徐蕾. 高技术产业、资本类型与企业创新效率——基于三阶段DEA模型的实证研究[J]. 河南师范大学学报(哲学社会科学版),2018,45(3):49-53.

[123] Xu G, Wu Y, Minshall T, et al. Exploring innovation ecosystems across science, technology, and business: A case of 3D printing in China [J]. Technological Forecasting & Social Change, 2017 (136): 1-14.

[124] 石璋铭,徐道宣. 集聚促进战略性新兴产业创新生态系统发展的实证分析[J]. 科技进步与对策,2018(12):92-98.

[125] Arrow K J, urwicz L. Competitive Stability under Weak Gross Substitutability: Nonlinear Price Adjustment and Adaptive Expectations [J]. International Economic Review, 1962, 3 (2): 233-243.

[126] Caves R E. International corporations: The industrial economics of foreign investment [J]. Economica, 1971, 38: 1-27.

[127] Rodriguez-Clare A. Multinational linkages and economic developments [J]. The American Economics Remew, 1996, 86: 852-874.

[128] Fosfuri A, Motta M, Ronde T. Foreign direct investment and spillovers through workers mobility [J]. Journal of International Economics 2001, 53: 205-223.

[129] Yuko Kinoshita. Technology Spillovers through Foreign Direct Investment [R]. CERGE-EI Working Paper No39, www.ssm.com, 1999.

[130] Teece D. Time-cost tradeoffs: Elasticity estimates and determinants for international technology transfer project [J]. Management Science, 1977, 23: 830-837.

[131] Von Hippel Eric. Sticky information and the locus of problem solving implications for innovation [J]. Management Science, 1994, 40: 429-439.

[132] Kokko A. Technology, market characteristic, and spillover [J]. Journal of Development Economic, 1994, 43: 279-293.

[133] Haddad M, Harrison A. Are there spillovers from direct foreign investment? Evidence from panel data for Morocco [J]. Journal of Development Economic, 1993, 42: 51-57.

[134] Blomstrom M, F Sjoholm. Technology transfer and spillovers: Does local participation with multinationals matter [J]. European Economics Review, 1999, 43: 915-923.

[135] Aitken B J, Helpman E. Do domestic firm benefit from direct foreign investment? Evidence from Venezuela [J]. The American Economics Review, 1998, 89: 605-613.

[136] 张彬. 欧盟中小企业发展政策 [J]. 长江论坛, 2001 (5): 25-28.

[137] 王淑贤. 中小企业科技创新扶持政策的国际比较 [J]. 经济论坛, 2004 (21): 54-58.

[138] 傅强, 邹晓峰. 发达国家中小企业创新成长机制的宏观政策体系及借鉴 [J]. 科技管理研究, 2006 (9): 110-113.

[139] 田玉敏, 赵艳芹, 李秀文. 美国促进中小企业技术创新的政策措施及其启示 [J]. 天津职业技术师范学院学报, 2002 (1): 31-34.

[140] 吴贵生, 张洪石, 梁玺. 自主创新辨 [J]. 技术经济, 2010 (9): 87-89.

[141] 佟美玲. 完善辽宁省科技型中小企业技术创新服务体系的对策研究 [D]. 沈阳: 沈阳理工大学, 2007.

[142] 陆艳. 欧盟支持中小企业发展的政策、措施及其对我国的启示 [D]. 上海: 复旦大学, 2003.

[143] 梅伟, 陈笛. 美国促进中小企业自主创新措施及对我国的启示 [J]. 中国新技术新产品, 2011 (4): 58-62.

[144] 吴琼, 王学忠. 美日德三国促进中小企业发展的政策法规经验与启示 [J]. 生产力研究, 2012 (7): 11-15.

[145] 石学峰. 从严治党实践中的领导干部"为官不为"问题及其规制 [J]. 云南社会科学, 2015 (2): 24-26.

[146] 和亚宁. 干事不负民望 担当不辱使命 [J]. 社会主义论坛, 2014 (11): 54-58.

[147] 张志蓬. 干部考德中需要认识的几个问题 [J]. 前进, 2014 (8): 33-37.

[148] 王宁. 践行为民宗旨 弘扬务实精神 坚守清廉底线——谈领导干部敢于担当的方向、内涵及底气 [J]. 前进, 2014 (5): 11-14.

[149] 夏茂子. 年轻的领导干部要有担当的情怀 [J]. 决策探索, 2015 (6): 70-73.

[150] 汪洋, 汪青松. 敢于担当与邓小平对中国特色社会主义的开创 [J]. 求实, 2014 (12): 60-64.

[151] Forsman H. Innovation capacity and innovation development in small enterprises. A comparison between the manufacturing and service sectors [J]. Research Policy, 2011, 40 (5): 739-750.

[152] Demsetz H. George J. Stigler: Midcentury Neoclassicalist with a Passion to Quantify [J]. Journal of Political Economy, 1993, 101 (5): 793-808.

[153] 庄佳林. 企业并购的财务风险与控制 [J]. 现代盐化工, 2019 (4): 18-20.

[154] 王立东. 技术获取型中国企业跨国并购影响因素研究 [D]. 沈阳: 沈阳工业大学, 2011.

[155] 杜群阳, 朱勤. 中国企业技术获取型海外直接投资理论与实践 [J]. 国际贸易问题, 2019 (11): 68-71.

[156] 刘开勇. 企业技术并购战略与管理 [M]. 北京: 中国金融出版社, 2004, 7: 31-33.

[157] 谢伟, 孙忠娟, 李培馨. 影响技术并购绩效的关键因素研究 [J]. 科学学研究, 2011, 29 (2): 245-251.

[158] Inge Ivarsson, Thommy Jonsson. Local technological competence and asset-seeking FDI: an empirical study of manufacturing and wholesale affiliates in Sweden [J]. International Business Review, 2012 (3): 369-386.

[159] Hakkinen, Lotta. Impacts of international mergers and acquisitions on the logistics operations of manufacturing companies [J]. International Journal of Technology Management, 2005, 29 (3/4): 362.

[160] 李蕊. 跨国并购的技术寻求动因解析 [J]. 世界经济, 2003 (2): 19-24.

[161] 王天一. 中国制造业跨国并购的技术获取动因 [J]. 安徽农业科学, 2019 (10): 3133-3134.

[162] Kuen-Hung Tsai, Jiann-Chyuan Wang. Inward Technology Licensing and Firm Performance: A Longitudinal Study [J]. R&D Management, 2007, 37 (2): 151-160.

[163] Kuen-Hung Tsai, Jiann-Chyuan Wang. External technology acquisition and firm performance: A longitudinal study [J]. 2023 (1): 0-112.

[164] 孙忠娟, 谢伟. 中国企业技术并购的经营业绩研究 [J]. 科学学研究, 2019 (12): 66-71+77.

[165] Bauer, Florian, Matzler, Kurt. Antecedents of M&A success: The role of strategic complementarity, cultural fit, and degree and speed of integration [J]. Strategic Management Journal, 2019, 35 (2): 269-291.

[166] 郭一丹. 基于吸收能力的技术并购对高技术企业创新绩效的影响 [D]. 北京: 北京交通大学, 2018.

[167] Myriam Cloodt, John Hagedoorn, Hans Van Kranenburg. Mergers and acquisitions: Their effect on the innovative performance of companies in high-tech industries [J]. Research Policy, 2019, 35 (5): 0-654.

[168] 张峥, 聂思. 中国制造业上市公司并购创新绩效研究 [J]. 科研管理, 2016, 37 (4): 36-43.

[169] 李沐纯. 并购对企业技术创新的影响 [D]. 广州: 华南理工大学, 2010.

[170] Atuahenegima K. Resolving the Capability-Rigidity Paradox in New Product Innovation [J]. Journal of Marketing, 2010, 23 (3): 289-291.

[171] 李剑力. 探索性创新、开发性创新与企业绩效关系研究——基于冗余资源调节效应的实证分析 [J]. 科学学研究, 2009 (9): 1418-1427.

[172] Benner M J, Tushman M L. Exploitation, Exploration, and Process Management: The Productivity Dilemma Revisited [J]. Academy of Manage-

ment Review, 2003, 28 (2): 238 - 256.

[173] 焦豪. 双元型组织竞争优势的构建路径: 基于动态能力理论的实证研究 [J]. 管理世界, 2019 (11): 76 - 91.

[174] Cao Q, Gedajlovic E, Zhang H. Unpacking Organizational Ambidexterity: Dimensions, Contingencies, and Synergistic Effects [J]. Organization Science, 2009, 20 (4): 781 - 796.

[175] A. K. Gupta, K. G. Smith, C. E. Shalley. The nature of partnering experience and the gains from alliances [J]. Academy of Management Journal, 49 (4): 693 - 706.

[176] Katila, R, Ahuja, G. Something old, something new: a longitudinal study of search behavior and new product introduction [J]. Academy of Management Journal, 45 (6): 1183 - 1194.

[177] 罗彪, 葛佳佳, 王琼. 探索型、挖掘型战略选择对组织绩效的影响研究 [J]. 管理学报, 2014, 11 (1): 37.

[178] 吴亮, 赵兴庐, 张建琦. 资源组拼视角下双元创新与企业绩效的中介机制研究 [J]. 科学学与科学技术管理, 2016, 37 (5): 75 - 84.

[179] 肖丁丁, 朱桂龙. 跨界搜寻对组织双元能力影响的实证研究——基于创新能力结构视角 [J]. 科学学研究, 2016, 34 (7): 1076 - 1085.

[180] 朱朝晖, 陈劲. 探索性学习和挖掘性学习的协同与动态: 实证研究 [J]. 科研管理, 2008, 29 (6): 1 - 9.

[181] 李桦. 战略柔性与企业绩效: 组织双元性的中介作用 [J]. 科研管理, 2012, 33 (9): 87 - 94.

[182] 张玉利, 李乾文. 公司创业导向、双元能力与组织绩效 [J]. 管理科学学报, 2009, 12 (1): 137 - 152.

[183] 林琳, 陈万明. 创业导向、双元创业学习与新创企业绩效关系研究 [J]. 经济问题探索, 2016 (2): 63 - 70.

[184] 吕铀, 孙婧, 李先军. 创新视角下企业吸收能力、冗余资源与企业绩效的实证研究 [J]. 中国市场, 2016 (33): 167 - 171.

[185] 蒋春燕, 赵曙明. 社会资本和公司企业家精神与绩效的关系: 组织学习的中介作用——江苏与广东新兴企业的实证研究 [J]. 管理世界,

2006 (10): 90-99.

[186] 贺晓宇, 沈坤荣. 跨国并购促进了企业创新能力提升吗?——基于制造业上市公司的微观证据 [J]. 现代经济探讨, 2018, 439 (07): 84-92+104.

[187] 侯旻, 顾春梅. 二代浙商天生国际化企业外部网络资源对企业绩效的影响——双元能力调节效应分析 [J]. 商业经济与管理, 293 (3): 77-89.

[188] Hagedoorn, John, Duysters, Geert. The Effect of Mergers and Acquisitions on the Technological Performance of Companies in a High-tech Environment [J]. Technology Analysis & Strategic Management, 14 (1): 67-85.

[189] 胡义东, 仲伟俊. 高新技术企业技术创新绩效影响因素的实证研究 [J]. 中国科技论坛, (4): 82-87.

[190] 庄观音. 高新技术产业技术创新投入类型对技术创新绩效的影响研究 [D]. 昆明: 云南财经大学, 2018.

[191] Dieter Ernst. Catching-Up, Crisis and Industrial Upgrading. Evolutionary Aspects of Technological Learning in Korea's Electronics Industry [J]. Asia Pacific Journal of Management, 1998, 15 (2): 247-283.

[192] 聂辉华, 谭松涛, 王宇锋. 创新、企业规模和市场竞争: 基于中国企业层面的面板数据分析 [J]. 世界经济, (7): 59-68.

[193] 陈程, 刘和东. 我国高新技术产业创新绩效测度及影响因素研究——基于创新链视角的两阶段分析 [J]. 科技进步与对策, 2012, 29 (1): 14-19.

[194] Anne-Wil Harzing. Acquisitions versus greenfield investments: international strategy and management of entry modes [J]. Strategic Management Journal, 23 (3): 211-227.

[195] 王华宾. 我国高科技上市公司技术并购对创新绩效的影响研究 [D]. 广州: 华南理工大学, 2012.

[196] John Hagedoorn, Myriam Cloodt. Measuring Innovative Performance: Is There an Advantage in Using Multiple Indicators? [J]. Research Policy, 2003, 32 (8): 1365-1379.

[197] Hagedoorn J, Duysters G. The Effect of Mergers and Acquisitions on the Technological Performance of Companies in a High – tech Environment [J]. Technology Analysis & Strategic Management, 2002, 14 (1): 67 – 85.

[198] 任欢欢. 高技术企业技术并购与自主研发的创新绩效 [D]. 天津: 天津大学, 2016.

[199] Ahuja G, Katila R. Technological Acquisitions and the Innovation Performance of Acquiring Firms: A Longitudinal Study [J]. Strategic Management Journal, 2001, 22 (3): 197 – 220.

[200] 姚伟坤, 陶学禹. 并购中的技术能力整合研究 [J]. 科技进步与对策, 2006, 23 (12): 33 – 35.

[201] 肖勤福. 世界性企业购并新浪潮的新分析 [J]. 世界经济与政治, 1997 (5): 9 – 12.

[202] 李自杰, 王雁南, 高璆崚. 双元并进战略模型研究: 基于技术型海外并购 [J]. 山西大学学报 (哲学社会科学版), 2017 (06): 59 – 71.

[203] 胥朝阳, 黄晶, 颜金秋. 上市公司技术并购绩效研究 [J]. 管理学季刊, 2009, 4 (4): 18 – 34.

[204] Sirmon D G, Hitt M A, Ireland R D. Managing Firm Resources in Dynamic Environments to Create Value: Looking inside the Black Box [J]. Academy of Management Review, 2007, 32 (1): 273 – 292.

[205] 郝魁轩. 资源拼凑、战略柔性与企业绩效的关系研究 [D]. 太原: 山西财经大学, 2018.

[206] 肖丁丁. 跨界搜寻对组织双元能力影响的实证研究 [D]. 广州: 华南理工大学, 2013.

[207] Dosi Giovanni, Teece David J. Preface: Dynamic Capabilities [J]. Industrial & Corporate Change, 1994 (3): 3.

[208] 吴先明, 苏志文. 将跨国并购作为技术追赶的杠杆: 动态能力视角 [J]. 管理世界, 2014 (4): 146 – 164.

[209] Branstetter L. Is foreign direct investment a channel of knowledge spillovers? Evidence from Japan FDI in the United States [J]. Journal of International Economics, 2006, 68 (2): 0 – 344.

[210] 孙江明, 高婷婷. 企业跨国并购中的技术整合策略研究——以吉利并购沃尔沃为例 [J]. 价值工程, 2019 (11): 19–21.

[211] 张钢, 陈佳乐. 公司治理、组织二元性与企业长短期绩效——基于中美两国上市公司面板数据的实证研究 [J]. 浙江大学学报（人文社会科学版）, 2014 (4): 55–62.

[212] 王旺志. 高管团队异质性对技术创业企业绩效的影响研究 [D]. 哈尔滨: 哈尔滨工程大学, 2016.

[213] Kamien, M. I and Schwart, N. L. Self–Financing of an R&D Project [J]. The American economic review, 1978, 68 (3): 256–261.

[214] Lewent J. and Kearney J. Identifying, measuring and hedging currency risk at Merck [J]. Continental Bank Journal of Applied Corporate Finance, 1990 (1): 19–28.

[215] Rahim Bah and Paseal Dumontier. R&D Intensity and Corporate Financial Policy: Some International Evidence [J]. Journal of Business Finance & Accouting, 2001 (28): 671–691.

[216] Ozkan, Neslihan. Effects of financial constraints on research and development investment: an empirical investigation [J]. Applied Financial Economics. 2002 (12): 827–834.

[217] Elisabeth Mueller, Volker Zimmermann. The Importance of Equity Finance for R&D Activity Are There Difference Between Young and Old Companies? [J]. Centre for European Economic Research, discussion Paper, 2007 (2): 6–14.

[218] Himmelber C. P, Petersen B. C. R&D and Internal Finance: A Panel Study of Small Firms in High–Tech Industries. [J]. WorkingPaper, 1994, 76 (76): 38–51.

[219] Czarnitzki Dirk; Hottenrott, Hanna. Financial Constraints: Routine Versus Cutting Edge R&D Investment [J]. Journal of Economics & Management Strategy, 2011 (20): 121–157.

[220] Rajakumar J. Dennis. Studies of Corporate Financing and Investment Behavior in India: A Survey [J]. ICFAI Journal of Applied Finance, 2008 (14): 5–33.

[221] Brown J. R, Fazzari S. M and Petersen B. C. Financing Innovation and Growth: Cash Flow, External Equity, and the 1990s R&D Boom [J]. Journal of Finace, 2009, 64 (1): 151 – 185.

[222] D. Ravenscraft, F. M. Scherer. The lag structure of returns to research and development [J]. Applied Economics, 1982 (6): 603.

[223] Hausman J and Hall B. H, Griliches Z. Econometrical Models for Count Data with an Application to the Patents – R&D Relationship [J]. Econometrica, 1984, 52 (4): 909 – 938.

[224] Mueller D. Patents, research and development, and the measurement of inventive activity [J]. Journal of Industrial Economics, 2006, 15 (1): 26 – 37.

[225] Gorodnichenko Y and Schnitzer M. Financial Constraints and Innovation: Why Poor Countries Don't Catch Up [J]. Journal of the European Economic Association, 2013, 11 (5): 1115 – 1152.

[226] Whited T M, Wu G. Financial constraints risk [J]. Review of Financial Studies, 2006, 19 (2): 531 – 559.

[227] Modigliani F., Miller M. H.. The Cost of Capital, Corporation Finance and the Theory of Investment [J]. American Economic Review, 1958 (3): 261 – 297.

[228] Myers S. C., MajlufN. S.. Corporate Financing and Investment Decisions when Firms Have Information that Investors do not Have [J]. Journal of Financial Economics, 1984 (2): 187 – 221.

[229] Schumpeter J. A. The theory of economic development: An inquiry into profits, capital, credit, interest, and the business cycle [M]. America: Transaction publishers, 1934.

[230] Hagedoorn J, Cloodt M. Measuring innovative performance: Is there an advantage in using multiple indicators [J]. Research Policy, 2003, 32 (8): 1365 – 1379.

[231] Lamont Owen, Polk Christopher, Saa – Requejo Jesus. Financial Constraints and Stock Return [J]. The Review of Financial Studies, 2001, 14 (2): 529 – 554.

[232] 王今朝. 中小企业创新发展研究 [D]. 武汉: 武汉理工大学, 2009.

[233] 仲为国, 李兰, 路江涌, 彭泗清, 潘建成, 郝大海, 王云峰. 中国企业创新动向指数: 创新的环境、战略与未来——2017·中国企业家成长与发展专题调查报告 [J]. 管理世界, 2017 (6): 37-50.

[234] 王彦超. 融资约束、现金持有与过度投资 [J]. 金融研究, 2009 (7): 121-133.

[235] 扈文秀, 孙伟, 柯峰伟. 融资约束对创新项目投资决策的影响研究 [J]. 科学学与科学技术管理, 2009 (3): 81-88.

[236] 顾群, 翟淑萍. 高新技术企业融资约束与 R&D 投资和企业成长性的相关性研究 [J]. 财经论丛, 2012 (5): 86-91.

[237] 刘伟, 杨贝贝, 刘严严. 制度环境对新创企业创业导向的影响——基于创业板的实证研究 [J]. 科学学研究, 2014, 32 (3): 421-430.

[238] 杨兴全, 曾义. 现金持有能够平滑企业的研发投入吗？——基于融资约束与金融发展视角的实证研究 [J]. 科研管理, 2014, 35 (7): 107-115.

[239] 邓可斌, 曾海舰. 中国企业的融资约束: 特征现象与成因检验 [J]. 经济研究, 2014, 49 (2): 47-60+140.

[240] 魏锋, 刘星, 融资约束、不确定性对公司投资行为的影响 [J]. 经济科学, 2004 (2): 35-43.

[241] 黄莲琴, 杨伟滨. 论融资约束、R&D 投资与公司成长性 [J]. 商业时代, 2010 (35): 61-63.

[242] 邓建平, 曾勇. 金融关联能否缓解民营企业的融资约束 [J]. 金融研究, 2011 (8): 78-92.

[243] 顾群, 翟淑萍, 融资约束、代理成本与企业创新效率——来自上市高新技术企业的经验证据 [J]. 经济与管理研究, 2012 (5): 73-80.

[244] 张劲帆, 李汉涯, 何晖. 企业上市与企业创新——基于中国企业专利申请的研究 [J]. 金融研究, 2017 (5): 160-175.

[245] 连玉君, 苏治, 丁志国. 现金-现金流敏感性能检验融资约束假说吗？ [J]. 统计研究, 2008 (10): 92-99.

[246] 连玉君, 彭方平, 苏治. 融资约束与流动性管理行为 [J]. 金融研究, 2010 (10): 158-171.

[247] 邓可斌,曾海舰. 中国企业的融资约束:特征现象与成因检验 [J]. 经济研究,2014,49(2):47-60+140.

[248] 钟田丽,马娜,胡彦斌. 企业创新投入要素与融资结构选择——基于创业板上市公司的实证检验 [J]. 会计研究,2014(4):66-73+96.

[249] 袁卫秋. 投资效率、现金持有与企业价值——基于融资约束视角的研究 [J]. 经济与管理研究,2014(2):103-111.

[250] 叶志伟. 融资约束研究综述与发展启示 [J]. 国际商务财会,2016(8):3-9.

[251] 欧阳志刚,薛龙. 货币政策、融资约束与中小企业投资效率 [J]. 证券市场导报,2016(6):11-18.

[252] 史小坤,董雪慧,李振飞. 我国创业板企业R&D投入的融资约束和融资结构——基于SA融资约束指数的研究 [J]. 浙江金融,2017(10):42-50.

[253] 李晓龙,冉光和,郑威. 金融要素扭曲如何影响企业创新投资——基于融资约束的视角 [J]. 国际金融研究,2017(12):25-35.

[254] 张方华. 资源获取技术创新绩效关系的实证研究 [J]. 科学学研究,2006,24(4):635-640.

[255] "创新型国家支持科技创新的财政政策"课题组,丁学东. 创新型国家支持科技创新的财政政策 [J]. 经济研究参考,2007(22):2-29.

[256] 张艳辉,李宗伟,陈林. 研发资金投入对企业技术创新绩效的影响研究 [J]. 中央财经大学学报,2012(11):63-67.

[257] 陈丽霖,冯星昱. 基于IT行业的治理结构、R&D投入与企业绩效关系研究 [J]. 研究与发展管理,2015,27(3):45-56.

[258] 周海涛,张振刚. 政府研发资助方式对企业创新投入与创新绩效的影响研究 [J]. 管理学报,2015,12(12):1797-1804.

[259] 中国企业家调查系统,仲为国,李兰,路江涌,彭泗清,潘建成,郝大海. 企业进入创新活跃期:来自中国企业创新动向指数的报告——2016·中国企业家成长与发展专题调查报告 [J]. 管理世界,2016(6):67-78.

[260] 黄珊珊,邵颖红. 高管创新意识、企业创新投入与创新绩效——基于

我国创业板上市公司的实证研究 [J]. 华东经济管理, 2017, 31 (2): 151-157.

[261] 张仲英, 胡实秋, 宋化民. 技术创新绩效评价法 [J]. 统计与决策, 2000 (7): 14-15.

[262] 薛永基, 潘焕学, 李健. 融资方式影响科技创业型企业绩效的实证研究 [J]. 经济与管理研究, 2010 (11): 61-67.

[263] 王彦蕊. 创新型中小企业绩效评估体系的构建 [J]. 当代经济, 2011 (4): 142-144.

[264] 陆国庆. 中国中小板上市公司产业创新的绩效研究 [J]. 经济研究, 2011, 46 (2): 138-148.

[265] 陈前前, 张玉明. 融资约束、研发投入与中小上市公司成长性——基于PVAR模型的经验证据 [J]. 东北大学学报（社会科学版）, 2015, 17 (4): 362-368.

[266] 周海涛, 张振刚. 政府研发资助方式对企业创新投入与创新绩效的影响研究 [J]. 管理学报, 2015, 12 (12): 1797-1804.

[267] 张巍巍. 融资约束、财务柔性与公司绩效 [J]. 财经问题研究, 2016 (6): 102-109.

[268] 娄昌龙, 冉茂盛. 融资约束下环境规制对企业技术创新的影响 [J]. 系统工程, 2016, 34 (12): 62-69.

[269] 李冲, 钟昌标, 徐旭. 融资结构与企业技术创新——基于中国上市公司数据的实证分析 [J]. 上海经济研究, 2016 (7): 64-72.

[270] 许敏, 朱伶俐, 方祯. 融资约束、R&D投入与中小企业绩效 [J]. 财会月刊, 2017 (30): 37-43.

[271] 柴玉珂. 基于财务契约理论的融资结构对企业创新绩效的影响研究 [D]. 上海: 东华大学, 2017.

[272] 孔庆龙. 商业银行开展投贷联动的挑战与路径 [J]. 清华金融评论, 2016 (5): 72-75.

[273] 王静文. 借"双创"东风推投贷联动 [J]. 中国农村金融, 2016 (8): 34-35.

[274] 王刚, 尹婷, 陈文君. 投贷联动监管制度框架 [J]. 中国金融, 2016

(50): 50-51.

[275] 董希淼. 投贷联动试点考验银行协同能力 [J]. 当代金融家, 2016 (5): 20-20.

[276] 周驰华, 倪涛. 商业银行"投贷联动"的机遇与挑战 [J]. 上海商学院学报, 2015 (6): 1-9.

[277] 郑超. 商业银行开展投贷联动的操作模式及政策建议 [J]. 时代金融, 2016 (12): 317-320.

[278] 凌涛. 理性看待投贷联动, 打造特色科创金融服务 [J]. 中国银行业, 2016 (6): 8-12.

[279] 孟扬. 江苏首家投贷联动合作联盟成立——城商行积极试水投贷联动融资模式 [N]. 金融时报, 2016 (6).

[280] 冯彦明, 李欧美. 美英投贷联动业务的可借鉴模式 [J]. 银行家, 2016 (7): 85-87.

[281] 叼王蝉, 田增瑞. 我国商业银行与创业投资的投贷联动模式研究 [J]. 企业活力, 2012 (6): 5-10.

[282] 曾颖. "投贷联动"新模式的障碍与突破 [J]. 中国农村金融, 2015 (17): 7-9.

[283] 陈隽侃. 集团化视角下商业银行投贷联动业务研究 [J]. 福建金融, 2016 (6): 64-65.

[284] 金煌. 商业银行探索投贷联动需树立新思维 [J]. 中国银行业, 2015 (7): 8-11.

[285] 蔡洋洋, 肖勇光. 我国商业银行投贷联动模式选择构想——以国家开发银行为例 [J]. 北方经济贸易, 2014 (7): 174-175.

[286] 时磊. 投贷联动试点银行: 如何投怎样贷 [J]. 中国银行业, 2016 (6): 16-19.

[287] 闫坤, 鲍曙光. 经济新常态下振兴县域经济的新思考 [J]. 华中师范大学学报 (人文社会科学版), 2018, 57 (2): 43-52.

[288] 查奇芬. 人才环境综合评价体系的研究 [J]. 技术经济, 2002 (11): 20-21.

[289] 包惠, 符钢战, 祝影. 西部地区人才环境综合评价——基于因子分析

的结果 [J]. 北方经济, 2007 (13): 44-46.

[290] 王见敏, 康峻珲, 王杰. 基于AHP模型的人才发展环境评价分析——以贵州省为例 [J]. 贵州财经大学学报, 2019 (1): 103-110.

[291] 赵炳起. 江苏省城市人才环境竞争力的评价 [J]. 统计与决策, 2009 (6): 71-73.

[292] 苘汉成. 区域人才综合竞争力指标体系的应用研究 [D]. 苏州: 苏州大学, 2006.

[293] 罗冬梅, 路剑. 河北省科技人才环境竞争力评价 [J]. 农村经济与科技, 2009, 20 (4): 12-13.

[294] 沈立宏. 创新型城市建设背景下宁波人才集聚策略研究——基于对15个副省级创新型建设城市的比较 [J]. 宁波大学学报 (人文科学版), 2021, 34 (6): 80-86.

[295] 阎永哲, 敖丽红. 宁波前湾新区人才创新环境的区际比较、评价及改善研究 [J]. 经济论坛, 2020 (2): 105-114.

[296] 韩保江. 高质量发展是实现共同富裕的根本途径 [N]. 光明日报, 2021-11-01 (16).

[297] 张燕生. 推动富裕地区与县域经济形成共同体 [J]. 当代县域经济, 2021 (8): 10.

[298] 楚文海. 中国现代纳税服务体系研究 [M]. 北京: 中国社会科学出版社, 2017.

[299] 北京市地方税务局. 中外纳税服务比较研究 [M]. 北京: 中国税务出版社, 2016.

[300] 孙萍, 张平. 公共组织行为学 [M]. 北京: 中国人民大学出版社, 2016.

[301] 广东纳税服务研究中心. 纳税服务创新、评价及政策优化研究 [M]. 北京: 经济科学出版社, 2016.

[302] 刘天永. 中国高新技术企业税务风险管理实务 [M]. 北京: 中国税务出版社, 2015.

[303] [美] 克里斯托弗·洛夫洛克, 约亨·沃茨. 服务营销 [M]. 韦福祥, 译, 北京: 机械工业出版社, 2014.

[304] 贺伊琦,姚巧燕. 网络信息化背景下我国纳税服务发展研究 [M]. 南京:南京大学出版社,2014.

[305] [美] 詹姆斯 A. 菲茨西蒙斯,莫娜 J. 菲茨西蒙斯. 服务管理:运作、战略与信息技术 [M]. 张金成,范秀成,杨坤,译,北京:机械工业出版社,2013.

[306] 于千千,邹再进,甘开鹏. 服务型政府管理概论 [M]. 北京:北京大学出版社,2012.

[307] 张成福,党秀云. 公共管理学 [M]. 北京:中国人民大学出版社,2007.

[308] 李军鹏. 公共服务型政府 [M]. 北京:北京大学出版社,2004.

[309] 马海涛,贺佳. 企业所得税优惠对高新技术企业创新能力提升效应研究 [J]. 财贸研究,2022(3):55-59.

[310] 曲晓辉,王俊,张瑞丽. 税收优惠方式对研发投入激励效应研究 [J]. 税务与经济,2022(1):112-118.

[311] 国家税务总局纳税服务司. 优化税收营商环境 提升纳税服务质效 [J]. 中国税务,2021(2):88-94.

[312] 薛薇,张嘉怡. 高新技术企业税收优惠政策完善路径研究 [J]. 税务研究,2021(7):12-21.

[313] 邵姝静,邵传林. 税收"放管服"改善营商环境的路径研究——以上海市为例 [J]. 西北民族大学学报(哲学社会科学版),2021(2):114-121.

[314] 国家税务总局浙江省税务局纳税服务处课题组. 精诚共治背景下涉税专业服务的发展路径及对策——基于纳税服务边界视角的研究 [J]. 税务研究,2021(11):88-94.

[315] 杨国超,芮萌. 高新技术企业税收减免政策的激励效应与迎合效应 [J]. 经济研究,2020(9):54-64.

[316] 曹利甫. 高新技术企业所得税征收管理执法风险防控研究 [D]. 石家庄:河北大学,2020.

[317] 黄晔. 基于高新技术企业需求的纳税服务优化研究——以 Y 市为例 [D]. 南京:东南大学,2020.

[318] 楚文海，江爱芳．区块链技术在税收风险管理中的应用探析 [J]．会计之友，2020（23）：51-61．

[319] 朱炎生．区块链技术运用于涉税交易信息管理：潜在变化与政策选择 [J]．税务研究，2020（7）：81-86．

[320] 刘郁葱，周俊琪．高新技术企业税收优惠正当性的理论论证——基于消费者剩余的视角 [J]．税务研究，2019（2）：2-8．

[321] 何晴，郭捷．纳税服务、纳税人满意度与税收遵从——基于结构方程模型的经验证据 [J]．税务研究，2019（9）：69-75．

[322] 袁自永．推进我国纳税服务社会化发展的国际借鉴思考 [J]．税收经济研究，2019（5）：31-39．

[323] 熊梦玥．强化纳税服务 优化税收营商环境 [J]．纳税，2019（27）：22-24．

[324] 孟超．关于天津市津南区高新技术企业企业所得税优惠政策的调研报告 [J]．天津经济，2018（12）：99-102．

[325] 孙玉山，刘新利．推进纳税服务现代化营造良好营商环境——基于优化营商环境的纳税服务现代化思考 [J]．税务研究，2018（1）：66-69．

[326] 陆澄云．优化纳税服务 改善税收营商环境 [J]．智库时代，2018（37）：44-45．

[327] 赵汉臣．以优化税收营商环境为契机高质量推进纳税服务水平新提升 [J]．经济研究参考，2018（71）：11-12．

[328] 唐果．宁波公共就业服务质量改善机制构建 [J]．北京航空航天大学学报（社会科学版），2018（1）：14-18．

[329] 石绍宾，周根根，秦丽华．税收优惠对我国企业研发投入和产出的激励效应 [J]．税务研究，2017（3）：54-58．

[330] 曹阳，孟媛，席晓宇．所得税优惠政策对战略性新兴产业的创新作用——以生物医药产业数据为样本 [J]．财会月刊，2017（3）：66-69．

[331] 曲婉，冯海红，侯沁江．创新政策评估方法及应用研究：以高新技术企业税收优惠政策为例 [J]．科研管理，2017（1）：64-72．

[332] 重庆市税务学会课题组．高新技术产业税收优惠政策效应分析——以重庆为例 [J]．税务研究，2017（4）：87-88．

[333] 陈影. 政府扶持、高新技术与企业绩效——高新技术上市公司证据 [J]. 财会月刊, 2016 (15): 97-100.

[334] 王芸, 陈蕾. 研发费用加计扣除优惠强度、研发投入强度与企业价值 [J]. 科技管理研究, 2016 (5): 114-115.

[335] 徐向真, 宋舜玲. 国外纳税服务的经验及借鉴——兼谈如何充分发挥涉税专业服务机构的作用 [J]. 注册税务师, 2016 (3): 98-100.

[336] 冯守东. 新形势下纳税服务创新研究 [J]. 税务研究, 2016 (10): 94-96.

[337] 宋永信. 试析以纳税人需求为导向的分类纳税服务 [J]. 税务研究, 2015 (12): 22-24.

[338] 广西国税局课题组. 高新技术企业享受税收优惠政策管理中的财务与税务风险研究 [J]. 经济研究参考, 2015 (35): 24-26.

[339] 贺翔, 唐果. 地方政府提升本地区对海外高层次人才吸引力研究——基于服务质量差距模型 [J]. 中国发展, 2014 (1): 22-25.

[340] 张信东, 贺亚楠, 马小美. R&D税收优惠政策对企业创新产出的激励效果分析——基于国家级企业技术中心的研究 [J]. 当代财经, 2014 (11): 66-68.

[341] 宋丽新, 张雅丽. 优化纳税服务提升税务行政效率 [J]. 国际税收, 2013 (6): 99-100.

[342] 邵凌云. 基于纳税人需求 优化纳税服务机制 [J]. 税务研究, 2013 (5): 91-92.

[343] 潘楠, 杨晓丽. 浅议新公共管理框架下纳税服务的完善 [J]. 法制与社会, 2013 (1): 35-36.

[344] 陈日生. 刍议高新技术企业的税收优惠政策及管理 [J]. 国际税收, 2012 (6): 77-78.

[345] 谭韵. 税收遵从、纳税服务与我国税收征管效率优化 [J]. 中南财经政法大学学报, 2012 (6): 36-39.

[346] 南京市地方税务局课题组. 优化纳税服务、保护纳税人权益 [J]. 国际税收, 2011 (7): 44-45.

[347] 张济建, 章祥. 税收政策对高新技术企业研发投入的激励效应研究——基于对95家高新技术企业的问卷调查 [J]. 江海学刊, 2010 (4): 84-85.

[348] 王一舒,杨晶,王卫星. 高新技术企业税收优惠政策实施效应及影响因素研究 [J]. 兰州大学学报,2010 (4): 31-35.

[349] 李颜岐. 高新技术产业税收政策研究 [D]. 上海:上海交通大学,2010.

[350] 任强,杨顺昊. 国外纳税服务的经验及启示 [J]. 经济纵横,2010 (6): 55-58.

后　　记

自 2002 年进入宁波大学商学院从事教学、科研工作，不知不觉已有二十多年。在这二十多年中，除了做好教学工作，我一直对区域经济与区域政府金融理论与政策、中小企业与银行经营管理等问题进行研究。至今，围绕上述领域我陆续主持了十余项厅市级以上项目，其中 1 项国家社科基金一般项目、1 项教育部人文社会科学研究规划基金项目、1 项浙江省软科学研究计划项目，发表十多篇 CSSCI 论文。本书是国家教育部人文社会科学研究规划基金项目《"科技冷战"下地方政府扶持高新技术企业发展的公共服务质量提升机制研究》（编号：21YJA630028）、龙元建筑金融研究院课题《建筑行业技术创新的金融支持体系构建》（编号：HS2021000085）的研究成果。我的丈夫唐果教授（宁波大学科学技术学院）、良师益友朱启荣教授（山东财经大学国际经贸学院）、同仁冷军副教授（宁波大学商学院）、同仁谢林吟讲师（宁波大学科学技术学院）、同仁卢冰讲师（宁波大学科学技术学院），以及研究生许亮（宁波大学商学院）、赵海（宁波大学商学院）、祝莹洁（宁波大学法学院）参与了部分章节撰写，在此一并感谢。

贺　翔

2022 年 12 月 9 日于宁波